Dennis Eick, Vera Hartung
Was kostet mein Drehbuch?

yo - ich
tú - du   tu - dein
él - er   el - der
ella - sie

Yo soy
Tú eres
Ustedes son — Sie (Mehrzahl)
Usted es — Sie (Höflichkeitsform)
ella/él es

Dennis Eick, Vera Hartung

Was kostet mein Drehbuch?

Das Script als Basis für die Filmkalkulation

UVK Verlagsgesellschaft mbH

**Praxis Film
Band 48
Herausgegeben von Béatrice Ottersbach**

Bibliografische Information der Deutschen Nationalbibliothek
Die Deutsche Nationalbibliothek verzeichnet diese Publikation in der
Deutschen Nationalbibliografie; detaillierte bibliografische Daten sind im
Internet über http://dnb.d-nb.de abrufbar.
ISSN 1617-951X
ISBN 978-3-86764-134-0

Das Werk einschließlich aller seiner Teile ist urheberrechtlich geschützt. Jede
Verwertung außerhalb der engen Grenzen des Urheberrechtsgesetzes ist ohne
Zustimmung des Verlages unzulässig und strafbar. Das gilt insbesondere
für Vervielfältigungen, Übersetzungen, Mikroverfilmungen und die
Einspeicherung und Verarbeitung in elektronischen Systemen.

© UVK Verlagsgesellschaft mbH, Konstanz 2009

Einbandgestaltung: Susanne Fuellhaas, Konstanz
Einbandfoto: © iStockphoto Inc.
Satz und Layout: Dieter Heise, Konstanz
Druck: fgb· freiburger graphische betriebe, Freiburg

UVK Verlagsgesellschaft mbH
Schützenstr. 24 · D-78462 Konstanz
Tel.: 07531-9053-0 · Fax: 07531-9053-98
www.uvk.de

Inhalt

Kapitel 1: Einführung 7

Kapitel 2: Die Produktionsvorbereitung 11
   Die Aufgaben im Team..12
   Versicherungen 17

Kapitel 3: Die Figuren... 19
   Die Beispielszene...19
   Casting...21
   Die Gagen – Was kosten Schauspieler eigentlich?.................22
   Hauptrollen 24
   Nebenrollen..26
   Kinder..28
   Was kosten Statisten und Komparsen? 29
   Statement »Casting« von Clemens Erbach 31
   Kostüm 34
   Statement »Kostümbild« von Andreas Janczyk 35
   Maske...38
   Statement »Maske«
      von Gregor Eckstein und Jeanette Latzelsberger 41

Kapitel 4: Die Motive 45
   Die Beispielszene...45
   Motive 47
   Umzüge...52
   Hauptmotive – in der Serie......................................53
   Ausland..55

Kapitel 5: Requisiten und Ausstattung................................ 59
   Die Beispielszene...59
   Szenenbild /Requisiten 59
   Bildrechte / Tonrechte 65
   Tiere 72
   Statement »Szenenbild« von Hucky Hornberger 73

Inhalt

Kapitel 6: Kamera / Auflösung / Licht **77**
    Die Beispielszene 77
    Die Auflösung 78
    Tag/Nacht Umsetzung 81
    Jahreszeiten und Wetter 83
    Statement »Kamera« von Tom Fährmann 85

Kapitel 7: Die Action **89**
    Die Beispielszene 89
    Körperliche Action 90
    Technische Action 91
    Auszug Drehbuch *Alarm für Cobra 11* 94
    Statement »Stunts« von Stefan Retzbach 97

Kapitel 8: Die Special Effects **103**
    Die Beispielszene 103
    Statement »SFX« von Wolf Schiebel 111

Kapitel 9: Musik / Ton **113**
    Die Beispielszene 113
    Ton 115

Kapitel 10: Genres und Formate **117**

Kapitel 11: Buchkosten und Optimierung **123**
    Die Kosten im Blick – das Rewrite 123
    Die Kosten im Blick – Nach dem Dreh 132

Kapitel 12: Beispielkalkulation **135**

Kapitel 13: Nachwort **177**

Kapitel 14: Literatur **179**

Kapitel 1: Einführung

1. ROM	AUSSEN / TAG

Rom brennt.

Wenn dieser Satz Ihr Drehbuch eröffnet, haben Sie bereits mehrere Millionen Euro versenkt. Warum das so ist, erklären wir Ihnen im Verlaufe dieses Buches. Aber vielleicht ist Ihnen auch folgende Situation bekannt? – Der Produzent rauft sich die Haare, schreit etwas von »unverfilmbar«, pfeffert das Drehbuch in den Papierkorb und gibt sogleich die Anweisung, bitte eine »ernstzunehmende« Version zu schreiben, die nicht an die Produktionskosten eines Hollywood-Films heranreicht. Man selbst steht daneben und denkt: »Nur wegen einer einzigen Autojagd?« – Nein. Wegen der Tricksequenz in Szene 7, in der wir durch das Auge der Hauptfigur, durch die Nervenbahnen in das Gehirn, durch die Aorta Ascendens in die linke Herzkammer zoomen, dorthin, wo der Infarkt stattfindet, den wir auch noch darstellen wollen. »Eine schöne Idee«, haben wir gedacht. Und gleich auch noch zwei weitere Szenen hinzugeschrieben, in denen man einmal zeigen kann, was die Digitaltechnik heutzutage so alles kann. Die Massenszenen im Fußballstadion, das Dinner in Paris auf dem Eiffelturm und die Endsequenz, in der der Protagonist in einem Panzer über den Rasen des Old Trafford flieht, waren dann nur Tropfen auf den heißen Stein.

Was kostet meine Geschichte? Und was muss ich als Autor über Herstellungskosten wissen? Diese Fragen wird Ihnen *Was kostet mein Drehbuch?* beantworten – als eine kurze, aber fundierte Einführung für Drehbuchautoren, Filmstudenten und junge Producer in das, was mit dem Drehbuch nach dem Schreiben passiert. Es handelt sich dabei nicht um ein detailliertes Zahlenwerk, das konkrete Zahlen für jeden Einzelaspekt nennt und am Ende einer Steuererklärung gleicht. Zumal die Realisierung eines Stoffes an viele verschiedene Faktoren gekoppelt ist, die mehr oder weniger stark dem Wandel der Zeiten unterliegen, und absolute Zahlen kaum genannt werden können. Gerade bei den computergestützten Effekten sind die Kosten auf einige Jahre hin kaum vorauszusehen: Zu schnell vollzieht sich hier die Entwicklung und zu schnell ändern sich damit die Kosten. Das kann jeder nachvollziehen, der sich einen Computer kauft…

Was kostet mein Drehbuch? soll ein Gefühl dafür vermitteln, was bei der Realisierung eines Stoffes auf den Produzenten zukommen kann. Wenn wir in diesem Buch über die Kosten bei der Umsetzung eines Drehbuchs sprechen, dann sei vor zwei Dingen gewarnt: Zum einen soll dies nicht dazu führen, dass Autoren von nun an eine Schere im Kopf haben und die ganze Zeit der Kalkulator im

Hintergrund läuft, während sie eine Szene entwickeln. Dies wäre grundfalsch, würde es doch die Kreativität einschränken, die Freiheit – auch auf diesem Gebiet – braucht. Zum anderen soll das Buch nicht zu einer negativen Einstellung gegenüber den Herstellungs- und Produktionsleitern führen. Im Gegenteil: Sie sind Ihre Partner! Sie sind ebenfalls daran interessiert, einen schönen, hochwertigen und aufwändigen Film (oder Fernsehproduktion) zu machen. Durch ihre Kalkulationen und ihren kreativen Input in die Umsetzung des Drehbuchs wird der Dreh überhaupt erst möglich. Die Produktionsleitung will genauso das umsetzen, was sie reizvoll findet und auf das sie stolz sein kann. Es ist also wichtig, der Produktion den Zugang zu den Kreativen zu vermitteln – und umgekehrt. Die Herstellung eines Films oder eines Fernsehformats ist eine vielschichtige Arbeit, und das Zusammenspiel der einzelnen Abteilungen wird einfacher, je besser die Kommunikation zwischen allen Beteiligten ist. Wir – eine Produktionsleiterin und ein (Drehbuch-) Autor – wollen alle Seiten für einen respektvollen, fruchtbaren und partnerschaftlichen Umgang miteinander sensibilisieren. Es wäre schön, wenn dieses Buch einen Beitrag dazu leisten würde.

Ein Wort zur Struktur: Film ist ein äußerst komplexes Medium – nicht nur in der späteren Analyse, sondern schon bereits in der Produktion. Die Kombination von Ton und Bild auf den verschiedenen Ebenen wie Handlung, Story, Dialoge, Kameraeinstellungen, Tempo, Schnitt, Rhythmus, visuelle Effekte, *Look*[1] oder auch der *Value*[2] macht einen jeden Film zu einem einzigartigen Kunstwerk – das wissen auch all diejenigen, die in einer Serie versuchen, ein bestimmtes Aussehen und einen Stil durchzuhalten. Das Drehbuch ist hier nur ein Teil unter vielen Aspekten, die es zu beachten gilt. In einem Buch, das sich vornehmlich auf die Umsetzung des Drehbuchs in einen Film konzentriert, haben die vielen verschiedenen Facetten in der Film- und Fernsehproduktion nicht alle Platz. Wir werden daher anfangs kurz auf den generellen Aufbau einer Filmproduktion eingehen und dabei u.a. wichtige Funktionen erklären. Im Folgenden werden wir dann kurz auf einzelne filmische Elemente eingehen (z.B. im Kapitel über Action auch auf Kamera und Schnitt, weil diese hier in der Produktion viel stärker gefordert sind als bei ganz normalen Dialogszenen). Insofern sollten Sie, wenn Sie das ganze Buch gelesen haben, einen knappen umfassenden Überblick über eine Filmproduktion, ihre Prozesse und ihre Beteiligten bekommen haben.

---

1 Unter Look versteht man das spezifische Aussehen eines filmischen Produktes, das durch viele verschiedene Einzelaspekte geprägt wird: Szenenbild, Ausstattung, Requisite, Schauspieler, Kameraeinstellung und -führung, Licht, Farbkorrektur, Visual Effects, usw.
2 Mit dem Begriff *Value* wird das sichtbar »Wertige« eines Films oder einer Fernsehproduktion bezeichnet, das durch bestimmte visuelle (und nicht inhaltliche) Elemente bestimmt wird. Mit einer Autojagd in einem Bentley kann ich z.B. also den *Value* in die Höhe treiben.

Nichtsdestotrotz soll das Motto sein: »Was kostet mein Drehbuch?« und nicht »Was kostet meine Produktion?« Jedem Kapitel stellen wir daher eine Beispielszene voran, wie sie in einem fiktiven Drehbuch stehen könnte, und legen anhand dieser Szene beispielhaft dar, welche finanziellen Auswirkungen die Worte haben können, die ein Autor in sein Buch schreibt. Die Szenen selbst sollen keinen Preis gewinnen, sondern vornehmlich ihre Beispielfunktion erfüllen. Entsprechend sind die Szenen auch durchgehend nummeriert, damit eine gewisse Orientierung gewährleistet ist.

Es ist unwahrscheinlich, dass sich aus dieser oder einer anderen Szenenreihenfolge eine sinnvolle Geschichte ergibt, daher hat diese Räuberpistole natürlich keine reelle Chance auf Realisierung. Die Sachzwänge haben uns gewissermaßen zu dieser »Geschichte« gezwungen, da wir für unsere Zwecke bestimmte »Knalleffekte« hervorheben mussten.

Falls allerdings jemand einen Vorschlag hat, wie die vorliegenden Plotbausteine mit all den verpatzten Hochzeiten, neu entdeckten Zwillingen, dramatischen Pferderennen, brisanten Polizeieinsätzen, versenkten Autos, neurotischen Gangstern, der Pariser Pont Neuf, dem Eiffelturm, einem Business-Jet, diversen Schmetterlingen, einem Schweinchen, 40 Hasen und dem Werbespotdreh mit einer Cellospielenden Elfe in einen sinnvollen Zusammenhang zu bringen sind – her damit.

Ebenfalls würde man nicht unbedingt davon ausgehen, dass diese Szenen Teil eines Serienformats sein könnten, wie wir es in der Kalkulation hinten suggerieren. Inhaltlich weisen sie (wenn überhaupt) eher auf einen Kino- oder Fernsehfilm hin. Wir haben uns aber zu der Serienkalkulation entschlossen, weil man aus ihr sowohl die Kosten für eine Serie wie auch für ein Einzelstück herauslesen kann.

Auch wenn wir in diesem Buch oftmals auf Fernsehproduktionen hinweisen, sei an dieser Stelle klar gestellt, dass alle der angegebenen Kosten natürlich ebenso für Kinoproduktionen gelten. Die Realität der meisten deutschen Drehbuchautoren ist allerdings die des Fernsehens und daher ist es naheliegend, sich in den Beispielen daran zu orientieren.

Des Weiteren sind die Zahlen, die wir in diesem Buch angeben, mit Vorsicht zu genießen – jegliche Summen für z.B. Mieten aller Art sind sicherlich in allen Städten oder Ländern unterschiedlich und auch der Zeitpunkt kann eine Rolle spielen. Zeit generell ist ebenfalls ein Faktor, der alle Angaben relativiert: Das Filmgeschäft und seine technischen Grundlagen sind extrem wandelbar, und deswegen sind insbesondere die Angaben zu den Special Effects wahrscheinlich im Folgejahr überholt. Alles, was wir weitergeben wollen, sind ungefähre Richtlinien. Denn vor allem gilt die letzte Komponente: Alles ist verhandelbar. Und gerade daran wird die Kunst des Herstellungs- oder Produktionsleiters gemessen.

Kapitel 1: Einführung

Die Kenntnisse über den Verlauf und die Gepflogenheiten einer Film- oder Fernsehproduktion sollten Ihnen dazu dienen, die Erfolgsaussichten Ihres Stoffes zu steigern. Wie Doris Dörrie sagt:

> »Jeder Satz, den ich in ein Drehbuch schreibe, kostet Geld, und wenn man sich dessen vorher nicht bewusst ist, macht man sich selbst von vornherein die Finanzierung unmöglich. Wenn ich in ein Drehbuch schreibe,»ein Schiff mit 1300 Passagieren sinkt«, dann muss ich mir im Klaren darüber sein, dass ich diese Geschichte in Deutschland nicht finanzieren kann, schon nach diesem einen Satz.«[3]

Und wenn Sie dann Ihr Drehbuch vielleicht nicht unbedingt mit »Rom brennt« eröffnen, dann sollten Sie auch folgenden Einstieg vielleicht nicht unbedingt wählen:

2. SOMMERLANDSCHAFT   AUSSEN / TAG
```
Ein Schmetterling fliegt über eine hügelige Landschaft, bis
er sich allmählich hinabsenkt. Langsam lässt er sich auf
dem Ortsschild von Nideraubach nieder, wo genau in diesem
Moment ein Auto mit unserem Protagonisten vorbei fährt...
```

Das wird schallendes Gelächter hervorrufen, denn was bedeutet es letztlich für die Umsetzung? Es bedeutet, dass man einen äußerst teuren Special Effect einsetzen muss. Oder dass man zumindest einen Helikopter bezahlen muss (der den Schmetterling wahrscheinlich davon weht), dass man einen unglaublich begabten Tiertrainer, der sogar einen Schmetterling trainieren kann, einstellen müsste, oder, dass man so viel Glück beim Timing hat, dass auch ein Lottogewinn wahrscheinlich ist...

Aber wie der Produzent Prof. Georg Feil berichtet, lautete der erste Drehbuch-Satz des bekannten Autors Wolfgang Menge folgendermaßen:

3. KÖLN   AUSSEN / TAG
```
Der Rhein tritt über die Ufer, der Dom brennt.
```

Und es ist trotzdem eine beachtliche Karriere geworden...

---

[3] Doris Dörrie: »Jeder Satz, den ich in ein Drehbuch schreibe, kostet Geld.« In: Süddeutsche Zeitung Nr. 193, S. 18 vom 20.08.2008.

Kapitel 2: Die Produktionsvorbereitung

Das Drehbuch ist für den Autor ein ganz anderes Instrument als für viele an der Filmproduktion Beteiligten: Während der Autor mühsam an den Dialogen feilt, damit sie den Witz möglichst pointiert darbieten und in den Szenen die Momente herausarbeitet, die eine besondere emotionale Wirkung erzielen, müsste er feststellen, dass all diese Gedanken, die er sich zu seinem Buch gemacht hat, von vielen seiner Leser überhaupt nicht geteilt oder sogar ignoriert werden – sofern er bei der Umsetzung dabei wäre. Denn der Großteil der Leser eines Drehbuchs besteht sicherlich aus der Filmcrew, die für die Umsetzung am Set zuständig ist, oder aus den Teammitgliedern im Produktionsbüro, die sich mit den Voraussetzungen für den Dreh beschäftigen, jene also, die das Drehbuch aus ganz anderen Motiven lesen, als dass sie sich primär für die Geschichte interessieren.

Ein Oberbeleuchter wird sich vielleicht durch einen spritzigen Dialog fesseln lassen, aber ihn interessiert vielmehr, ob er eine Abendstimmung einleuchten soll oder wie viele Nachtszenen es gibt. Es ist zwar schön, wenn er das Drehbuch trotzdem spannend findet, aber es ist für das Produkt nicht relevant. Der Produktionsleiter wird sich kaum durch die dramatische Wendung im zweiten Akt beeindrucken lassen. Ihn interessiert vielmehr, ob tatsächlich im Zollbereich des Flughafens gedreht werden muss, weil es schwer ist, eine Drehgenehmigung zu bekommen, oder ob es wirklich unbedingt Trakehner-Pferde sein müssen, die die Hochzeitskutsche ziehen. Es ist schön, wenn er das Drehbuch trotzdem toll findet, aber es ist für das Produkt ebenfalls nicht relevant.

Manchmal ist es gut, dass der Autor nach Abgabe seines Buches nichts mehr von der Umsetzung seiner Gedanken und Fantasien mitbekommt. Denn das kann in einigen Momenten ernüchternd sein, die Diskussionen über seinen Text und die Auswirkungen in der Umsetzung sind manchmal wenig »charmant« und der Umgang mit den geschriebenen Worten reichlich grob. In anderen Momenten allerdings kann es unglaublich informativ und extrem spannend sein, und zwar wenn der Autor die Möglichkeit hat (was in den seltensten Fällen möglich ist), dabei zu sein, wenn seine Wörter mit Leben gefüllt werden.

Das Drehbuch hat in dieser Phase nichts mehr von seinem anfänglichen Sinn, denn es dient nicht mehr dazu, Geldgeber oder Schauspieler von dem Stoff zu überzeugen, sie sind längst alle mit im Boot. Das Drehbuch, das mit seinen Vorstufen Exposee und Treatment zunächst seine ersten Leser auf kreativem Gebiet überzeugen musste, dient nun als Grundlage für die Filmproduktion. Die Wissenschaftlerin Claudia Sternberg hat sich mit den verschiedenen Rezeptionsstadien des Drehbuchs auseinander gesetzt und spricht hier von dem *Blueprint-Stadium*[4], in dem das Drehbuch nicht mehr als ein Bauplan, eine Blaupause für das zu errichtende Filmbauwerk ist. Und dies ist zunächst einmal ein sehr nüchterner, trockener Prozess, der wenig Lyrisches hat. Das wird direkt im Umgang mit dem Text deutlich, wie wir später sehen werden. Zunächst sollen jedoch die Aufgaben und Funktionen der am Film Beteiligten einmal genauer vorgestellt werden, denn für Außenstehende (und zu diesen gehört in dem Sinn auch der Drehbuchautor) sind die Wege und Arbeitsweisen der Produktion oft ein Buch mit mehr als sieben Siegeln.

Die Aufgaben im Team

Der Herstellungsleiter ist in vielen Fällen nicht fest angestellt, sondern wird hinzugezogen, sobald eine Produktion geplant ist. Er hat eine sehr wichtige Funktion, da er mit der Kalkulation des Filmvorhabens beauftragt wird (sofern das nicht durch einen festen Mitarbeiter abgedeckt wird), und er ist – in Abstimmung mit Regie und Produzent – für die Auswahl der Mitarbeiter in den Departments Kamera, Ton, Szenenbild und Kostüm/Maske zuständig. Er wird das Gespräch mit der Casting-Agentur einleiten, in dem dann später Regisseur, Produzent und Senderverantwortliche über das Casting entscheiden. Im Gegensatz zu einem Produktionsleiter begleitet der Herstellungsleiter ein Filmprojekt von der Anfangsidee (bzw. ab dem Moment, in dem eine Produktion angedacht wird) bis hin zum finalen Abschluss des Projekts – ein Produktionsleiter beginnt erst ca. zwei Monate vor dem Dreh mit seiner Arbeit und übergibt seine Aufgaben dann ein bis zwei Wochen nach Drehschluss zurück an den Herstellungsleiter. Alle langfristigen Aufgaben fallen also in den Bereich des Herstellungsleiters, der damit eine einflussreiche Position innerhalb des Produktionsgefüges einnimmt. Er steuert die wichtigen Verhandlungen mit den Agenturen, den Schauspielern oder auch mit dem Team in finanziellen Angelegenheiten, ebenso wie die Auswahl der Locations und ohnehin alles, was Einfluss auf die Kosten des späteren Filmes nimmt.

Ein Produktionsleiter verantwortet eine Produktion in wirtschaftlicher und organisatorischer Hinsicht. Er verwaltet die finanziellen Mittel und muss daher ständig zwischen künstlerischen und kaufmännischen Interessen vermitteln. Denn nicht jede kreative Idee lässt sich mit dem verfügbaren Budget realisieren. Der Produktionsleiter stellt in Absprache mit Regie, der Produktionsfirma und

---

[4] Sternberg unterscheidet außerdem zwischen dem Property Stadium (Verkauf, Rechte, Gestaltung) und dem Reading Material Stadium (nachträgliche Analyse). Vgl. Sternberg: Written. 1996, S. 43f.

bei wichtigen Positionen auch in Übereinkommen mit dem Sender die Teammitglieder und Darsteller ein. Er führt die Gagenverhandlungen, macht die Verträge und ist vor Ort Ansprechpartner für alle produktiven Belange. Unterstützt wird er vom Produktionssekretär oder Produktionsassistenten. Der Produktionsleiter stellt auch die Aufnahmeleiter ein.

Auf Basis des Drehbuchs erstellt der erste Aufnahmeleiter in Zusammenarbeit mit dem Regieassistenten den Drehplan, zumeist mit der Software SESAM, MOVIE MAGIC oder FUZZELCHECK, die teilweise gleichzeitig auch als Kalkulationsprogramm dienen. Hat der Drehbuchautor sein Buch sorgfältig formatiert (also z.b. jeder Überschrift auch die Formatvorlage Überschrift zugewiesen), erkennen diese Programme sofort die unterschiedlichen Motive, Tageszeiten und die beteiligten Schauspieler in den jeweiligen Szenen.

Zu den Aufgaben des ersten Aufnahmeleiters gehört u.a. die Organisation der Motivbesichtigungen mit Regie, Regieassistenz, Kameramann, Oberbeleuchter, Ton, Ausstattung und Producer. Er besorgt jede Genehmigung, die für den Dreh wichtig ist (dazu später mehr im Kapitel Motive) und mietet die Motive an, inklusive aller zusätzlich benötigten Räume wie z.B. Parkplätze, Nebenräume usw. Während des Drehs erstellt er täglich die Disposition und kümmert sich um anfallende Probleme der Produktion.

Der zweite Aufnahmeleiter wird auch als Set-Aufnahmeleiter bezeichnet. Er arbeitet eng mit dem ersten Aufnahmeleiter und dem Regieassistenten zusammen und ist am Set für Produktionsfahrer, Absperrer (sogenannte »Blocker«, die die Straßen für den Dreh absperren) und Praktikanten zuständig. Er verantwortet die Einhaltung der Sicherheitsbestimmungen und Arbeitsrichtlinien sowie der vorgegebenen Zeiten, d.h. dass alle zur richtigen Zeit an ihrem Platz sind. Er kontrolliert das Motiv vor und nach den Dreharbeiten und hat damit den längsten Arbeitstag von allen.

Im Büro arbeiten weitere Personen für die Produktion, obwohl sie nach außen hin eher selten in Erscheinung treten. So regelt etwa die Filmgeschäftsführung die finanziellen Angelegenheiten einer Produktion. Dazu gehören Lohn- und Finanzbuchhaltung und damit auch die Erfassung aller Kassen-, Bankbelege und Rechnungen.[5] Neben den laufenden Zahlungen gehört oft auch die Kasse mit dem Verrechnungsgeld zum Tagesgeschäft der Filmgeschäftsführung, also die Auszahlung der Tagesgagen am Drehort z.B. an Komparsen.

Es gibt natürlich noch viele weitere Berufsbilder, die mit der Filmproduktion zusammenhängen, da sie aber wenig Einfluss auf die finanziellen Entscheidungen

---

5 Vgl. dazu das Kapitel »Filmbuchhandlung« bei Yagapen: Filmgeschäftsführung. 2. Auflage. 2007, S. 37-98.

einer Produktion haben und aus wirtschaftlicher Sicht als Fixkosten gerechnet werden, verzichten wir hier auf eine weitere Darstellung der Berufsbilder von z.B. Kameramann, Tonmeister oder Produktionsfahrer.

Das Catering kann eine entscheidende Rolle für den Erfolg einer Filmproduktion spielen – gute und leckere Verpflegung steigert die Stimmung am Set und in der Crew maßgeblich. Ein positives Miteinander kann entscheidend sein, wenn man zu Höchstleistungen kommen will. Aber da das Catering ja nun wirklich nichts mit dem Drehbuch zu tun hat, wollen wir es hier dabei belassen und uns vielmehr der Frage widmen, wie Drehbuch, Produktion und Höchstleistungen zusammenhängen, schließlich ist ja das Drehbuch wichtigste Grundlage eines Films.

Zunächst werden Drehbuchauszüge erstellt.[6] Diese enthalten unter anderem folgende wichtige Angaben: Neben der Bildnummer die Angabe, ob es ein Innen- oder Außendreh ist und welche Stimmung – gemeint ist hier Tag oder Nacht – das jeweilige Bild hat. Die Vorstoppzeit wird ebenso angegeben, also die geschätzte Zeit, die die jeweilige Szene bei der Realisierung dauern wird. Hierzu sei gesagt, dass Drehbücher durchaus unterschiedlich lang gestoppt werden, das hängt von der betreffenden Person bzw. der intendierten Umsetzung ab. Normalerweise stoppt der Regieassistent das Drehbuch, denn er kennt die Arbeitsweise des Regisseurs am Genauesten und weiß auch sonst aus Vorbesprechungen, wie dieser das Buch inszenieren möchte: Ob er z.B. besonders auf die Figuren setzt und ihnen Raum geben möchte, was eventuell viel Zeit kostet, oder ob er für eine dynamische und temporeiche Realisation steht. Solche Vorstoppzeiten werden auf Seiten der Produktions- oder Herstellungsleitung gegengestoppt, um einen Drehplan zu erstellen und die Zeit einschätzen zu können.

Zudem wird der Seitenumfang des Bildes angegeben, also wie viele Seiten das Bild im Drehbuch umfasst, z.B. 1 1/8 Seiten. Ein Drehbuchauszug umfasst weiterhin eine kurze Inhaltsbeschreibung der jeweiligen Szene, erklärt also kurz, worum es hier geht. Ebenso notwendig sind natürlich die Angaben des Motivs und der Schauspieler. Es muss klar werden, welche Darsteller für die Szene benötigt werden, denn auch anhand dieser Information wird später der Drehplan erstellt. Schauspieler sind auf dieser Stufe nichts weiter als Nummern, so dass der Leser eines Drehbuchauszugs auf den ersten Blick feststellen kann, ob der Hauptdarsteller (mit der Nummer 1) tatsächlich in jedem Bild ist, oder ob es eventuell die Möglichkeit gibt, sogar einen Tag ohne ihn auszukommen.

Die Zahl der Komparsen wird aufgeführt, eventuell mit einer genaueren Bezeichnung, sofern man sie in einem anderen Bild erneut benötigt. Tiere, Fahrzeuge und besondere Requisiten werden in solchen Drehbuchauszügen ebenfalls

---

6   Vgl. dazu auch Wendling: Filmproduktion. 2008, S. 209 und 216.

benannt, außerdem wichtige Positionen wie Special Effects oder Visual Effects, Stunts, Spezial Make up, usw.

Der Drehplan[7] ist die Grundlage des Filmdrehs und umfasst neben den Angaben zu den Drehtagen die Aufteilung in Tag- und Nachtdreh, die Anzahl der Rollen-Drehtage, der Motive, Komparsen pro Drehtag, der Umzüge, des technischen Zusatzequipments usw. Ein guter Drehplan wird nicht vorrangig nach inhaltlichen, sondern verständlicherweise nach kostenorientierten Gesichtspunkten gelegt. So ist es immer das Ziel, die vorhandenen Drehorte optimal zu nutzen, so dass Reisen möglichst nur ein Mal gezahlt werden. Ebenso spielt die Motivzusammengehörigkeit eine Rolle, da durch benachbart liegende Motive die Kosten für Umzüge oder für die erneute Ausstattung, die Zeit für das Einleuchten des Sets oder auch für das Einrichten der Parkflächen für die Fahrzeuge minimiert werden kann. Auch die Rollen werden im Drehplan analysiert und dieser wird möglichst optimal ausgerichtet, so dass die Drehtage und damit auch die Reisekosten der Darsteller gering bleiben, die Zeiträume, in denen sie am Set sein müssen, möglichst kurz und die Risiken, dass die Darsteller plötzlich mit einer veränderten Frisur oder zehn Kilo mehr auf den Hüften auftauchen, klein sind (bei den kurzen Drehzeiträumen im Fernsehen sind sie dies ohnehin). Reserven zeitlicher Art muss ein Drehplan ebenfalls bieten – schließlich müssen Risiken der Drehverschiebung einkalkuliert werden und in guten Fällen nimmt der Drehplan auch noch Rücksicht auf die Chronologie der Erzählung, was es vor allem für Regie und Darsteller einfacher macht.

Der Drehplan wird oft schon erstellt, wenn das Drehbuch gar nicht final geschrieben worden ist. Die zeitlichen Erfordernisse der Produktion bedingen dies, unter anderem wegen der Motivsuche.

Eine genaue Vorbereitung ist entscheidend für eine reibungslose Produktion. Je detaillierter und umfangreicher die Vorarbeiten geschehen, desto schneller und damit auch eventuell kostengünstiger kann der Dreh vollzogen werden. Dies bedeutet, dass sich u.a. Regie und Kamera schon frühestmöglich zusammensetzen und Motive und Auflösung besprechen, und dass dies nicht erst am Set stattfinden muss. Dazu gehört allerdings auch, dass einige Mitarbeiter schon mit einigem Abstand zu dem Drehbeginn beschäftigt werden, was für erhöhte Kosten sorgt. Umgekehrt spart der Produzent Geld, wenn am Set später nicht alles auseinanderläuft.

Durch einen guten Drehplan werden also Umzüge minimiert, ebenso die Tage, an denen Schauspieler anwesend sein müssen, Wochenenden (an denen zum Teil der doppelte Lohn fällig ist) vermieden und die Motive gut ausgenutzt.

---

7 Vgl. dazu auch Schmidt-Matthiesen: Erstellung einer Kalkulation. In: Clevé: Von der Idee zum Film. 4. Auflage. 2004, S. 93.

In den jeweiligen Kapiteln werden wir uns detaillierter mit den einzelnen Bedingungen auseinandersetzen.

Während der Filmproduktion werden Tagesberichte[8] erstellt, die detailliert zusammenfassen, wer was wo und wann gemacht hat. Dies ist relevant aus Abrechnungsgründen und für den Auftraggeber, damit er nachvollziehen kann, wie sein investiertes Geld verwendet wird. In den Tagesbericht gehören also Angaben zu den anwesenden Darstellern, den Komparsen und Kleindarstellern, etwaigem Zusatzpersonal, Arbeitsbeginn und -ende, Drehbeginn und -ende, Materialverbrauch von Kamera und Ton, Großrequisiten und Fahrzeugen im Bild und Special Effects sowie Stunts. Drehverzögerungen werden selbstverständlich ebenfalls aufgeführt, ebenso Ausfälle und Unfälle oder etwaige Schäden, die während des Drehs verursacht worden sind.

Hinzu kommen Angaben darüber, welche Einstellungen wie oft gedreht und kopiert wurden, welche Bilder abgedreht oder z.B. nur angedreht wurden, und wie viele Minuten tatsächlich gedreht wurden. Daraus ergibt sich das Drehverhältnis, das durchaus als relevante Größe schnell Besprechungen zwischen Regie und Produktionsleitung und in späterer Instanz auch Producer und Redakteur nach sich zieht. Ein Drehverhältnis von z.B. 1:10 bedeutet, dass für 1 Minute Film 10 Minuten Filmmeter gedreht wurden, also für einen Film von 90 Minuten 900 Minuten Material belichtet wurden. Selbstverständlich werden nicht all diese Filmmeter im Schnitt als Material für den Cutter enden, sondern nur die Filmabschnitte, die der Regisseur *kopieren* lässt. Sortiert landen dann vielleicht nur 500 Minuten Material im Schnitt, aus denen der Cutter dann die relevanten Einstellungen auswählt und zunächst im Rohschnitt zusammenfügt.

Für den Cutter werden sogenannte Cutterberichte geschrieben, damit er die oben angesprochenen Unmengen an Material organisieren kann. Dabei helfen ihm Angaben über Bild und Einstellung, Lichtstimmung, die benutzte Optik, die Beschreibung der Einstellung über z.B. Kamerabewegungen wie Fahrt oder Schwenk, Schauspieler und ihre Bewegungen und Blickrichtungen und den ersten und letzten gesprochenen Satz einer Szene.

Der Bild- und Negativbericht[9] gibt eine Orientierung über den Verbrauch von Filmmaterial und wird durch die Script/Continuity erstellt. Sie ist zum einen für die Protokollfunktion zuständig, zum anderen aber auch für die Beachtung oder Kontrolle der Anschlüsse während der Dreharbeiten. Filmfehler wie z.B. eine von einer Einstellung zur Nächsten plötzlich halb abgebrannte Zigarette sind ihr anzukreiden.

Da Filme nicht chronologisch nach Buch gedreht werden, gibt es hier natürlich einen großen Spielraum für Fehlerquellen (siehe z.B. unter www.moviemis-

---

8   Vgl. auch das Beispiel bei Wendling: Filmproduktion. 2008, S. 212.
9   Vgl. auch das Beispiel bei Wendling: Filmproduktion. 2008, S. 214.

takes.com oder www.DieSeher.de). Wenn eine Szene, die im Buch einer anderen direkt folgt, erst einige Tage später gedreht wird, ist darauf zu achten, dass die Anschlüsse stimmen. Der Schauspieler muss noch das gleiche Kostüm tragen, denselben Wirbel im Haar haben, dieselbe Requisite in derselben Hand halten, es muss die gleiche Licht- und Tagesstimmung herrschen usw.

Wenn hier so eine große Fehlerquelle ist, warum werden die Szenen von bestimmt 99% aller Filme in achronologischer Reihenfolge abgefilmt? Ganz einfach: Es dominiert der Kostendruck. Nur in den seltensten Fällen und eher auf dem Gebiet des Kunstfilms gibt es hier Ausnahmen. Ein geschickter Drehplan und damit die Reihenfolge, in der die Szenen gedreht werden, beeinflusst die Kosten einer Filmproduktion deutlich.

Versicherungen

Auch wenn wir hier noch etwas im theoretischen Rahmen verharren, noch kurz ein paar Worte zu Versicherungen, die natürlich bei einem Filmdreh eine wichtige Rolle spielen – schließlich kann bei so vielen Beteiligten und so vielen unkalkulierbaren Elementen eine Menge zu Schaden kommen.

Versicherungen sind also zunächst einmal ein Thema für die gesamte Filmproduktion – denn *alles* muss versichert werden. Von den Fahrzeugen, die man sich ausleiht, bis über die Lichttechnik zu den Darstellern, von den Requisiten über die Motive, das Team, Regie, Kamera, Producer, Redakteur (nicht bei rein fiktionalen Formaten, bei denen dieser im Sender beschäftigt ist, sondern bei z.B. Dokusoaps oder Reality-Formaten, bei denen dieser den Dreh am Set betreut) – all diese Positionen sind auf Ausfall versichert.[10]

Eine Versicherung kommt also unter anderem dann ins Spiel, wenn der Dreh plötzlich mitten in der Produktion oder kurz vor Drehbeginn fraglich ist. Ein Drehausfall ist katastrophal für eine Produktionsfirma, schließlich kann jeder Tag – je nach Genre – Ausfallkosten in fünf- oder sogar siebenstelliger Höhe nach sich ziehen. Das hängt davon ab, was für ein Genre erzählt wird, wie aufwändig der Dreh ist, und was genau an diesem Tag hätte gedreht werden sollen. Wenn es »nur« ein normaler Tag am Hauptmotiv ist, dann ist dies zwar ärgerlich, aber eher zu verschmerzen. Nichtsdestotrotz werden in einem Versicherungsfall die Vertrauensärzte der Versicherung eingeschaltet, die überprüfen, ob der magenkranke Hauptdarsteller tatsächlich magenkrank ist.

Allerdings ist in den meisten Versicherungsverträgen eine 48-Stunden-Klausel enthalten, die den Versicherungsfall erst dann eingetreten sieht, wenn der

---

10 Vgl. dazu Hübner: Versicherungen und Completion Bond. In: Clevé: Von der Idee zum Film. 4. Auflage. 2004, S. 57.

betreffende Darsteller tatsächlich länger als zwei Tage durch Krankheit ausfällt. Diese Klausel erfordert also eine Flexibilität seitens des Produzenten, der den Ausfall durch eine kurzfristige Änderung des Drehplans auffangen soll. Das ist im Einzelfall möglich, jedoch nicht immer: Zum Beispiel wenn der Tag, an dem der Hauptdarsteller wegen Magenschmerzen ausfällt, ausgerechnet jener ist, an dem »Rom brennt« gedreht werden soll und man nur heute die Originalkulissen bespielen darf.

Auch das Bandmaterial und das Negativmaterial werden versichert, ebenso das – wie oben angesprochen – Equipment (von dem wichtige Elemente im Wert von über € 20.000 im Antrag extra benannt werden müssen), sowie zehn zu nennende Personen. Üblicherweise werden hier der Hauptcast, Regisseur, Producer und Kameramann versichert. Die Versicherung richtet sich nach der Netto-Herstellungssumme und ist bei Fernsehproduktionen eine Beistellung des Senders.

Die Versicherung sichert also die wichtigsten Elemente grundsätzlich ab. Wenn allerdings Sonderdrehs geplant sind, müssen diese auch gesondert abgesichert werden. Wenn also im Drehbuch steht, dass z.B. ein Dreh im persönlichen Ferrari von Michael Schumacher gemacht werden soll (und man realisiert diesen tatsächlich so und nicht im Mietwagen), ist dies sicherlich mit Sonderkosten durch die Versicherung verbunden. Ebenfalls gibt es natürlich Reisegepäckversicherungen, die z.B. bei einem Auslandsdreh zusätzlich abgeschlossen werden sollten.

Eine weitere Versicherung, die aus urheberrechtlichen Gesichtspunkten für Drehbuchautoren interessant sein könnte – wenngleich auch diese nicht vom Autor, sondern natürlich von der Produktionsfirma abgeschlossen wird, ist die *Errors and Omissions-Versicherung*. Diese sichert den Produzenten und diejenigen, die Nutzungsrechte von ihm erwerben, gegen Ansprüche Dritter ab, die folgende Gebiete betreffen: »Verletzung der Privatsphäre, Verletzung des Copyrights, Verunglimpfung (...), Plagiat, Piraterie oder unlauterem Wettbewerb, wenn behauptet wird, der Produzent habe in der Produktion unberechtigt Titel genutzt, Ideen, Formate, Charaktere, vorbestehende Rechte an künstlerischen Werken etc. verwendet.«[11] Gerade wenn Verkäufe ins US-amerikanische Ausland anstehen, wird fast immer eine solche E & O-Versicherung gefordert.

Nun aber von den eher allgemeinen Grundlagen zu den Details, die bei der Umsetzung des Drehbuchs Kosten verursachen, und wir läuten dies ein mit einer Beispielszene für eine fiktive Fernsehserie, auf die wir im Laufe dieses Buches immer wieder zurückkommen werden:

---

11 Vgl. Vgl. dazu Hübner: Versicherungen und Completion Bond. In: Clevé: Von der Idee zum Film. 4. Auflage. 2004, S. 71.

Kapitel 3: Die Figuren

Die Beispielszene

4. KIRCHE **INNEN / TAG**

Das voll besetzte Kirchenschiff lauscht gespannt den
Worten des PFARRERS, der jetzt zum großen Moment ansetzt.

>   PFARRER
> Und nun frage ich Sie...

Dem Trauzeugen scheint es schlecht zu gehen. Er beginnt
zu schwanken und klammert sich an den Arm des Bräutigams.
LEA, die Braut, und INGA, ihre Trauzeugin, schauen besorgt
herüber. Der Bräutigam wirkt eher verärgert.

>   MOMME
> Mann, Paul. Nicht schon wieder...

Die Familie der Braut schaut besorgt herüber, alle, wie
sie da sind: die Eltern GERRY und MARTHA, Tante EVI,
Schwester STEFFI, Schwager CLAUS und der kleine TONI (5),
der bockig sein Blumenkörbchen umklammert.

>   PFARRER
> Wollen Sie, Frau Lea Maria Steinfeld
> den hier anwesenden äh... Momme? ...

>   MOMME
> Kommt von Markus...

>   PFARRER
> ... also Markus, genannt Momme,
> Richter...

>   MOMME
>   (undgeduldig)
> Nee, nur Momme...

Auf der Bräutigamseite der Kirchenbank blickt Mommes
MUTTER verlegen in die Runde, sein VATER nickt
selbstzufrieden.

>   VATER
> Jawohl.

Kapitel 3: Die Figuren

Paul hat nicht mit der Stimme aus dem Hintergrund gerechnet und erschrickt fürchterlich. Er taumelt stark und Momme fängt ihn gerade noch auf.

                PFARRER
     Sollen wir die Trauung vielleicht
     kurz unterbrechen?

                MOMME
     Auf keenen Fall.

                ZOLTAN
     (aus dem Off)
     Auf jeden Fall!

Alle Augen im voll besetzen Saal drehen sich zum Kirchenportal um, wo ein fies aussehender Gangstertyp mit seinen fünf BODYGUARDS und deren Anführer ENZO erscheint. Das ist der Startschuss, denkt TONI und beginnt, sein Blumenkörbchen zu entleeren. Ein Blumenregen ergießt sich über die ersten Bänke und Momme vergisst, Paul zu halten. Der fällt zu Boden und reißt die Ringe auf dem Samtkissen des Pfarrers mit sich. Ein Tumult entsteht und die gesamte Familie beginnt, durcheinander zu schnattern und entweder die Blumen, die Ringe oder Paul aufzuheben.

                LEA
     Momme? Was ist...

                TONI
     (wirft sich heulend dazwischen)
     Das sind meine Blumen!

                MOMME
     Scheiße...

Die Bodyguards stehen schon beinahe neben ihm, als er die Hand zu seiner Brusttasche hebt.

                BODYGUARD 1
     Na, das lässte mal.

Momme lässt die Hand resigniert wieder sinken. Enzo entwaffnet ihn. Zoltan geht gemächlich Zigarre rauchend den roten Teppich entlang, durch das Blumenmeer. Beinahe tritt er Toni auf die Hand.

>   ZOLTAN
>   Ich habe es dir gesagt. Hab ich es
>   dir nicht gesagt? Was hab ich dir
>   gesagt?

Momme weiß nicht recht, was er antworten soll, da platzt ein weiterer Besuch ins Kirchenschiff, das sich mittlerweile zwischen Angststarre, Euphorie und Empörung befindet: STELZMEIER, BRUCKNER und noch drei weitere Polizisten, die Waffen im Anschlag.

>   POLIZIST 1
>   (zu den Bodyguards)
>   Waffen runter!
>   POLIZIST 2
>   Hände hoch!
>   POLIZIST 3
>   (Zu den Hochzeitsgästen)
>   Alles liegen lassen!
>   STELZMEIER
>   (zu Momme)
>   Was hat er ihnen denn gesagt?

Alle starren nun Momme an. Der hat leider gar keine Ahnung, wovon die hier alle sprechen.

Casting

Wie Sie vielleicht aus eigener Erfahrung wissen, ist der Drehbuchautor beim Casting nicht dabei. Auch wenn Sie sich für eine Rolle einen bestimmten Darsteller vorgestellt oder sogar einem Schauspieler eine Rolle auf den Leib geschrieben haben, ist es – leider – in den meisten Fällen unwahrscheinlich, dass dieser die Rolle tatsächlich auch bekommt. Denn von der Umsetzung des Drehbuchs ist der Drehbuchautor oft zu weit entfernt, als dass er einen Einblick in die Entscheidungsprozesse hätte. Wenn man sich dagegen tagtäglich mit Casting beschäftigt, weiß man vielleicht genau, dass die und die Schauspielerin z.B. momentan schwanger ist oder eine Hauptrolle in einem Serienprojekt übernommen hat und deswegen nicht zur Verfügung steht, oder dass dieser Schauspieler vielleicht gar nicht fürs Fernsehen, sondern nur fürs Kino arbeiten möchte. Ebenso kann man als Außenstehender nicht so gut einschätzen, wie hoch die Gagenanforderungen eines Schauspielers sind, die ebenfalls ein Engagement verhindern könnten. Ein Casting-Agent (der von der Produktion mit einem Fixpreis bezahlt wird, welcher abhängig von der Anzahl der Rollen ist), wird aber genau diese Fragen beantworten können und darüber hinaus einen guten Überblick über die Szene und vielversprechende Talente haben sowie so viel Abstraktionsvermögen, dass er für die Figuren im Buch entsprechende Darsteller findet.

Die Regie wird eigene Visionen für die Besetzung von Momme u.a. haben, ebenso wie die Produktionsfirma oder ein auftraggebender Sender (sofern es eine Fernsehproduktion ist), und all das wird es schwer machen, dass der Autor seine eigenen Vorstellungen durchsetzen kann.

Aber dennoch sollte sich der Autor nicht entmutigen lassen. Beim Schreiben einen bestimmten Schauspieler vor Augen zu haben, hilft unter Umständen, die Figur plastischer und durchgehend plausibel darzustellen.

Die Gagen – Was kosten Schauspieler eigentlich?

Es gibt in Deutschland grob geschätzt etwa 20.000 Schauspieler. Allerdings sind nur rund 10.000 von ihnen als professionelle Schauspieler einzustufen, von denen ein Drittel fest mit Jahresverträgen bei Theatern angestellt ist. Die meisten Schauspieler sind allerdings freiberuflich tätig, so dass ca. zwei Fünftel (4.000) der professionellen Schauspieler zeitweise arbeitslos gemeldet sind. Ernüchternde Zahlen für einen Beruf, der so viel Glamour verspricht.

Die Arbeitsfelder, auf denen sich Schauspieler verdingen, variieren stark. Sie spielen nicht nur in Film- und Fernsehproduktionen oder im Theater, sondern verdienen ihr Geld auch durch Moderationen, Hörspielarbeiten und Synchronisationen oder Schauspielunterricht. Diese unterschiedlichen Einsatzbereiche sind für viele Schauspieler auch bitter nötig. Denn die Gagen, zu denen sie verpflichtet werden, variieren stark. Ein Schauspieler am Theater verdient laut Tarifvertrag Bühne[12] monatlich zwischen € 1.948,und € 2.607. Das ist wenig im Vergleich zu Film und Fernsehen.

Für Fernsehproduktionen gelten Unterschiede zwischen öffentlich-rechtlichen und privaten Sendern, ebenso spielen sicherlich die jeweiligen Formate eine Rolle – für fiktionale Produktionen, die in der Prime Time, also am Hauptabend laufen, sind sicherlich höhere Gagen zu veranschlagen als für Formate, die nachmittags oder in der Access Prime Time, also am frühen Abend laufen: Soaps und Telenovelas werden anders bezahlt als der *Tatort*. Dazu später mehr.

---

12 Vgl. http://www.buehnengenossenschaft.de/fachblatt/jg2008/leitarti06072008.htm und http://www.coram-publico.de/download/nv_buehne.pdf

Beim Kinofilm muss man ebenfalls differenzieren: Für ausländische Koproduktionen gibt es mehr Geld als für inländische Produktionen. Bei Letzteren muss man aber auch noch zwischen vollfinanzierten Filmen und Low- bzw. No-Budget-Produktionen unterscheiden. Zu diesen Beiden zählen vor allem auch die studentischen Produktionen der Filmhochschulen. Mit Rücksicht auf das geringe Budget erklären sich hier viele Schauspieler bereit, auf ihre Gage zu verzichten, wenn ihnen die Geschichte gefällt, oder die Gage zumindest zurückzustellen. Das bedeutet, dass sie zunächst umsonst oder für sehr wenig Lohn arbeiten und erst wenn der Film Geld einspielt oder durch Förderung neue Geldmittel requiriert, ihre Gage oder einen Teil davon erhalten.

Für alle Produktionen gilt: **Jede Gage ist verhandelbar. Und jede Gage *wird* verhandelt.**

Es gibt verschiedene Formen von (Schauspieler-) Gagen, die sich übrigens auch auf andere Berufsfelder anwenden lassen.

Tagesgagen werden von jedem Schauspieler bzw. dessen Agentur festgelegt und sind von dem Bekanntheitsgrad des Schauspielers ebenso wie von dessen Filmographie abhängig. Denn ein erfahrener Schauspieler wird mehr Geld verlangen können als ein Neuling. Allerdings lässt sich das nicht pauschalisieren. Denn natürlich gibt es viele ältere Schauspieler, die weniger Geld verdienen als ihre jungen Kollegen. Problematisch ist es für alle Beteiligten, wenn das Selbstbild des Schauspielers (und das seiner betreuenden Agentur von ihm) von der Realität bzw. den Ansichten der Produktionsfirmen stark abweicht. Dann sind schwierige Verhandlungen zu erwarten, die manchmal damit enden, dass man sich für einen anderen Darsteller entscheidet. Gesichter sind manchmal offenbar doch austauschbarer als man denkt. Allerdings gilt unter Umständen auch das Gegenteil – dann sind die TV-Sender bereit, selbst eine zu hohe Gage zu bezahlen, wenn sie einen Schauspieler unbedingt wollen (weil sie den Erfolg eines Formats nur mit diesem Darsteller verbunden sehen, oder weil das Format nur auf sie/ihn zugeschnitten ist).

Tagesgagen dienen zunächst einmal als Richtwert für die Produktion. Der Schauspieler wird in einem bestimmten Gefüge eingeordnet: Auf der Skala zwischen 500 und 10.000 Euro pro Tag ist ganz klar zu sehen, ob ein Schauspieler zur Oberklasse gehört oder zur Klasse der Nebendarsteller.

Kaum eine Gage wird jedoch als solche akzeptiert. In den Verhandlungen zwischen Produktionsfirma und Schauspielagentur wird die eine Seite immer versuchen, die Gage zu drücken, und das oft in Form einer *Pauschalgage*. Diese sind projektbezogen und werden meist bei Hauptrollen, großen Nebenrollen oder kleinen, aber immer wiederkehrenden Nebenrollen ausgehandelt, wenn diese eine bestimmte Zahl von Drehtagen überschreiten. In der Regel liegen die Pauschalgagen zwischen 10% und 20% unter der Tagesgage. Werden weitere Drehtage fällig, die durch die ausgehandelte Pauschalgage nicht abgegolten sind, werden diese ›normal‹ vergütet, also mit der üblichen Tagesgage.

Buy-out-Gagen bezeichnen einmalige Zahlungen, mit denen der Schauspieler alle Rechte an dem Werk, an dem er mitwirkt, abgibt bzw. diese ihm vergolten werden. Die Nutzungs- und Leistungsschutzrechte werden dem Produzenten übertragen. Dieser (und auch der Fernsehsender) ist damit berechtigt, den Film so oft zu wiederholen oder weiterzuverwerten wie er möchte, ohne dass der Schauspieler eine erneute Zahlung erhält. Das wäre bei einem *Wiederholungshonorar* der Fall. Eine Gage mit Wiederholungshonorar ist in erster Instanz rund 20% niedriger als ein Buy-out. Hier wird der Schauspieler nur für die aktuellen Dreharbeiten bezahlt. Wird der Film aber wiederholt, bekommt der Schauspieler eine weitere Teilgage. Im Fall von Formaten wie dem *Tatort* beispielsweise lohnt sich das für Schauspieler (wie auch für Regie und Drehbuchautor) sehr. Denn oftmals werden die *Tatorte* bei den anderen Regionalsendern wiederholt – und jedes Mal wird das Wiederholungshonorar fällig. Wiederholungshonorare werden nur von öffentlich-rechtlichen Sendern bezahlt (sofern es nicht um geförderte Filmprojekte geht). Und sie werden auch nur den Hauptdarstellern, dem Autor und dem Regisseur angeboten.

Wie sieht nun das Gagengefüge tatsächlich aus? Gehen wir vom Durchschnitt aus, also einem normal budgetierten Film für das Fernsehen. Die Tagesgagen liegen hier zwischen 1.000 und 3.000 Euro, bei bekannteren Schauspielern etwas mehr. Die großen Stars, von denen wir im Vergleich zu Amerika hier in Deutschland nicht so viele haben, können natürlich Gagen veranschlagen, die stellenweise weit darüber liegen. Und ebenso gibt es das ganz andere Spektrum am unteren Rand: Berufsanfänger können für ihre Rollen oftmals weit unter den genannten 1.000 Euro veranschlagen. Selbst wenn sie eine Hauptrolle spielen, werden sie niemals so viel Geld erhalten wie die gestandenen, erfahrenen Kollegen.

Hauptrollen

Was ist eine Hauptrolle? Nun, für den Drehbuchautor ist das ganz einfach zu beantworten: der Protagonist der Geschichte. Und vielleicht der Antagonist, wenn wir einen ganz klaren Antagonistenkonflikt erzählen. Vielleicht der weibliche Gegenpart des Protagonisten bei einer Romantic Comedy, denn haben wir da nicht per definitionem zwei Hauptfiguren? Das gilt natürlich ebenso für einen *Buddy*-Movie. All diese Figuren haben so großen Anteil an der Spielhandlung, dass sie klare Hauptrollen sind und entsprechend besetzt werden.

Aus unserem Beispiel oben definieren wir zunächst einmal den Bräutigam Momme und die Braut Lea als Hauptfiguren. Die Durchschnittstagesgage für eine männliche Hauptrolle liegt bei € 4.000, die für weibliche Schauspieler – aus welchen Gründen auch immer – etwas darunter. Nehmen wir an, dass für die Produktion von unserer Serienfolge (siehe Beispielszene oben), elf Drehtage veranschlagt sind. Der männliche Hauptdarsteller ist in fast jeder Szene präsent, also wird er auch an jedem Drehtag gebucht werden, ergo 11 x € 4.000 = € 44.000, was sich sicherlich auf € 38.000 bis € 40.000 pauschalieren lassen wird. Die Präsenz der weiblichen Schauspielerin kann z.B. aufgrund der optimierten Drehplanerstellung auf neun Drehtage begrenzt werden und erhält somit 9 x € 3.500 = € 31.500, was auf € 28.000 pauschaliert wird. Insgesamt werden für die beiden Hauptdarsteller also ca. € 68.000 fällig.

Bei einer Kinoproduktion mit z.B. rund 30 Drehtagen ist natürlich ein dementsprechend höherer Betrag zu erwarten. Zudem sind die wenigen deutschen Stars recht häufig in Kinoproduktionen zu sehen, und dies obwohl sie enorm hohe Gagen aufrufen. Jenes obere Segment von vielleicht 20 bis 30 Darstellern kann es sich leisten, € 100.000 bis sogar € 200.000 pro Film zu verlangen, pauschaliert, versteht sich. Solche bekannten Gesichter sind es oftmals, die einen Film tatsächlich tragen können. Mit ihnen wird nicht nur der Film »aufgewertet«, sondern sie sind in der Vermarktung und der Promotion des Films entscheidend: Durch die zahlreichen Presseaktivitäten der Schauspieler im Vorfeld eines Films wird Aufmerksamkeit für das Produkt generiert.

Die Schauspieler wissen um ihren Marktwert, und es gibt daher bei den Gagen auch nur begrenzt Verhandlungsspielraum gibt. Umso wichtiger ist ein geschickter Drehplan, der gewährleisten soll, dass die Zeit, in der die Schauspieler zur Verfügung stehen, optimal genutzt wird. Die Höhe der Gagen kann aber auch direkte Auswirkungen auf das Drehbuch haben: Vielleicht werden Schauspieler aus Szenen, in denen sie nur einen winzigen Satz sagen und nicht wirklich anwesend sein müssen, herausgeschrieben. Vielleicht haben Drehbuchautor und Produzent die Anwesenheit der Figur in dieser Szene während der Entwicklung immer für wichtig gehalten, jetzt allerdings haben sich die Maßstäbe (und meinethalben auch der Kreis der an der Produktion Beteiligten) geändert und man stellt fest, dass die Szene tatsächlich auch ohne diesen Satz und damit auch ohne diese Figur funktioniert.

Ein anderer Fall sind studentische Abschlussfilme. Wie bereits angesprochen wird hier oftmals sogar ganz auf die Gage verzichtet. Doch auch bei einem Debüt im Dritten oder dem Kleinen Fernsehspiel liegen die Gagen weit unter dem Regulären – schätzungsweise zwischen € 500 und € 800.

Neben den eigentlichen Hauptrollen des Formats gibt es im seriellen Bereich zudem die sogenannte Episodenhauptrolle. Diese spielt in der jeweiligen Folge einer Serie den Hauptcharakter des Mainplots, in den die Hauptdarsteller der Serie verwickelt werden. Solche Episodenhauptrollen werden gerne von etwas bekannteren Schauspielern übernommen, die eine Verpflichtung für lang laufende und durchgehende Rollen scheuen. Insofern sind sie gewissermaßen als Hauptrollen einzustufen, wenngleich die eigentlichen Protagonisten der Serie als durchgehende Posten kalkuliert werden.

Natürlich zahlt niemand einem Serienhauptdarsteller eine Tagesgage. Es werden vielmehr Pauschalverträge ausgehandelt, die für die ganze Staffel oder das ganze Jahr gelten und eine bestimmte Zahl von Drehtagen einschließen. Diese sind allerdings so kalkuliert, dass der Drehbuchautor den Serienhelden im Grunde in jede Szene reinschreiben könnte, ohne dass dies die Produktionskosten sprengen würde. Dass dies wiederum die Laune des Schauspielers eventuell trüben könnte, weil er einen stressigen Dreh hat, der ihm kaum Luft lässt, ist etwas anderes.

Letztlich gilt: Alle Gagen unterliegen einer Art Schweigepflicht und sind daher nur annähernd konkretisierbar.

Nebenrollen

Was ist eine Nebenrolle? Nun, aus drehbuchtheoretischer Sicht sind das ganz klar alle Nebenfiguren mit ihren Funktionen als Mentor, Verbündeter, Vertrauter, Katalysator oder auch die thematische, die kontrastierende und vor allem die komische Figur (z.B. in der Beispielszene: Paul).

Nebenrollen werden mit durchaus unterschiedlichen Schauspielertypen besetzt. Dies ist von der Größe der Rolle, den Anforderungen und dem gewünschten Ergebnis abhängig. Es gibt viele Schauspieler in Deutschland, die für Nebenrollen besetzt werden können. Das große Angebot wird natürlich dazu genutzt, die Gagen zu drücken, schließlich sind die Rollen (gemäß ihres Namens) nicht so wichtig und die Bereitschaft, sie mit einem anderen, günstigeren Schauspieler zu besetzen, groß. Allerdings sollte an dieser Stelle nochmals darauf hingewiesen werden, dass gerade Nebenrollen für einen Film ganz besonders prägend sein können: Gute Schauspieler auch in den kleinen Rollen werten das Gesamtergebnis ganz besonders auf, und vielfach lassen sich mit einer besonderen Besetzung hier erst die entsprechenden Effekte erzielen, die später das Tüpfelchen auf dem »i« sind.

Üblicherweise werden für Nebenrollen zwischen € 1.500 und € 3.000 gezahlt. Doch neben der breiten Masse der Schauspieler, die sich in diesem Mittelfeld befinden, gibt es natürlich auch hochkarätige Mimen, die als Nebenfiguren eingesetzt werden. Oftmals dann allerdings als Episodenhauptrolle (s.o.).

Es gibt aber auch bekannte Gesichter, die als komischer Effekt usw. eingesetzt werden, also sogenannte Gaststars, die den Film aufwerten sollen. Diese Besetzungen sind vom Drehbuchautor nur in den seltensten Fällen mit einzukalkulieren. Ohnehin hält sich der Autor von Besetzungsfragen zumeist fern (oder vielmehr: Er wird ferngehalten. Es gibt allerdings Ausnahmen vor allem bei komödiantischen Filmen: Hier werden im Drehbuch manchmal schon Rollenvorschläge gemacht, weil durch die Besetzung ein bestimmter komischer Effekt erreicht werden soll.[13] Solche Besetzungen, etwa Boris Becker, Heidi Klum, Gerhard Schröder usw. sind finanziell nicht im Vorfeld zu kalkulieren und vor allem auf den guten Willen des jeweiligen Promis angewiesen. Besetzt man z.B. Comedians oder Musiker, kann es oft zu Abstimmungsproblemen mit deren Tourneeplänen kommen, was das Ganze verkompliziert oder auch eine Zusammenarbeit unmöglich macht.

Abgesehen hiervon gibt es auch kleinere Rollen, die an unbekannte, junge Schauspieler vergeben werden, die noch Erfahrung sammeln müssen. BODYGUARD 1 ist in unserem Beispiel so eine Rolle, sofern er nicht nur in dieser Szene eine Sprechrolle hat, sondern auch im weiteren Film auftreten wird. Solche Schauspieler verdienen entsprechend wenig, rund € 500 bis € 1.000 für Schauspieler mit etwas mehr Erfahrung. Die kleinen Nebenrollen werden kurz vor der Produktion auch noch einmal einem genauen Blick hinsichtlich ihrer Notwendigkeit unterworfen. Die Polizisten aus der Beispielszene (abgesehen von Stelzmeier und Bruckner), die hineinstürmen, um den Boss zu verhaften, sind solche Nebenrollen, die am Ende sicherlich umgeschrieben werden. Der Text wird nicht mehr auf mehrere Figuren verteilt, sondern nur POLIZIST 1 wird als Einziger eine Sprechrolle bekommen (und damit alle Dialoge), so dass die anderen Polizisten mit Komparsen besetzt werden können. Inhaltlich wird das an der Szene nichts ändern, finanziell allerdings schon.

Bei seriellen Formaten gibt es neben den Hauptrollen auch andere durchgehende Darsteller, die kleinere Rollen ausfüllen. Selbstverständlich sind auch diese auf das Jahr bzw. die Staffel pauschaliert. Entsprechend der Größe der Rolle werden den Schauspielern Drehtage fest versprochen. Problematisch kann es wer-

---

13   Vgl. das Bildertreatment von *Neues vom Wixxer* in: Eick: Noch mehr Exposees, Treatments und Konzepte. 2008, S. 47f.

den, wenn man im Laufe einer Serienentwicklung bzw. genauer gesagt während der parallel laufenden Produktion bemerkt, dass sich eine dieser Figuren entgegen des ursprünglichen Plans entwickelt. D.h. dass sie z.b. so interessant und gelungen ist, dass sie auf unvorhersehbar große Zuschauerresonanz stößt, und man sie daher etwa nicht nur im Kommissariat einsetzen, sondern stärker in den Vordergrund rücken und als Ermittler öfter mit an den Tatort führen möchte. Dann werden mehr Drehtage fällig, die normalerweise vom Schauspieler – es sei denn, er ist in anderen Engagements eingebunden – gerne angenommen (und natürlich entlohnt) werden. Trifft das Gegenteil ein, entscheidet man sich also, eine Rolle zu verkleinern oder gar zu kippen, weil entweder die schauspielerische Leistung nicht den Erwartungen entspricht oder die Figur auf dramaturgischer Ebene nicht wie gewünscht funktioniert, steht man vor größeren Problemen bzw. Nachverhandlungen des Vertrages – schließlich ist den Schauspielern ja ursprünglich etwas anderes offeriert worden.

Kinder

Kinder sind für den Dreh ein Sonderfall. Die schauspielerischen Leistungen der Kinder, die ja nicht ausgebildet sind, erfordern eine besondere Beachtung und Zuwendung des Regisseurs, damit die jungen Darsteller ihre Rollen überzeugend spielen. Wie im obigen Fall in der Beispielszene reicht es nicht, wenn das Kind TONI nur süß ist, so dass man ihm mangelndes Talent verzeihen würde – dieser kleine Schauspieler braucht in unserem Fall auch Verständnis für die Choreographie der Szene. Aber das ist mitnichten das größte Problem für einen Dreh mit Kindern, es sind vielmehr die besonderen Vorschriften im Jugendarbeitsschutzgesetz, die die Sache kompliziert machen. Neben Einverständniserklärungen von beiden (!) Elternteilen und der Schule[14] (es sei denn, es sind Ferien, oder man ist nicht von vornherein aufs Wochenende ausgewichen), einer Unbedenklichkeitsbescheinigung eines Arztes und der Genehmigung des Jugendamtes gibt es vornehmlich Einschränkungen bei der Drehzeit: Kinder zwischen drei und sechs Jahren dürfen maximal zwei Stunden täglich in der Zeit von 08.00 – 17.00 Uhr arbeiten, Kinder ab sechs Jahren maximal drei Stunden in der Zeit von 08.00 – 22.00 Uhr, beide allerdings nicht länger als zehn Stun-

---

14   Allerdings wurden z.b. Anfang 2009 in Berlin neue Vorschriften erlassen, so dass Berliner Schulkindern nur noch aus wichtigen Gründen vom Unterricht befreit werden können – dazu gehört nicht länger die Mitwirkung an Rundfunk-, Film-, oder Fernsehaufnahmen. Der Produzentenverband kritisiert dies, hat es doch u.U. zur Folge, dass Produktionen aus diesem Grund an andere Drehorte verlegt werden müssen. Vgl. dazu »Junge Talente müssen lernen.« FAZ vom 28.01.2009, Nr. 23, S. 37.

den wöchentlich. Dies schränkt die verfügbare Zeit am Set natürlich drastisch ein und führt damit zu viel mehr Drehtagen als wenn man mit erwachsenen Darstellern drehen würde. Allerdings gibt es Ausnahmegenehmigungen[15], z.B. einen Erlass der Landesregierung NRW, der unter der Voraussetzung, dass eine medienpädagogische Betreuung des Kindes durchgeführt wird, folgende Erweiterung der Zeiten zulässt: Es zählen nur die Zeiten vor der Kamera, in der Maske und Garderobe und die An- und Abfahrt zur reinen Arbeitszeit, nicht aber die reine Anwesenheit am Set. Dennoch wird auch diese auf insgesamt acht Stunden begrenzt.

Neben der medienpädagogischen Betreuung sind dann auch oft die Eltern mit am Set, was zu zusätzlichen Reisekosten, aber vielleicht auch ausgeglicheneren Kindern führt. (Zumindest solange die Eltern nicht etwa besondere Vorstellungen von der bevorstehenden Filmkarriere ihres Sprösslings haben.)

Die Bezahlung richtet sich wie bei allen anderen Schauspielern auch nach der Wichtigkeit der Rolle und damit einhergehend der Textmenge. Letztlich bekommen Kinderdarsteller weniger Geld als erwachsene Darsteller.

Für Babys gelten die obigen Bestimmungen übrigens nicht. Man geht aufgrund des Alters davon aus, dass eine Betreuungsperson dabei ist. Die mangelnden schauspielerischen Fähigkeiten eines Babys führen dazu, dass es nur »abgefilmt« werden kann. Also: keine Arbeit – kein Arbeitsschutzgesetz. Irritierend, aber wahr.

Was kosten Statisten und Komparsen?

Die kleinen Nebenrollen dienen zum einen dazu, den Hauptfiguren Masse und Gewicht zu geben, etwa, wenn der Gangster mit seinem Trupp Leibwächter anrückt: Ein Auftritt mit vielen Helfern oder Untergebenen verschafft Gangster ZOLTAN bspw. einen imposanteren Auftritt, als wäre er alleine gekommen. Der Eindruck zählt, wie so oft. Die BODYGUARDS, die explizit nach ihrer Physiognomie gecastet werden, „zählen" allerdings auch – nämlich € 86,92 pro Kopf für einen achteinhalbstündigen Arbeitstag. Dies ist dem Tarifvertrag für Film- und Fernsehschaffende zu entnehmen, der für 6,5 Stunden € 63,40 veranschlagt.[16] Wenn die Kleindarsteller zu einer »Mitwirkung in gepflegter Gesellschaftskleidung« geladen werden, was im Rahmen einer kirchlichen Hochzeit unter Umständen zu erwarten ist, dann wird den Darstellern ein Zuschlag von € 23,01 bezahlt, oder sie erhalten € 30,68, wenn sie sich z.B. mit für die Jahreszeit ungeeigneter Kleidung länger im Freien aufhalten müssen. Wenn die Kleindarsteller

---

15 Vgl. dazu Yagapen: Filmgeschäftsführung. 2. Auflage. 2007, S. 143ff.
16 Vgl. http://www.bvb-verband.de/service/pdf/Tarifvertrag.pdf

Kapitel 3: Die Figuren

sich bei der Produktion extra vorstellen müssen oder wenn sie zu einer gesonderten Kostümprobe geladen werden, sind ebenfalls Aufwandsentschädigungen und / oder Reisekosten üblich. Aber auch hier gilt: Alles ist verhandelbar.

Eine weitere Funktion von kleinen Nebenrollen ist die, Szenen mit Leben zu füllen: Wenn in der Kirche nur das Brautpaar und der Trauzeuge anwesend sind, wirkt dies wenig überzeugend. Notfalls könnte man zwar auch eine heimliche Hochzeit inszenieren. Das müsste dann allerdings im Drehbuch begründet und thematisiert werden, andernfalls ist es inhaltlich für den Zuschauer nicht nachvollziehbar.

5. SUPERMARKT   INNEN / TAG
```
Momme schleicht durch die Gänge. Er sucht etwas, aber es
gibt niemanden, den er danach fragen könnte.
```

Wenn unsere Hauptfigur der einzige Kunde weit und breit ist, wird dies seltsam wirken – es sei denn, man will genau diesen Effekt erzielen. Schließlich könnte man durch die irritierende Einsamkeit von Momme auch eine Bedrohungssituation erzeugen:

```
Niemanden. Langsam kommt Momme die Situation verdächtig
vor - hat Zoltan ihn etwa doch aufgespürt? Vorsichtig
nähert er sich der Fleischtheke - nicht einmal hier gibt
es eine Bedienung...
```

So etwas kann zwar funktionieren, aber dann sind solche Situationen bereits im Drehbuch angelegt. Um – wie fast immer – einen ganz normalen Supermarktbetrieb zu simulieren, wird man üblicherweise ein paar weitere Kunden herumschlendern lassen und einen Verkäufer hinter die Fleischtheke stellen, auch wenn dies im Drehbuch gar nicht extra benannt wird.

Die Zahl der Statisten und Komparsen lässt sich im Übrigen auch aufgrund der gewählten Kameraeinstellungen gut variieren. Und nur selten wird im Drehbuch festgeschrieben, wie viele Figuren tatsächlich durchs Bild laufen sollen. So werden von 15 Darstellern schnell fünf gestrichen, wenn das Budget knapp ist. Es liegt dann an der Regie bzw. vielmehr an der Regieassistenz, die die Statisten und Komparsen dirigiert, dass es dennoch eine Szene wird, die realistisch und nicht etwa zu »leer« wirkt.

Statement »Casting« von Clemens Erbach

Casting-Director. Kurzfilmografie: Auswahl Serie: *Der Elefant, Countdown, Alarm für Cobra 11, Geld.Macht.Liebe, Balko, SK-Babies*. Auswahl Movie: *Prager Botschaft, Tod in der Eifel, Es liegt mir auf der Zunge, Tatort* (diverse). Auswahl International: *Defying Gravity, La Vraie Vie De Dalton*

»Es gibt keine Japaner« - Casting – oder die Kunst eine Rolle zu streichen.

Die Geschichte des Castings ist, zumindest im 21. Jahrhundert, auch eine Geschichte des Streichens: Stand früher noch ein großes Ensemble für die Lebendigkeit des Werkes, so steht es inzwischen vor allem für ausufernde Kosten. Während das fiktionale Programm scheinbar unbegrenzt anwuchs, waren weder die steigenden Schauspieler-Gagen, noch eine mangelnde Beschäftigungslage Gegenstand irgendeiner Diskussion. Jede geschriebene Rolle wurde besetzt, und klaglos verdoppelte sich der Gagenanteil am Gesamtbudget eines TV-Films von 1992-1999. Die jährliche 10- bis 20-prozentige Steigerung der Tagesgage eines Schauspielers galt als selbstverständlich, die Mitwirkung an einer Erfolgsproduktion erhöhte die ohnehin gewünschte Steigerung noch weiter. Nicht nur die New-Economy-Krise in den Jahren 2000/01, sondern auch ein zunehmend gewandeltes Zuschauerverhalten verändern jedoch inzwischen nun massiv die Ertrags- und somit Herstellungslage fiktionaler Stoffe. Billiger herstellen oder gar das Produkt einstellen werden plötzlich zu Standardfragen. Die Schauspieler-Gage darin zu einem der zentralen Argumente. Aber nicht nur Geld spielt eine Rolle bei den Streichungen, dazu später.

An dieser Stelle sei kurz erwähnt, dass lediglich das ZDF in all den Jahren ein zentrales Gagencontrolling hatte. Jeder Schauspieler hatte »seine« vom ZDF abgesegnete Gage. Und diese lag deutlich unter denen aller anderen Sender, weit unter der den Privaten. Sowohl die ARD wie auch die privaten Sender versäumten es, frühzeitig den Kostenpunkt Schauspielergage zentral zu kontrollieren. Casting war in keiner Kalkulation enthalten. Casting-Directors wurden als Kostümänderungsposten oder Schnittplatzmiete kalkulatorisch versteckt.

In Zeiten zunehmenden Sparzwangs senkte sich dann der Blick des Casting-Directors, weg von reiner Kunst mehr und mehr aufs Budget. Nicht nur, dass der Casting-Director inzwischen auch Teil der Schauspielergagen-Verhandlungen geworden ist, er ist auch primärer Gesprächspartner des Producers bei den Themen: »Auf welche Rollen können wir verzichten?«, »Welche Rollen müssen nicht mit ein bis drei Drehtagen zu Buche schlagen?«, »Welche Rolle kann diese Information aus dem Dialog von Rolle x übernehmen?« Gerade die kleinen Rollen werden häufig schon in der Buchphase als Kostenfaktor unterschätzt, oder aber auch seitens der Herstellungsleitung unterkalkuliert. Denn auch eine kleine Rolle ist ein enormer Kostenfaktor, verdient ein Schauspieler doch das Vielfache eines Komparsen oder Kleindarstellers. Allerdings kann man keine Rolle mit dem Umfang von mehr als einem Satz adäquat mit Kleindarstellern oder »Schwachspielern« besetzen, ohne das Werk nachhaltig zu beschädigen. Die oft fälschlich als richtig angenommene Gleichung: »kleine Rolle« – »kleiner Spieler« – »kleines Geld« geht nicht auf. Im Amerikanischen heißt es dazu schön: »If you pay peanuts, you get monkeys« und endet in Missfallen und Synchron. Die Kleindarstellerei endet meiner Meinung nach bei einfachen, emotionslosen Repliken wie: »…da drüben« o. Ä. Wohingegen schon eine Rolle mit dem Satz: »Herr Geheimrat, schaffens die Ausfahrt bis zum Abendessen?« in seiner Schlichtheit und seiner Interaktion mit der Hauptrolle als Schauspieler-Gage kalkuliert werden muss – günstigstenfalls im dreistelligen Bereich, aber normalerweise mit einer Summe >1.000 € / pro Drehtag. Wenn dann der Pferdepfleger des Geheimrats auch ansonsten stimmungsmäßig im Film zu sehen sein soll, summiert sich der o. g. Satz für die Rolle schnell zu mehreren tausend Euro.

Das Verschwinden von fünf bis zehn Rollen im Vorfeld eines TV-Films ist ein mittlerweile normaler Vorgang, der (rechnen wir mal mit 2 Drehtagen pro Rolle à 1.500 €) die Produktion um 15.000 bis 30.000 Euro entlasten kann. Unter Hinzuziehung von Reise- und Übernachtungskosten sogar noch mehr. Niemand besetzt gerne ganz kleine Rollen, der Schauspieler wird immer das Gefühl haben, man traue ihm keine größere Aufgabe zu. Das wiederum hat häufig folgenden, fatalen Effekt: Er wird, es ist schließlich sein Beruf und Lebensunterhalt, auch die kleine Rolle annehmen. Doch dann am Drehtag – auch hier beschäftigt sich keiner mit der »kleinen Rolle« – im Spiel zu zeigen, dass er doch sehr viel mehr »drauf hat«: Er möchte sich für Größeres qualifizieren. An dieser Stelle ist die Unzufriedenheit aller garantiert, von der Rolle wird sich im Schneideraum »gelöst«. Und keiner kann zufrieden sein.

Weniger Rollen haben also über die rein monetäre Reduktion von Schauspieler-Drehtagen hinaus auch den Effekt, dass die Regie sich auf die Rollen, die zur Geschichte beizutragen haben, konzentrieren kann. Dann sollten aber doch bitte diese verbleibenden Rollen Konturen haben und Fleisch am Knochen ihrer Rolle finden.

Und was hat der Japaner mit dem Ganzen zu tun?

Die Komplexität der Rolle spielt beim Casting selbst in der Regel kostenmäßig eine untergeordnete Rolle. Je komplexer und schwieriger, je höher die Anforderungen an die Schauspieler, umso preiswerter kann u. U. sogar das Casting sein. Schauspieler lieben facettenreiche Charaktere, das Drehbuch wird besser »verkaufbar«, die Zahl der Interessenten und somit die Auswahl auf die besten Schauspieler steigt. Eine tolle Rolle kann sogar der Grund sein, Schauspieler zu finden, die bei knappen Budgets der Produktion in der Gage entgegenkommen.
Es steigen erfahrungsgemäß der Aufwand und somit die Kosten des Castings, wenn z.B. folgende Faktoren bei einem Film zutreffen:

- Seriendreh im Ausland (Hauptrolle schwierig besetzbar, u.a. aus familiären Gründen)
- Nacktszenen
- Kinderrollen
- Japaner oder andere exotische Figuren...

Japaner, ja Japaner! Zunächst möchte ich nebenbei an dieser Stelle meine Freude zum Ausdruck bringen, dass die Berücksichtigung gesellschaftlicher Realitäten mittlerweile z.B. einen türkischen Tatort-Kommissar und somit echte Rollen hervorgebracht hat, deren Profile dem Status der über Akzent sprechenden, Kopftuch tragenden Putzfrau entwachsen sind. Aber das Besetzen ausländischer Rollen stellt uns Casting Directoren doch nach wie vor auch vor ernsthafte Probleme, wie das Beispiel des o.g. Japaners zeigt:
»Dann geht doch nach drüben!« Das war mein erster Satz, als ich im Jahre 2001 die Anfrage zum Casting der Hauptrollen für die ZDF-Serie *Zwei Profis* bekam. Wohl wissend, dass sich für den japanischen Partner im gemischt-ethnischen Ermittlerteam sicher kein Schauspieler in ganz Deutschland finden würde. Es gab nur einen ca. 50-Jährigen, der zwar nur leidlich talentiert, aber dafür umso komplizierter im Umgang ist. Schon bei der Anfrage war daher klar: Der soll es nicht sein, die Besetzung für diese Rolle gibt es in Deutschland nicht. Den japanischen Jodelkünstler hatte ich vorsorglich gar nicht erwähnt. Natürlich kommt an dieser Stelle gerne der Einwand, es gäbe schließlich viele Japaner in Düsseldorf oder Berlin. An dieser Stelle kann nur ganz ernsthaft die Gegenfrage gestellt werden: »Warum sollte ein japanischer Komparse besser sein als ein deutscher Komparse? Dieser bekommt schließlich aus gutem Grunde auch keine Serienhauptrolle.« Ach ja, man weitete die Suche aus, sogar noch über England hinaus, castete lange in Amerika und

kam mit Ken Narasaki zurück. Aber ein Japaner aus Amerika ist noch nicht die Lösung aller Schwierigkeiten, angefangen mit der Drehsprache... Immer wieder kommen Producer zu mir mit Drehbüchern voll mit Japanern, die dann letztlich von einem Konglomerat aus Filipinos, Koreanern, Chinesen gespielt werden. Also die kleinen Rollen. Den Protagonisten gibt es immer noch nicht. Der Japaner kann natürlich auch wahlweise ein schwarzer Schauspieler von mindestens 190 cm oder eine mongolische Großfamilie in Duisburg sein. Im Moment verfolgt mich in meinen Überlegungen der deutschsprachige Finne von 40 bis 50 Jahren, den ich noch nicht gefunden habe. Aber vielleicht casten wir ja doch noch in Finnland...

Kostüm

Das Kostüm gehört zum Themengebiet der Figuren, schließlich werden die Schauspieler auch durch ihre Kleidung definiert.

Der Kostümbildner sucht in Absprache mit dem Regisseur, dem Producer, dem Redakteur (soweit vorhanden) und manchmal auch den Schauspielern selbst die Kleidungsstücke aus. Zum Teil werden die Kleidungsstücke gekauft, zum Teil nur gemietet. Da die Schauspieler oftmals über den gesamten Dreh mehr oder weniger die gleiche Kleidung tragen, weil die Handlung z.B. an einem Tag spielt, empfiehlt es sich, mehrere identische Outfits anzuschaffen, schließlich besteht nicht nur in Action-Szenen die Gefahr, dass die Kleidung verschmutzt wird.

Gerade bei Hauptdarstellern spielt die Kleidung eine besondere Rolle: Es liegt bei fast allen Filmen im Interesse der Produktion, dass diese Figuren eine optimale Identifikationsmöglichkeit bieten, d.h. möglichst gut aussehen oder womöglich sogar sexy sind. Vor allem aber sollen sie realistisch und authentisch wirken. Oftmals ist es sogar notwendig, dass für den Hauptdarsteller etwas speziell genäht oder hergestellt werden muss. Dann nämlich, wenn er z.B. nicht den Idealmaßen entspricht, weil er zu klein oder zu dick ist, oder wenn die Rolle ein außergewöhnliches Outfit verlangt.

Nur in besonderen Fällen hat der Drehbuchautor in seinem Buch hierauf Einflussmöglichkeiten, aber wenn er den Hauptdarsteller (den Bräutigam in unserem Fall) besonders klein sein lässt und die Braut besonders groß, weil er sich aus dieser Konstellation einen besonderen Witz verspricht, dann ist er natürlich für etwaige Kostümkosten mitverantwortlich. Ebenso natürlich, wenn er eine Szene in einer Kirche spielen lässt – so dass die anwesenden Statisten dort festliche Garderobe tragen müssen. Gleiches gilt selbstverständlich für die Entscheidung des Drehbuchautors bezüglich der gespielten Zeit seiner Geschichte: Historische

Filmstoffe wie auch futuristische Geschichten erfordern vom Kostümbildner und seinem Stab (siehe auch das folgende Kapitel »Maske«) einen viel größeren Aufwand. Oftmals ist es aber auch – gerade bei Stoffen, die in der Vergangenheit spielen – möglich, sich die entsprechenden Kostüme bei einem Theater zu leihen oder bei einem Theaterfundus zu kaufen. Für zukunftsorientierte Filmstoffe ist dies mitunter schwieriger und mit größerem Aufwand verbunden. Schließlich sind hier die Visionen und Interpretationen der Regie oder die Vorgaben aus dem Drehbuch möglicherweise viel fantasiereicher und ausgefallener.

Beinahe in den Bereich Maske fällt zum Beispiel der *Fat Suit*. Hiermit kann man einen Schauspieler relativ schnell deutlich dicker machen als er tatsächlich ist. Ein *Fat Suit* besteht aus einem Ganzkörperanzug, der an den betreffenden Stellen wie Bauch, Armen, Beinen, Po usw. Fett, bzw. Gewicht simuliert. Gwyneth Paltrow trägt einen solche fast durchgängig in dem Film *Schwer verliebt*.[17] Ein solcher *Fat Suit* muss für jeden Schauspieler extra angefertigt werden, da es kaum Regelgrößen gibt. Ab € 1.500 aufwärts sind diese zu haben. Oft sind solche *Fat Suits* relativ überzeugend, allerdings kann eine schlechte Maske den glaubwürdigen Eindruck wieder zunichte machen, wenn z.B. die Übergänge zwischen Körper und Gesicht nicht gut geschminkt und »aufgebaut« sind. Denn es ist natürlich unglaubwürdig, wenn der Körper des Schauspielers zweihundert Pfund auf die Waage bringen soll, an seinem Kinn allerdings keine Pölsterchen zu sehen ist.

Im Gegensatz zu den in anderen Abteilungen anfallenden Kosten sind die Kostümkosten zum Teil wieder hereinzuholen: Oftmals ist es möglich, die Kleidung nach dem Dreh für bis zu 50% des Einkaufspreises an die Mitarbeiter oder Darsteller weiter zu verkaufen.

Statement »Kostümbild« von Andreas Janczyk

Kostümbildner. Kurzfilmografie: u.a. *Schneeland* (Nominierung Dt. Filmpreis: Bestes Kostümbild), *Fandango, Die Jagd nach dem Schatz der Nibelungen, Die Musterknaben, Kai Rabe, Der Himmel kann warten, Die Familienanwältin*, diverse Kino- und Fernsehfilme sowie Theater-/Operninszenierungen.

Jedes Drehbuch hat seine eigenen Bedürfnisse und sollte auch so behandelt werden. Es gibt keine goldene Regel, nach der man es bearbeiten kann und damit alle Klippen umschifft. Um beim Bild des Meeres zu bleiben und den

---

17 Siehe für weitere Beispiele auf dem Gebiet http://www.themakeupgallery.org.uk

Film als Schiff zu betrachten: Hat das Boot erst einmal den Hafen verlassen (Drehbeginn), sind Korrekturen meist kostspielig und teuer.
Ich bin nicht nur daher ein großer Freund und Verfechter einer angemessenen Vorbereitungszeit, denn nur so kann man eine künstlerische Vision entwickeln und diese mit Regie, Produktion und allen anderen Gewerken erschöpfend besprechen.
Ganz am Anfang gilt: Alles ist machbar und jeder Wunsch sollte berücksichtigt werden! Einschränkungen aus Gründen des Budgets und der Machbarkeit entstehen früh genug. Nachdem das Drehbuch „seziert" worden ist und in seine Einzelteile zerlegt wurde (nach Anzahl der Darsteller, Spieltage, Stunts, 2nd Unit, SFX etc.) geht es an die Kalkulation. Diese sollte möglichst detailliert und exakt sein sowie alle Eventualitäten bedenken. Jetzt ist eigentlich immer der Moment gekommen, an dem sich zeigt, ob das Script in seiner geschriebenen Form machbar, sprich finanzierbar ist.
Auch beim Kostümbild ist es oft so, dass eine Lücke zwischen Wunsch und Wirklichkeit klafft. Hier ist es an mir, diese zu benennen und mit Zahlen zu untermauern. Erst dann können Regie und Produktion entscheiden, ob und für was sie Mittel zur Verfügung stellen, oder an welchen Stellen Änderungen im Buch vorgenommen werden sollten. Jetzt entpuppt sich so mancher Kostümbildner als »Spaßbremse« und so manches Drehbuch als Groschengrab. Um es mit aller Deutlichkeit zu sagen: Benennen Sie die Wünsche des Buches, der Geschichte und setzen Sie sie in Bezug zu den Mitteln, die Ihnen zur Verfügung stehen. Wer *Chanel* meint, aber nur Geld für *KiK* hat, sollte diese Probleme frühzeitig lösen.

Um dies einmal mit ein paar Fallbeispielen zu untermauern: Ein Film spielt in einer Novembernacht, und es regnet. Die handelnden Figuren treibt es durch die Nacht. – Ein Episodenfilm, doch wir konzentrieren uns jetzt ausschließlich auf eine Schauspielerin: Die Frau zieht sich an und verlässt die Wohnung, um in einen Club zu gehen. Wir haben also eine leicht bekleidete Frau, die später im Club noch etwas hermachen will. Darüber trägt sie einen Mantel, der sowohl ihre Rolle unterstreichen als auch nacht-, regen- und wintertauglich sein soll. Ich habe mich für einen Pelzmantel entschieden: kein bodenlanger Nerz, sondern ein kurzer Kaninchenfellmantel, der im Verlauf der Geschichte von etwas glattem Schönem zu etwas räudig Dunklem mutieren soll. Und schon geht das Rechnen los: Wir benötigen einen Mantel für den Anfang der Handlung, einen für den Regen (mit Zwischenfutter aus wasserundurchlässigem Material), einen Mantel für Innenaufnahmen nach dem Regen (Dafür wird das Fell mit Öl präpariert, um einen nassen Eindruck zu erzeugen), einen Mantel für den Schluss (nachdem sie sich durch die Nacht gekämpft hat) und zwei Mäntel für die Stuntfrau (die wir in einer anderen Szene des Film noch benötigen). Das macht insgesamt sechs Mäntel – ohne Unterkleider, Schuhe/Stiefel etc. Sechs Mäntel, die nach meinen Wünschen und für die bestimmten Bedingungen ausgestattet sein müssen – das wiederum bedeutet Sonderanfertigungen, und diese erfordern Zeit und Geld. In diesem Fall € 4.800.

So etwas ist beinahe Tagesgeschäft, doch es gibt durchaus auch ungewöhnlichere Beispiele: In einem Film gibt es eine Szene auf einer Straußenfarm. Hier steht ein Schauspieler (der Hauptdarsteller) laut Drehbuch »in einem Straußenkostüm« im Gehege.
Also los geht es... Nach der Besprechung mit der Regie ist klar, dass der Vogel einen naturgetreuen Kopf braucht, da wir mit ihm die Szene beginnen. Die Kamera zieht auf, und wir sehen den Hals, später den Rumpf und dann die Beine, in denen der Schauspieler stecken soll, – und das alles mitten in einem Straußengehege.
Nachdem ich mich mit dem technischen Problem beschäftigt habe, also die Position des Schauspielers im Kostüm geklärt ist, geht es an die Anfertigung. Schnell ist klar, dass Kopf und Hals (um einen realistischen Eindruck zu erwecken) nicht von einem Skulpteur aus welchem Material auch immer angefertigt werden können, da der Schauspieler im Gehege direkt neben den lebenden Artgenossen steht – im direkten Vergleich also.
Es ist damit eine Aufgabe für einen Tierpräparator. Nach weiteren Telefonaten mit diversen Präparatoren stellt sich heraus, dass es

A. mindestens vier Wochen dauert und
B. nicht jeder einen Strauß präparieren kann, da die Kopf- und Halshaut des Vogels sehr dünn ist und beim Trocknen und Stopfen leicht reißt, und
C. es schwer sein dürfte, einen Kopf mit Hals zu bekommen.

Also wird im Internet nach Straußenfarmen in Deutschland gesucht. Die Telefonate mit den Besitzern entbehren nicht einer gewissen Komik: »Guten Tag, mein Name ist Andreas Janczyk, und ich hätte gerne einen Straußenkopf mit Hals.« Was man hier so alles erfährt, möchte man gar nicht unbedingt wissen: Wann ist Schlachttag? An welcher Stelle wird der Hals vom Rumpf getrennt? Etc. Doch gerade letztere Frage ist für den Präparator wichtig. Üblicherweise wird der untere Teil des Halses für die Ledergewinnung genutzt, somit fehlt er und muss ersetzt werden, so dass für uns zusätzliche Kosten entstehen.

Schließlich bekomme ich einen Kopf mit Hals und lasse ihn per *overnight express*, schockgefroren zum Präparator nach Bayern transportieren.

Jetzt geht es um den Körper (in dem der Schauspieler steckt) sowie um die Beine und Krallen: Auch das ist eine Anfertigung und muss erdacht und kalkuliert werden. Ein Straußenhahn ist ca. 2,50 m groß und schwarz / weiß, eine Straußenhenne ca. 1,80 m groß und braun / beige. Kopf und Hals sind zwar bei beiden fast gleich, aber der Rest doch sehr unterschiedlich.

Mit der Produktion muss zuerst geklärt werden, ob Hennen oder Hähne im Gehege sind, und danach muss ich mit dem Fachmann reden, um zu erfahren, wie die Tiere auf welches Geschlecht reagieren. Wir wollen doch nicht, dass unser Schauspieler angegriffen wird, weil er das falsche Geschlecht oder – besser gesagt – das falsche Gefieder trägt.

Man kann sich vorstellen, dass man insgesamt auf eine sehr hohe Summe kommt. Konkret heißt das, dass für einen kurzen Auftritt in einem sehr aufwändigen Kostüm Kosten von € 3.500 entstanden. Dieses Kostüm war eines unter vielen des Hauptdarstellers, und dieser Film hatte darüber hinaus mehr als siebzig Nebenrollen. Zum Glück steckten diese nicht auch in Straußenkostümen…

Auch wenn es manchmal stressig ist – Kostümbildner kann wirklich ein Traumberuf sein. Nur mit »mal schnell Shoppen gehen« darf man es nicht verwechseln!

Maske

Die Maskenbildner sind für die Frisurengestaltung und das Schminken der Schauspieler verantwortlich. Hier sind im Laufe eines »normalen« Films, der in der Jetztzeit spielt, kaum Außergewöhnlichkeiten zu erwarten. Insofern ist die Maske in der Kalkulation ein gewöhnlicher Standardposten wie andere auch.

Zu diesen Standards gehören auch das Anfertigen von Wunden oder Verletzungen, die vergleichsweise häufig in Filmproduktionen auftreten. Schließlich gilt: »Filme drehen sich in der Regel um übertriebene Verhaltensweisen. Sex und Gewalt sind die beiden Handlungsmuster, die sich am besten übertreiben lassen. Das genau findet das Publikum attraktiv.«[18]

---

18 Sturm, Rüdiger: Die Schlappe der Klonkrieger. Spiegel Online.
    Unter: http://www.spiegel.de/kultur/kino/0,1518,260043,00.html.

6. KRANKENHAUSZIMMER	INNEN / TAG

```
GERRY liegt im Bett, mit blauen Lippen und völlig blass.
In seinem Arm steckt eine Kanüle. Ein Überwachungsgerät
piept leise. Sonst regt sich nichts.
```

»Eine Kanüle im Arm« bedeutet die Abstimmung von Ausstattung, Kostüm und Maske. Spritze, Pflaster und Blut werden von der Ausstattung besorgt, die Maske kümmert sich um die Darstellung des Eintritts der Kanüle in die Haut oder die Schwellung der Haut und das Kostüm um z.b. Ärmel an der Jacke, die sich überhaupt so weit hoch rollen lassen.

Nur im Sonderfall werden *Special Make Up Artists* eingesetzt – dann allerdings, wenn es sich um eine Horror- oder Splatterfilmproduktion handelt. Aber:

7. SEEUFER	AUSSEN / TAG

```
Der Taucher zieht vorsichtig eine Leiche an Land. Neben
Bruckner steht der Gerichtsmediziner, der sich sofort über
den Leichnam beugt.
                    MEDIZINER
               Drei Wochen, würde ich schätzen.
Stelzmeier brummt missmutig, holt sein Handy hervor und
wendet sich ab.
```

Eine drei Wochen alte Leiche ist noch relativ gut als Mensch erkennbar, aber selbst dann wird man nicht auf den Schauspieler zurückgreifen, sondern einen Leichenbildner engagieren. Viele Wunden wird ein normaler Maskenbildner herstellen können, aber im Fall von verkohlten, verbrannten oder verwesten Leichen wird in Rücksprache mit der Regie und einer medizinischen Fachberatung eventuell ein Spezialist hinzugezogen. Im Kino mag es anders aussehen, aber üblicherweise werden Leichen im Film weniger blutrünstig hergestellt – schließlich will man das Publikum am Fernsehschirm nicht verschrecken. Für kleinere Wunden oder Schwellungen im Gesicht (in einem Boxerfilm zum Beispiel) werden kleine Maskenteile oder Implantate aus Plastilin angefertigt. Doch selbst wenn es weniger blutig zugeht, ist häufig Technik im Spiel: Wenn ein Schauspieler bspw. nicht auf Kommando weinen kann, wird mit Hilfe von einigen Fertigprodukten nachgeholfen, die alle mehr oder weniger auf Gelatine oder Glycerin basieren und Tränen recht überzeugend simulieren. Dies sind Kostenpunkte, die nicht wirklich ins Gewicht fallen.

Wenn im Drehbuch etwa eine Umwandlung eines Schauspielers von jung auf alt vorgesehen ist und daher mehrere Lebensjahrzehnte überbrückt werden müssen, erfordert dies eine längere und weitaus kompliziertere Arbeit in der Maske als das normale Schminken und Stylen. Unter Umständen – gerade wenn der

Schauspieler den Großteil des Films eine Rolle spielt, die nicht seinem konkreten Alter entspricht – kommen hier lange Vorbereitungszeiten auf Maskenbildner und Schauspieler hinzu. Diese können den Drehtag empfindlich verlängern, bzw. die verfügbare Drehzeit am jeweiligen Tag stark verkürzen. Bei besonders aufwändigen Filmen, wie z.b. *Der seltsame Fall des Benjamin Button*, in dem Brad Pitt als Greis geboren und im Verlauf seines Lebens immer jünger wird, setzt man vor allem auf Tricktechnik und erzeugt einen großen Anteil des visuellen Effekts digital. Insofern ist es wichtig, dass sich Maskenbildner auch mit den Möglichkeiten digitaler Bildbearbeitung zumindest ansatzweise auskennen, schließlich müssen sie ja dennoch die Grundlagenarbeit machen. Bei »einfachen« Umwandlungen von jung auf alt helfen sich Maskenbildner mit speziellen Latexmasken, die – einmal über das Gesicht gezogen und dann mit einer speziellen Tinktur behandelt – sich zusammenziehen und dadurch viele Falten entstehen lassen. Damit wird der Schminkprozess verkürzt, aber dem stehen natürlich die Kosten einer solchen Latexmaske gegenüber – und selbstverständlich die Geduld des Schauspielers. Diesem muss im Vorfeld ein Gipsabdruck des Gesichts genommen werden, was mit Reisekosten und Zeitaufwand verbunden ist.

Aufwändiger ist die Maske bei z.B. Historienfilmen, bei denen womöglich viele Echthaarperücken eingesetzt werden müssen. Mehrkosten sind auch zu erwarten, wenn der Schauspieler eine Doppelrolle spielt oder gar in mehrere verschiedene Rollen schlüpft.

Maskenbildner fertigen Entwürfe für Masken an und kalkulieren die entsprechenden Kosten. Dazu gehören auch die Kenntnis unterschiedlicher Epochen und damit ein kunstgeschichtliches, kulturelles und technisches Wissen bis hin zu einer großen Kreativität im plastischen Bereich. Denn gerade bei Fantasy- oder Science Fiction-Filmen, bei denen es keine historischen Vorlagen gibt, ist hier eine detaillierte und erfindungsreiche Arbeit gefordert. Der Maskenbildner wird in diesem Fall schon vor Drehbeginn beschäftigt (und somit auch bezahlt) und beginnt, Abdrücke von Kopf und Gesicht der Schauspieler zu nehmen. Dadurch entstehen Reisekosten – entweder für den Schauspieler oder für den Maskenbildner. Mit den Abdrücken stellt er Gipsformen oder andere Modelle her, mit deren Hilfe später die Masken geformt werden. Hier ist eine enge Rücksprache mit Regisseur und anderen Verantwortlichen nötig, weil durch das Aussehen der Schauspieler der Look des Films deutlich geprägt wird. Das Erstellen von besonderen Masken für z.B. Fantasiewesen wie Frodo in *Herr der Ringe* (er musste wie allen anderen Hobbits z.B. ständig Plastikfüße tragen, die die Füße größer aussehen ließen) ist mit deutlichen Kosten verbunden, die sich hier kaum pauschalisierend darstellen lassen.

Statement »Maske« von Gregor Eckstein und Jeanette Latzelsberger

Maskenbildner. Kurzfilmografie: u.a. *Anatomie II, Transsiberian, Kalt ist der Abendhauch, Sophie Scholl, Speer und Er, Die Buddenbrooks, Der Wixxer 1+2, 1 ½ Ritter, Die Nacht der lebenden Loser*, diverse *Tatort*e und Fernsehfilme.

Was? *Wie viel*?!

...wem auch immer sei gedankt, dass wir (unser Masken,- bzw. SFX-Team) diesen Ausruf eines Produktionsleiters bisher noch nicht zu hören bekommen haben. Wir haben uns in den Jahren unserer Film- und Fernsehtätigkeit beim Lesen eines Drehbuches angewöhnt, auch zwischen den Zeilen zu lesen. Böse Überraschungen bei unseren Kalkulationen konnten wir vermeiden, indem wir am Anfang immer vom »GMFSG – größtmöglichen finanziellen Super Gau« ausgingen. Darin wurde meist alles berücksichtigt, was sich Regie oder Schauspieler im Laufe der Vorbereitungen ausdenken könnten. Aber auch nur „meist", denn in einigen Fällen kamen solche Ideen erst während des Drehs. So wie in folgendem Film: *Die weiße Massai*, eine Produktion aus dem Jahr 2004, vorbereitet in Deutschland, gedreht in Kenia. Nach der Besprechung des Drehbuches und der Erstellung der Maskenauszüge begannen wir eine detaillierte Kalkulation des Masken- und Spezialmaskenaufwandes zu erstellen. Diese Kalkulation beinhaltete:

- die Herstellung zweier aufwendiger »Samburu« (Massai)-Perücken,
- die Erstellung der speziellen Eingeborenen-Ohren-Prosthetics (große durchstochene Ohrläppchen) für die im Drehplan angegebenen Drehtage des Schauspielers,
- einen Schwangerenbauch für die Hauptdarstellerin.

Alles war geklärt, und das Maskenbudget war genehmigt. Wir begannen mit unseren Vorbereitungen sieben Wochen vor Drehbeginn, was für die Vorbereitung der Maskenabteilung schon sehr lange war. Zwei Wochen vor Abflug bekamen wir einen Anruf der Ausstattungsabteilung mit der Frage, ob wir einen fertigen Babydummy hätten, denn in einer Szene sollte ein totes farbiges Baby in ein Tuch gewickelt und weggetragen werden. Ein farbiges Baby hatten wir leider nicht lagernd, aber die Gussform eines Babys. So haben wir unseren PL (Produktionsleiter) von dem Ausstattungswunsch unterrichtet sowie den Mehrkosten, die durch die Herstellung des Babydummies auf ihn zukommen

(Guss, Bemalung, mit Haaren versehen usw.) werden. Da dies jedoch nur eine Verlagerung der Kosten von einer Abteilung auf die andere war, war dass finanziell kein Problem.

Unsere zwölf!!! Transportkisten waren mit unserem Equipment gepackt und für den Transport vorbereitet. Jetzt kam der erste kleine Aufschrei der Produktion: „Warum um Himmels willen braucht die Maskenabteilung soviel Material?!" Na ja, um den Widrigkeiten eines Auslanddrehs mitten in der »Wildnis« die Stirn bieten und um spontanen Wünschen der verschiedenen Abteilung gerecht werden zu können. Die vergangenen Produktionen haben uns gelehrt, lieber zuviel mitzunehmen als zuwenig. Das beschert der Produktion am Anfang etwas Mehrkosten für den Transport, aber im Verlauf der Dreharbeiten können sich die Produktion und wir uns auf der sicheren Seite fühlen, da wir dann (fast) auf alle Situationen vorbereitet sind. Ungefähr drei Wochen nach Drehbeginn kam der erste neue Regiewunsch (ja, es wird noch etwas mehr!): Wir nehmen eine Szene, die in Deutschland gestrichen wurde, doch wieder in den Film mit auf. In dieser Szene rutscht die Hauptdarstellerin auf einem Ziegenfötus aus, und eben dieser Fötus musste noch erstellt werden. Da kam mir dann Box Nummer 11 zur Hilfe, die gefüllt war mit Formenbaumaterial, Silikon, Spezialfarben usw.

So fand man mich nach Drehschluss vor meinem Zelt sitzend und einen Ziegenembryo »bastelnd«.

Bereits während unserer Vorbereitungsphase in Kenia kristallisierte sich bedingt durch die Umstellung einiger Szenen heraus, dass wir eine weitere Perücke für unseren Hauptdarsteller benötigen, denn er sollte sich vor laufender Kamera seine langen geflochtenen Samburu-Haare abschneiden. Im bisherigen Drehplan konnten wir die zweite bereits gefertigte und kalkulierte Perücke dafür benutzen, da die Szenen mit der Ersten bereits abgedreht waren. Durch diese Umstellung jedoch wurde nun eine weitere Perücke notwendig. Dies sind Kosten, die das Maskenbudget bei weitem übersteigen können, jedoch in diesem Fall war die Drehplanumstellung unvermeidbar. So musste die Produktion in den sauren Apfel beißen. Zusammen suchten wir nach einer kostengünstigen Lösung, die zeitlich und künstlerisch machbar (eine Perücke in dieser Ausführung benötigt ca. vier bis fünf Wochen Vorlauf) erschien. Wir entschlossen uns, den Grundaufbau und die Knüpfarbeiten bei den Kollegen in Deutschland machen zu lassen, die bereits die ersten zwei Perücken gefertigt hatten. Das Flechten der Zöpfchen wollten wir vor Ort in Auftrag geben, was definitiv kostengünstiger war, aber – was sich später herausstellte – sich zeitlich nicht als sicher erwies. Ein Glück für uns war, dass sich der Dreh der besagten Szene noch um weitere vier Tage nach hinten verschob. Ohne die Verschiebung des Drehs hätte uns dies vor große Probleme gestellt.

Eine andere Geschichte war *Mein Führer - Die wirklich wahrste Wahrheit über Adolf Hilter* von Dani Levy. Es begann mit einem kurzen Telefonat, in dem die Bitte geäußert wurde, ob wir mit »kleinen« Veränderungen z. B. Tränensäcken, einem Kinn, einer anderen Nase, Helge Schneider zu Hitler machen könnten?! Erst standen uns die Fragezeichen ins Gesicht geschrieben: Helge Schneider als Hitler... nie, und schon gar nicht nur mit einer falschen Nase. So stellten wir bereits für den ersten Maskentest eine kleine Gesichts-Prosthetic her. Nach dem Test stand fest, dass es möglich ist, Helge Hitlers Aussehen näher zu bringen. Ein weiterer Test wurde mit einer neuen Prosthetic einberufen (nur noch zehn Tage vor Drehbeginn). Die finale Silikon-Prosthetic, die Helge in Hitler verwandeln sollte, kam am Morgen des ersten Drehtages aus der Gussform. D. h. der Regisseur und der Darsteller bekamen das Ergebnis erst am ersten Drehtag zu sehen. Aus anfänglich nur kleinen gewünschten Veränderungen, wurde am Ende ein Maskenaufwand von zwei Maskentests, für die jeweils Prosthetics gefertigt werden mussten und einer finalen Prosthetic, die nun nicht nur Teile von Helges Gesicht bedeckten, sondern sein ganzes Gesicht versteckten. Die Produktion musste jetzt mit den auf sie zukommenden Mehrkosten, wie die Herstellung der Prosthetics (jeder Drehtag benötigte eine neue Prosthetic: 26 Stück insgesamt) und auch den längeren Maskenzeiten von Helge (täglich drei Stunden zum Aufkleben und 45 Minuten zum Abschminken) kalkulieren.

In der Urfassung des Drehbuches war eine Szene beschrieben, in der der 116 Jahre alte Hitler in der Badewanne liegt und man seinen nackten alten Körper sehen sollte. Tja, dieser Badenwannenaufenthalt Hitlers wurde unverzüglich aus dem Buch entfernt, nachdem die zu erwartenden SFX-Make-up-Kosten einer solchen Verwandlung (sofern dies überhaupt maskentechnisch ohne CGI umzusetzen gewesen wäre, siehe *Benjamin Button*) der Produktion mitgeteilt wurden. Wir endeten stattdessen mit einer Szene, in der der 116-jährige Hitler vor seinem Haus ein Bild malt (voll bekleidet und sogar mit Handschuhen, dies senkt die Kosten). Eine Alters-Prosthetic wurde gefertigt, und wir haben dieses Bild auch gedreht, nur zu sehen hatte es niemand bekommen, da der Film einen anderen »roten Faden« bekam als zu Beginn des Drehs.

Abschließend können wir sagen, dass wir bisher von unserem »GMFSG«-Prinzip ausgehend meist auf der sicheren Seite waren und sind. Diese waren die einzigen beiden Produktionen, welche uns vor Ort vor relativ unlösbare Probleme stellte, die aber am Ende dennoch zur Zufriedenheit aller gelöst werden konnten. Das Lesen zwischen den Zeilen zahlt sich für alle aus, ebenso das Reisen mit großem Gepäck. Von Vorteil ist es, wenn sich Produktionen von erfahrenen Leuten der verschiedenen Abteilungen Vorkalkulationen der Projekte einholen, um später bei der Finanzierung des Projektes keine bösen Überraschungen zu erleben.

Kapitel 4: Die Motive

Die Beispielszene

8. LEAS LOFT   **INNEN / TAG**

Momme schreckt auf. Etwas ist an der Tür. Schnell ist er in seiner Hose und beinahe schon im Flur, als die Wohnungstür aufgebrochen wird und Enzo mit zwei BODYGUARDS hereinkommt. Momme dreht ins Wohnzimmer ab und versteckt sich hinter der weißen Ledercouch. Durch das Zweimeteraquarium kann er die Gangster hineinschleichen sehen. Sie sind schwer bewaffnet. Es gibt nur einen Ausweg: Flucht. Momme greift nach der weißen Porzellankatze, die Lea so sehr liebt, und wirft sie an den Gangstern vorbei in den Flur. Er nutzt die Ablenkung und springt durch die Balkontür.

9. VOR LEAS LOFT   **AUSSEN / TAG**

Momme hangelt sich die Feuerleiter in den Hinterhof runter. Oben stehen die aufgeregten Bodyguards.

                      ENZO
          Scheiße! Du gehst vorne rum!

Er weist seinen Kollegen an, der in der Wohnung verschwindet und folgt dem anderen, der Momme dicht auf den Fersen ist. Allerdings ist das Gewicht der drei Männer zuviel für die altersschwache Leiter – gerade als Momme unten ankommt, löst sie sich oben aus der Verankerung.

In Panik schaut Momme sich um. Es gibt neben den grauen Ziegelmauern nur ein kleines Fenster, das in ein Restaurant führt. Momme zwängt sich hindurch. Beinahe kann Enzo ihn am Fuß erwischen, aber Momme kommt durch.

10. RESTAURANTKÜCHE / SAAL   **INNEN / TAG**

Momme stürmt durch die rotierenden Köche und dann durch die voll besetzten Tischreihen. Die Gäste sind völlig irritiert – erst recht der KELLNER, den Momme mitsamt seinem Tablett umrennt. Die Verfolger sind offensichtlich noch in der Küche gefangen – es poltert heftig dort.

Kapitel 4: Die Motive

11. VOR RESTAURANT   **AUSSEN / TAG**

```
MOMME erreicht schwer atmend die Straße. Gerade will er in
Richtung Auto, da kommt ihm der dritte Bodyguard entgegen.
MOMME dreht um und rennt in den angrenzenden Supermarkt.
```

12. SUPERMARKT   **INNEN / TAG**

```
Momme sprintet durch die Gänge. Mittlerweile haben sich
die Bodyguards wieder vereint. Momme kann Bodyguard
3 jedoch ausschalten, als er ihm vor der Fleischtheke
begegnet.
                         MOMME
                    Hier. Fang!
Er wirft ihm einen Hinterschinken zu, dem der dicke
Bodyguard 3 nicht ausweichen kann. Gemeinsam fallen die
beiden in einen Dosenstapel Erbsensuppe.
```

... (wir kürzen ein bisschen)

15. SCHIFFSANLEGER   **AUSSEN / TAG**

```
Momme keucht über die Holzplanken. Enzo und Bodyguard 2
sind weiter an ihm dran. Bodyguard 2 legt an und zielt.
Der Schuss verfehlt Momme nur, weil er auf das Deck
einer Yacht springt und geschickt abrollt. Für einen
Moment verdeckt der Aufbau die Sicht auf die Gangster,
Momme nutzt ihn und springt auf ein gerade ablegendes
Ausflugsboot. In der Gruppe der Touristen taucht er unter.
Gerade noch rechtzeitig. Enzo und Bodyguard 2 schauen auf
dem Kai suchend umher.
```

16. AUSFLUGSBOOT   **INNEN / AUSSEN / TAG**

```
Das Boot dümpelt über die Seine, die Touristen bestaunen
die Skyline von Paris und Momme fühlt sich beinahe wieder
entspannt. Hier kriegen sie ihn nicht... In diesem Moment
sieht er, wie ein schnelles Motorboot strikten Kurs
auf das Ausflugsschiff nimmt. Jetzt kann er sogar die
Silhouette von Bodyguard 1 sehen. Als das Schiff unter der
Pont Neuf durchfährt, nutzt Momme die Gelegenheit: Mit
einem waghalsigen Sprung kann er vom Dach des Bootes auf
eine Strebe der Baustellenverkleidung der Brücke springen.
Mühsam hangelt er sich hoch...
```

... (und noch mal Schnitt)

```
18. EIFFELTURM                              AUSSEN / TAG
```
Momme hangelt sich am rechten Fuß des Turmes hoch. Enzo
ist ihm dicht auf den Fersen.

... (und noch mal)
```
20. FLUGZEUGCOCKPIT                         INNEN / TAG
```
Momme kämpft im Cockpit des Jets mit Zoltan...

Usw.

Motive

Der Szenenbildner und sein Assistent bereiten schon einige Wochen im Vorfeld der Produktion den Dreh vor. In Absprache mit dem Regisseur, dem Kameramann, dem Producer, dem Produktionsleiter und (sofern vorhanden) der Redaktion des Senders schlagen sie Motive vor, die sie für das Drehbuch passend finden. Häufiger werden hierfür auch *Location Scouts* engagiert, die sich auf die Motivsuche spezialisiert haben. Daraufhin folgt eine Vorbesichtigung mit Regisseur, Producer, erstem Aufnahmeleiter, Kameramann, Ton und Licht. Gerade die letzteren Positionen haben einen oft unterschätzten Einfluss auf die Motivauswahl, schließlich ist ihre Meinung betreffend der technischen Realisierung des Drehs relevant – d.h. ob man in einem bestimmten Motiv eine spezielle Lichtstimmung erzeugen oder einen guten Ton »abgreifen« kann.

Die Mieten für Motive sind zusammen mit den Kosten für die Ausstattung ein äußerst variabler Punkt in der Kalkulation der Produktion. Der finanzielle Spielraum für den Produktionsleiter ist groß, doch letztlich ist das Drehbuch entscheidend. So ist klar, dass Szenenfolgen wie die oben angeführte, extrem hohe Kosten nach sich ziehen. Dazu später mehr. Dagegen wird ein Drehbuch, das eine Geschichte vornehmlich in einem *Locked Room* erzählt, also etwa in einer Telefonzelle (*Nicht auflegen!*), in einem Labyrinth (*Cube*) oder in einer Wohnung (*Eine Sommernacht in der Stadt* oder *Ein seltsames Paar*) erzählt, von den Motivpreisen relativ kosteneffektiv sein. Um ein Gegengewicht zu dem eingeschränkten Set zu schaffen, setzen gerade amerikanische Produktionen auf einen visuellen Ausgleich in den Szenen, die nicht am Hauptmotiv spielen. Dort wird also ein immenser Aufwand betrieben, der den (vermeintlichen) Wunsch des Kinobesuchers nach aufregenden Bildern befriedigen soll – es werden also Düsenjäger abstürzen, oder es wird doch noch eine Jagd auf der Freiheitsstatue geben und mindestens einen Besuch in einer Oben-Ohne-Bar (das war zumindest 1968, als *Ein seltsames Paar* gedreht wurde, ein aufregendes Bild!) ist auch noch drin.

Das Filmbeispiel *Ein seltsames Paar* beruht auf einem bekannten Broadway-Stück, insofern ist die Erzählweise des Films nicht weit von seinen theatralen Vorlagen entfernt: Die Geschichte erzählt sich ohne große Szenenwechsel und hauptsächlich durch die Figuren und ihre Konflikte miteinander, indem der extrem schlampige Oscar (Walther Matthau) und der extrem penible Felix (Jack Lemon) gezwungenermaßen eine Wohngemeinschaft gründen. Die Explosionen haben ihre Ursache sozusagen in den unterschiedlichen Welten, die hier zusammenprallen und benötigen keine Pyrotechnik.

Eine Sommernacht in der Stadt verzichtet ebenfalls völlig auf solche technischen Mechanismen – und funktioniert trotzdem. Es liegt ganz klar an der Art der Erzählung, an der Geschichte, die sich auf das Urthema Mann und Frau bezieht und mit zwei Figuren auskommt, die soeben zum ersten Mal miteinander geschlafen haben und sich nun immer noch fremd sind – werden sie etwas miteinander anfangen können, jenseits von Sex und Begehren? Das ist die Frage, mit der sich der Film beschäftigt.

Allerdings spielen die wenigsten Filme in solch abgeschlossenen Sets. Die meisten Kinofilme verwenden viel mehr Motive: ein durchschnittlicher deutscher TV-Movie hat bis zu 50 oder 60 Motive. Eine Serienfolge hat mindestens 20 Motive, die sich dann wiederum in Untermotive aufteilen. Wenn wir von dem Motiv »Restaurant« einmal ausgehen, dann erzählen wir ja nicht nur das Motiv von innen, sondern auch von außen. Den Vorplatz des Restaurants und auch noch die Küche. Es könnte aber zum Beispiel sein, dass diese zu klein ist für den Dreh (oder auch der Schauspieler zu dick für das Fenster, durch das er hineinkommen muss). Da diese Küche aber noch ein zweites Mal Schauplatz sein wird – andernfalls würde man sich die Mühe vielleicht nicht machen –, muss eine geeignete andere Küche gefunden werden, bei der das Fenster groß genug ist. Diese andere Küche wird aber an einem anderen Ort sein. Das alles bedeutet einen Motivumzug, ein weiteres Motiv und eventuell auch einen weiteren Drehtag.

Ein Loft wie im zitierten Drehbuchbeispiel wird zumeist von einer Privatperson für den Drehzeitraum angemietet. Die üblichen Kosten für einen Tagesdreh belaufen sich – als Faustformel – auf rund eine Monatsmiete. Eigentlich ein guter Preis für den Eigentümer, allerdings muss er damit rechnen, dass ein 30- bis 50-köpfiges Drehteam seine Wohnung oder sein Haus mitsamt Garten auf den Kopf stellt. Da ist die Drehaufwandsentschädigung manchmal nicht zuviel. Denn obwohl das Team nach dem Dreh natürlich aufräumt und währenddessen angehalten ist, sorgsam mit der Wohnung und der Einrichtung umzugehen, lässt es sich eben nicht immer vermeiden, dass doch Spuren zurückbleiben: eine Vase, die umgestoßen wurde, eine weiße Tapete, die schwarze Schrammen hat. Bei der Endreinigung wird natürlich versucht, den Schaden wieder gut zu machen, und schwarze Streifen lassen sich überstreichen, aber eine von der Großtante vererbte Vase lässt sich nicht einfach wieder ersetzen.

Selbst bei einem so »einfachen« Motiv wie Leas Loft (es muss einen Balkon und die Feuerleiter haben – oder man wählt ein anderes Motiv für die Außenshots) fallen Kosten für die Drehgenehmigung an. Immer wenn öffentlicher Raum beansprucht wird, ist eine entsprechende Genehmigung bei den jeweiligen Ämtern einzuholen. Bei einem Motiv wie dem Loft sind Parkplätze für das Team und alle anderen Fahrzeuge im Vorfeld zu blocken und zu reservieren. Gleiches gilt für das Restaurant. Die Kosten dafür sind lokal verschieden. So sind Innenstädte sicherlich teurer als Randgebiete, bei denen eine Sperrung niemanden wirklich behindern wird. Vollsperrungen sind z.B. in Ballungsräumen nur schwer möglich – allein wegen der Bus- oder Bahnlinien oder größeren Verkehrsstraßen. Man kann keinen Verkehrsfluss einer Stadt einen Tag komplett lahmlegen, nur weil ein Schauspieler auf der Stadtbrücke eine Liebesszene spielen soll. In solchen Fällen arbeitet das Filmteam mit Intervallsperrungen. Der Verkehr wird mittels Schranken und den menschlichen *Blockern* jeweils für vielleicht drei Minuten unterbrochen – in denen dann schnell die Szene gedreht wird – und dann wieder durchgelassen. Um eine normale Straße abzusperren, benötigt man drei Blocker, so dass sich die Kosten hierfür samt Drehgenehmigung auf rund € 1.000 pro Tag belaufen.

Das ist vergleichsweise einfach, anders sieht das beim Eiffelturm aus. Hier kommen die vielen enttäuschten Touristen hinzu, die die Vergabe einer Drehgenehmigung seitens der Stadt sicherlich beeinflussen. Stellen Sie sich vor: Sie erfüllen sich nach Jahren des eisernen Sparens Ihren sehnlichsten Wunsch und gelangen endlich von Ihrer Heimat, sagen wir etwa Peru, für einen einzigen Tag nach Paris – und ausgerechnet an diesem Tag ist der Eiffelturm und seine Umgebung gesperrt, weil dort ein Studentenkurzfilm gedreht wird... Selbst für einen James Bond-Film ist es schwierig, dort eine Genehmigung zu bekommen. Abgesehen von den deprimierten Touristen ist eine solche Genehmigung auch finanziell aufwendig, schließlich müssen auch noch die Tageseinnahmen ersetzt werden.

Bei der Pont Neuf müssen zwar keine Tageseinnahmen ersetzt werden, aber auch hier verprellt man die Touristen, wenn man die Brücke sperren muss.[19] Es

---

19 Bei dem Film *Die Liebenden von Pont Neuf* konnten die Dreharbeiten wegen fest terminierten Bauarbeiten nicht zu Ende geführt werden. Bis schließlich eine glaubhafte Ausweichkulisse gefunden war und die Dreharbeiten fortgesetzt werden konnten, dauerte es fast drei Jahre und brachte der Produktionsfirma fast den finanziellen Ruin. Vgl. Wendling: Filmproduktion. 2008, S. 76.

gibt in Paris glücklicherweise noch einige andere Brücken, so dass man nicht den gesamten Verkehrsfluss lahm legt (wie das z.B. in Düsseldorf unter Umständen der Fall sein kann). Aber hinzu kommt auch noch die Baustelle, an der sich Momme hinaufziehen soll, was die Sache erschwert. Selbstverständlich muss die Baustelle erst einmal gebaut werden (und bei solchen Vorhaben ist fraglich, ob die Behörde prinzipiell das jeweilige Bauwerk auch in dieser verunstalteten Form dargeboten haben möchte). Abgesehen davon ist hier vor allem zu beachten, dass die Kamera von unterschiedlichen Orten aus aufnehmen muss, welche zum Teil in Bewegung sind: So wird dem Touristenschiff ein Begleitboot mit Kamera folgen müssen, man wird vom Ufer der Seine drehen, und natürlich wird von der Brücke selbst gefilmt werden müssen – spätestens dann, wenn Momme sich über die Brüstung schwingt. Die Kamera wird gerade auf dem Touristenschiff selbst wichtig sein, wenn sie Momme u.a. beim Hochhangeln zeigt, und genau dieser Moment ist es auch, der die Sache schwiwrig macht: Denn es erfordert eine besondere Choreographie und Abstimmung, und da das Touristenschiff wahrscheinlich mehrfach anfahren und unter der Brücke anhalten muss, kann es sein, dass man einen Teil der Seine für einige Zeit blockiert – was ebenfalls für Missfallen sorgen wird. Aber wie gesagt: Möglich ist fast alles, sofern die Kosten aufgebracht und die Behörden überzeugt werden können.

Auch bei dem in der Beispielszene angesprochenen Supermarkt spielen die Kosten eine Rolle. Denn die entgangenen Tageseinnahmen müssten selbstverständlich durch die Produktion ersetzt werden. Außerdem kommen auch hier die enttäuschten Kunden hinzu, die vor verschlossenen Türen stehen. Da es Kunden gibt, die dies nicht verzeihen, lassen sich nur die wenigsten Filialleiter darauf ein, ihren Supermarkt für einen Dreh zur Verfügung zu stellen. Es gibt drei Möglichkeiten für einen Filmdreh in einem Supermarkt, die je nach Drehbuch oder Format sinnvoll sind: Entweder man weicht auf das Wochenende aus – was zusätzliche Personalkosten verursacht, oder man dreht in der Nacht (und mit Tagesbeleuchtung, was ebenfalls höhere Kosten, u.a. Nachtzuschläge und einen freien Tag bzw. einen versetzten Drehtag nach sich zieht). Eine dritte Variante wäre, einen Supermarkt komplett zu bauen, was sich im Fall einer Serie, die dort hauptsächlich spielt, anbietet. (Vgl. Kapitel Durchgehende Motive.)

All dies gilt auch für eines der häufigeren Motive in der deutschen Film- und Fernsehproduktion: das Krankenhaus. Hier kommt natürlich noch hinzu, dass die tägliche Arbeit der Ärzte und Schwestern nicht gefährdet und die Patienten nicht gestört werden dürfen, so dass hier fast nur eine einzige Umsetzung möglich ist: Man dreht auf einer stillgelegten Station oder besser gleich in einem stillgelegten Krankenhaus.

Motive

Es gibt natürlich noch andere Motive, die für einen Dreh nicht unbedingt einfach sind: Der Bundestag gehört verständlicherweise dazu. Hier sind höchste Sicherheitsvorkehrungen zu treffen, ebenso wie am Flughafen, der sich ebenfalls durch ein hohes Sicherheitskonzept auszeichnet. Auch hier ist ein Dreh eher am Wochenende oder in der Nacht ratsam. Bei allen diesen Sets, können viele Menschen im Bild sein, und es fallen so weitere Kosten an. Denn natürlich wird man nicht mit gewöhnlichen Touristen drehen, sondern auf Statisten zurückgreifen. Zum einen werden diese nicht verwundert in Richtung Kamera blicken (es sei denn, der Regisseur will das so) und winken, zum anderen kann man so Klagen vermeiden – denn wer weiß: Vielleicht fährt der zufällig im Bild erscheinende Mann ja gar nicht mit seiner Frau in den Urlaub, sondern mit seiner Freundin?

Bei Einkaufsstraßen gibt es ganz ähnliche Probleme, allerdings müssen aus Praktikabilitätsgründen Einschränkungen getroffen werden: Sofern z.B. eine ganze Menschenmenge im Bild ist und niemand per Zoom oder Ähnliches in den Vordergrund gerückt wird, muss keine Genehmigung bei den einzelnen Passanten eingeholt werden – vorausgesetzt natürlich die Kamera ist deutlich sichtbar und damit auch erkennbar für die Passanten. In Einkaufsstraßen ist es zudem schwierig, Werbung aus dem Bild zu halten. Hier kann man nur auf das Gegenteil setzen und stattdessen eine Werbevielfalt erzählen: Wenn viele Markennamen im Bild sind, kann man sich nicht dem Vorwurf aussetzen, dass man hier für eine bestimmte Firma Werbung gemacht habe. (Siehe auch Thema *Product Placement* in Kapitel Durchgehende Motive.)

Tankstellen erweisen sich aus genau diesem Grund als schwieriges Motiv: Hier ist fast überall Werbung zu finden und es gibt außerdem normalen Kundenverkehr, den man unterbinden und mit Komparsen simulieren muss. Auch dazu muss der Betreiber bereit sein, denn er könnte wiederum seine Stammkunden verprellen.

Wie die Kirche in der Beispielszene 4 ist auch der Friedhof aus Pietätsgründen kein einfaches Motiv. Bei Letzterem würde man daher eher selbst einen Grabstein vor ein entsprechendes Gebüsch oder Ähnliches setzen und so ein Grab simulieren.

Auch zwei weitere Sets, die in deutschen Produktionen immer wieder zu finden sind, gestalten sich als schwierig, was die Drehgenehmigung betrifft: Sowohl das Gericht als auch das Gefängnis stellen die Flexibilität der Produktion auf die Probe. Bei beiden Motiven darf grundsätzlich nur am Wochenende gedreht werden. Das schränkt die verfügbare Zeit also erheblich ein, vor allem wenn man während des elftägigen Drehs einer TV-Serienfolge im Gericht, im Gefängnis, in einem Supermarkt und auf einer Autobahn zu sein hat (siehe Kapitel Action) – an vier Sets also, die eigentlich nur am Wochenende zu bespielen sind...

Kapitel 4: Die Motive

Umzüge

Ein Drehbuch besteht formal aus einzelnen Szenen. Stellenweise fügen sich diese Szenen zu Sequenzen zusammen, also zu zusammengehörenden Einheiten, die sich zum Teil über mehrere Schauplätze erstrecken.

> »Für den Drehplan des Films sind die Sequenzen von Bedeutung, da Kostüm, Maske und vor allem die Gesamtstimmung zusammengehören, eine Sequenz aber durchaus am Nachmittag / außen beginnen, sich mit einem Sonnenuntergang am Meer fortsetzen und mit einem gemeinsamen Abendessen im Hotel enden kann.«[20]

Martin Rohrbeck gibt außerdem ein gutes Beispiel aus *Notting Hill* an, als William Thacker (Hugh Grant) über den Wochenmarkt läuft und dabei die Jahreszeiten ineinander übergehen, ohne dass wir einen Schnitt wahrnehmen. Das ist für den Dreh nicht unproblematisch, auch wenn es sich im Drehbuch schön einfach und womöglich lyrisch liest.

Jede Veränderung im Schauplatz, auch innerhalb einer Wohnung, muss im Drehbuch vermerkt werden. Genauso jede Veränderung der Tageszeit. Später werden für die einzelnen Szenen außerdem noch genaue Uhrzeiten festgelegt, damit u.a. die Continuity nicht vor Probleme gestellt wird. (Vgl. dazu aber auch Kapitel »Licht«.)

Nicht immer sind Umzüge nötig. Oftmals können Telefongespräche auch in einem Nebenraum oder im Flur geführt werden oder direkt an einem Motiv, an dem man ohnehin dreht. Es gilt, alles zu vermeiden, um unnötig neue Motive »aufzumachen«. Denn ein Umzug kostet Zeit und Zeit ist leider Geld.

Die Kosten für die An- und Abreise des Teams oder der Schauspieler sind ein wichtiger Punkt in der Kalkulation, so dass Schauspieler möglichst an aufeinander folgenden Tagen beschäftigt werden sollten, um so nur ein Mal Reisekosten zahlen zu müssen. Andererseits sollten zugleich aber auch Motive nicht auseinander gerissen werden, und alle Szenen, die an einem Ort spielen, möglichst hintereinander gedreht werden. Gerade bei Außenmotiven kann es sein, dass diese bei der zweiten Anfahrt einige Tage später schon nicht mehr vorhanden sind, weil z.B. Bauarbeiten im Hintergrund ein völlig anderes Bild entstehen lassen.

Selbst kleinere Umzüge erweisen sich als äußerst aufwändig. Innerstädtische Motivwechsel verschlingen oft schon zwei Stunden wertvolle Zeit, die nicht in den Dreh investiert werden können. Wenn man sich ein Filmset, die bis zu 60

---

20 Rohrbeck: Wie wird man was beim Film. 2008, S. 25.

Beteiligten sowie die nötige Technik vor Augen führt, wird klar, dass es nur wenig Unterschiede macht, ob man zu einem neuen Set einmal durch die Stadt fährt oder ob man nur eine Straße weiter um die Ecke biegt – die Autofahrt ist wahrscheinlich das kleinste Problem. Der Aufwand für den gesamten Umzug bleibt beinahe der gleiche, allerdings wird man, wenn man nur eine Straße weiter dreht, die Base, also die mobile »Zentrale« während des Drehs, am selben Ort belassen können.

Daraus ergibt sich zwangsläufig, dass es Filmproduktionen daran gelegen sein muss, ein Motiv möglichst häufig zu nutzen, damit dieses nicht als nur einmalige Location viel Zeit und Geld in Anspruch nimmt. Insofern werden Produzenten immer darauf drängen, Sets mehrfach im Drehbuch zu bespielen – wenn es denn nicht unbedingt der Eiffelturm ist. Für dieses Motiv gilt: einmal hochwertig und aufwändig ins Bild gerückt ist völlig zufriedenstellend. Dass man dem Zuschauer damit Value und etwas visuell Ansprechendes (sofern das beim Eiffelturm nicht schon wieder langweilig ist) geboten hat, hat das Motiv sein Soll erfüllt. Alles Weitere wäre hier wahrscheinlich nur eine Qual.

Letztlich gilt für jede Produktion: Je länger ich an einem Motiv bin, desto effizienter ist der Dreh und desto kostengünstiger ist die Produktion. Dem steht gegenüber, dass Filme, die in nur einem oder ganz wenigen Motiven spielen, visuell schnell sehr eintönig wirken und damit insgesamt wenig abwechslungsreich. Einen solchen Eindruck will man aber natürlich vermeiden. Deswegen gibt es z.B. meist Vorgaben, welchen Anteil die Nutzung von festen Motiven innerhalb eines seriellen Formats haben muss.

Hauptmotive – in der Serie

Wie oben angesprochen, lohnt sich ein umfangreicher Umbau eines Motivs nur, wenn es nicht nur in einem Film zu sehen ist, sondern in einer lang laufenden Serie weiter genutzt wird. In Deutschland lassen sich die Kosten nicht mit denen eines Hollywoodfilms oder einer amerikanischen Serie messen.

Für eine Serie lohnt sich meist der Bau eines Studiomotivs. Damit verbunden ist eine größere Auswahl bei den Motiven, schließlich ist man nicht auf bestehende Mietmotive angewiesen. Üblicherweise sind dies Motive wie das Polizeirevier, die Einsatzzentrale oder auch die bereits angesprochenen Motive Krankenhaus, Supermarkt oder eine Wohnung.

In der Comedy-Serie *Ritas Welt*, die zum Großteil in einem Supermarkt spielte, wurde z.B. ein Supermarkt in ein Filmstudio hineingebaut. Man bevorzugt hier für eine Szene z.B. die Kasse oder zumindest den Gang zwischen Lebensmitteln in Dosen, denn vergängliche Lebensmittel sind teuer, und die heißen Scheinwerfer tragen nicht unbedingt dazu bei, den Reifepunkt eines Gemüses oder die Alterung eines Fleisch- oder Käsestücks hinauszuzögern. Schwierig, wenn einer der Schauspieler unbedingt laut Drehbuch einen Metzger spielen soll. Andererseits sind Supermärkte ohne Frischtheke oder Gemüseecke wenig glaubwürdig. Was den Gang mit den Dosen betrifft – selbstverständlich sind hier alle Markennamen gefaked. Der Vorwurf für *Product Placement* wäre sonst kaum aus der Welt zu schaffen. Die Grafikabteilung in der Ausstattung erfindet deswegen Kunstnamen. So wird aus »Knorr« schnell ein »Knarr« oder Ähnliches, um Klagen wegen Verunglimpfung abzuwenden. Stärkere Entfremdungen sind natürlich wünschenswert.

Die Studioatmosphäre hat Vor- und Nachteile: Tageslicht muss künstlich hergestellt werden, dafür aber kann man drehen, wann auch immer man will, und es im Drehplan sinnig erscheint.

In der Kalkulation wird zwischen Atelier-Bau und Atelier-Dreh unterschieden, obwohl dies dasselbe Motiv behandelt. Zu den Positionen beim Atelier-Bau fallen der Vorbau (also die groben und richtungsweisenden Baumaßnahmen vorab), der Bau oder Umbau selbst und der Rück- oder Abbau an. Zusätzlich wird das gesamte Material berechnet, das für die Baumaßnahmen benötigt wurde, sowie die Mietkosten für bestimmte Geräte, die hierbei auch anfallen. Die Versorgung mit Strom ist ebenfalls ein relevanter Kostenpunkt.

Für den Atelier-Dreh später fallen ebenso Kosten an, die über die Hallenmiete hinausgehen. So sind bspw. Nebenräume und Lagerräume für die Produktion wichtig, denn hier kann Material zwischengelagert werden oder man kann die Räume für Maske und Kostüm usw. einrichten.

Ein festes Motiv bietet viele Vorteile, sofern man mit dem Bau flexibel ist. Schließlich kann das Set den Bedürfnissen angepasst werden: Es ist möglich, Wände so zu gestalten, dass sie für eine bestimmte Einstellung zur Seite geschafft werden können, so dass sich hier völlig neue visuelle Möglichkeiten bieten, die bei einem gemieteten Motiv nicht vorhanden wären. Darüber hinaus ist man unabhängig von den Tageszeiten und kann so unter Umständen auch Zeitfenster nutzen, die sich durch andere Drehzeiten ergeben. Ein versetzter Drehtag, der z.B. erst mittags anfängt und bis in die Nacht geht, ist in einem gebauten Motiv, in dem man das Tageslicht ohnehin künstlich herstellt, bequem zu bewerkstelligen.

Wann sich ein Studiobau rentiert, ist nicht pauschal zu sagen. Die Kosten sind meist sechsstellig. Sicher kann man jedoch davon ausgehen, dass die Kosten ab der dritten Staffel einer Serie wieder eingeholt wurden. Im Hinterkopf behalten muss man dabei, dass man auch während einer Staffelpause Miete zahlen muss und unter Umständen sogar das Studio frei räumen muss. In diesem Fall kämen erneut Auf- und Abbaukosten hinzu.

Je länger eine Serie läuft, desto stärker treten andere Probleme in den Vordergrund: Wenn das Hauptmotiv z.B. schon dutzendmal abgefilmt wurde, wird es gerade für Stammseher visuell langweilig. Darauf kann man reagieren, indem man tendenziell mehr auf Außenmotive ausweicht oder mehr Figuren einsetzt, die von den ewiggleichen Bildern ablenken sollen. Eine kleinere Renovierung des Motivs durch einen neuen Anstrich reicht jedenfalls nicht – es sei denn, das Drehbuch gibt es vor.

Ausland

Ein Dreh im Ausland bedeutet ganz spezielle Anforderungen für die Produktion. Damit ist nicht gesagt, dass dies nur kostspielig sein muss. Manche Länder sind teuer für einen Dreh, andere dagegen extrem günstig.

Wichtig ist die Infrastruktur vor Ort: Gibt es hier Filmschaffende, die man für die Produktion anmieten kann, oder muss ich das gesamte Team aus Deutschland einfliegen lassen? Beides kann Vor- und Nachteile haben. Denn zum einen sind die finanziellen Mittel für das deutsche Team inklusive der gesamten Reisekosten in den meisten Fällen höher, zum anderen birgt ein fremdes Team im Ausland auch immer besondere Risiken. So kann niemand z.B. garantieren, dass die handwerklichen Fähigkeiten auf dem gleichen Niveau liegen oder viel simpler noch: wie der Arbeitsethos ausgeprägt ist, d.h. wie viel Arbeitseinsatz zu erwarten ist. Zudem kann die Sprachbarriere zu größeren Problemen führen, und selbst eine Arbeit mit einem permanent anwesenden Dolmetscher schützt nicht vor Fehlern.

Die Zeitverschiebung ist in diesem Kontext als Faktor zu berücksichtigen. Darüber hinaus kann es nicht ohne Risiko sein, sich auf ausländische Motivscouts einzulassen und in zuvor unbekannten Motiven zu drehen. Selbst Fotos vorab können Enttäuschungen nicht immer verhindern – so sieht das orientalische Sterne-Hotel vielleicht auch nur aus einer Perspektive gut aus und kann aufgrund einer Großbaustelle nicht wirklich als Drehort dienen, da man keine Wege zum Hotel erzählen kann. Es gibt erfahrene internationale Motivscouts, deren Dienste man sich annehmen kann und deren guter Ruf einen vor solchen Komplikationen bewahren sollte. Nichtsdestotrotz kann nur eine Besichtigung vor Ort von Regisseur, Szenenbildner und Produzent einen erfolgreichen Dreh mit guten Motiven sichern. Eine solche Motivreise allerdings ist wieder mit Kosten verbunden.

Es gibt bestimmte Länder, in denen sich ein Auslandsdreh einfacher realisieren lässt als in anderen. Bestimmt unproblematischer als Island, Aserbaidschan oder der Irak sind Länder wie Südafrika, das eine gewachsene Infrastruktur als Filmland und damit einen großen Erfahrungspool aufweisen kann. Noch viel simpler jedoch – allerdings mit anderen Risiken behaftet – ist z.B. Indien. Bollywood ist die größte Filmindustrie der Welt, und es ist relativ unkompliziert, hier ein Team zusammenzustellen, dessen Mitglieder schon an vielen Produktionen mitgewirkt haben. Allerdings ist es in solchen Ländern nicht immer selbstverständlich, sich auf feste Rahmenbedingungen verlassen zu können. Da kann es schon einmal sein, dass eine Straße vor einem Motiv, die bei der Besichtigung drei Tage zuvor wenig befahren und völlig intakt war, nun am Vorabend des Drehs zur Gänze aufgerissen und nur auf einer Spur befahrbar ist – und in diesem Stau entzündet sich ein fortwährendes Hupkonzert… Das macht einen Dreh unmöglich. Kreativität und die Fähigkeit zur schnellen Umdisposition müssen dann die Sache retten. In diesem Falle hilfreich sind die vielen billigen Arbeitskräfte in Indien, die ein Ersatzmotiv beispielsweise über Nacht von einem gigantischen Baugerüst befreien können, so dass am nächsten Tag tatsächlich gedreht werden kann.

Film ist das Medium der Illusionen und gerade bei dem Thema Auslandsdreh zeigt sich das aufs Deutlichste. So sind schon die Karl May-Filme der 60er-Jahre weitgehend in Kroatien (und auch in Spanien) gedreht worden, wo die Steppenlandschaft durchaus den allgemeinen Vorstellungen vom Wilden Westens entsprechen konnte. Gleiches gilt natürlich auch für die schon namentlich kenntlich gemachten Spaghetti-Western, die ebenfalls in den 60er-Jahren in Italien gedreht wurden, sich allerdings dort auch als ganz eigenes Genre mit eigenen Regeln und Gesetzen entwickelten.

Ein Auslandsdreh ist immer auch von politischen Zuständen abhängig. Während des Kalten Krieges wurde z.B. Helsinki gerne als Schauplatz für in Russland spielende Szenen oder Filme genutzt. Auch klimatische Bedingungen können Ursache für eine gewählte Filmlocation sein: Anstelle von Aufnahmen in Alaska kann man auf nördliche Städte in den USA zurückgreifen, die die Reisebedingungen und Unterbringungsmöglichkeiten weniger aufwendig machen. Oftmals sind die landschaftlichen Bedingungen naheliegend: So musste Neuseeland für *Der letzte Samurai* Japan darstellen oder Thailand Filmlocation für gleich mehrere Vietnam-Filme sein. Warum aber für *Doktor Schiwago* Madrid sich für Moskau ausgeben musste, wirkt zumindest auf den ersten Blick überraschend. Beim zweiten Blick fällt natürlich die politische Situation auf, die die entsprechenden Drehgenehmigungen sicherlich erschwert hätte. Es sind übrigens nicht immer finanzielle Gründe, die den Dreh auf einer Ausweichlocation nötig ma-

chen: Roman Polanski drehte auf Sylt seine Verfilmung des Thrillers *The Ghost*, die eigentlich auf Martha's Vineyard in Massachusetts spielt. Da Polanski wegen Missbrauch einer 13-Jährigen seit den 70er-Jahren rechtskräftig verurteilt ist, droht ihm eine Gefängnisstrafe, wenn er dort einreist.[21]
Ein Filmdreh im Ausland kann aber unter Umständen auch die gesamte Produktion positiv bestimmen: Sobald eine internationale Kooperation vorliegt, können die Koproduktionen Fördermittel aus den jeweiligen Ländern beantragen. EU-Finanzierungen für Filme, die in den europäischen Mitgliedsländern hergestellt werden, gibt es unter anderem bei MEDIA 2007, das Förderprogramm der EU, das von 2007 bis 2013 läuft und über ein Gesamtvolumen von 755 Millionen Euro verfügt. Ebenso unterstützt *Eurimages* Koproduktionen zwischen mindestens zwei Mitgliedsländern und darüber hinaus auch den Verleih von europäischen Kinofilmen in jenen Ländern, die keinen Zugang zum MEDIA 2007-Programm der Europäischen Union haben. Für die Förderung von Koproduktionen gab *Eurimages* 2008 rund € 20.200.000 aus. Gute Gründe also, um Unterstützung im Ausland zu suchen. Sofern das für den jeweiligen Film inhaltlich und thematisch möglich ist.

---

21 Vgl. auch: Kammertöns, Hanns-Bruno: Schöner als Amerika. In: Die Zeit Nr. 12 vom 12.03.2009.

Kapitel 5: Requisiten und Ausstattung

Die Beispielszene

```
21. SOMMERWIESE                           AUSSEN / TAG
Eine sommerliche Idylle: Am Rande der Lichtung springt
gerade ein Reh ins Gebüsch. Wir folgen einem von gut
vierzig weißen Karnickeln, das auf Lea zuhoppelt. Sie
sitzt mit dem Cello zwischen den Schenkeln auf einem Stuhl
und spielt ein umwerfend schönes Solo. Ein Traum!
                         REGISSEUR
                    (off)
                Stop! Lea, das geht so nicht. Schau
                nicht dauernd in die Kamera! Noch
                mal von vorne!
```

Szenenbild /Requisiten

Der Szenenbildner oder auch (im Kino) der Production Designer ist abteilungsübergreifend für den »Look« des Filmes wesentlich verantwortlich. Damit ist nicht der Teil gemeint, der durch Kamera und Inszenierung gestaltet wird, sondern all die Räume und deren Inhalt, die das Aussehen eines Filmes prägen. Der Szenenbildner wird oft lange vor dem Dreh angestellt, er erstellt sogenannte Moods (also Stimmungs- und Bildbeispiele) aus Zeichnungen und Fotos, er entwirft die Filmsets und steuert auch die Suche nach den entsprechenden Motiven. Da die Arbeit verschiedene Aspekte wie Studiobauten, Originalmotive, Umbauten oder auch Filmtricks wie der Einsatz eines Modells oder digitale Seterweiterungen umfasst, benötigt der Szenenbildner große Vorkenntnisse, die er meist durch ein Studium der Architektur, des Bühnenbilds oder der Bildenden Kunst erwirbt. Welche enorme Bedeutung die Arbeit des Szenenbildners hat, was die Umsetzung der Worte im Drehbuch in eine sinnliche Visualität angeht, sieht man vor allem in Genres, die in Fantasiewelten spielen. Sofern das Szenenbild das Drehbuch unterstützt, wird das Filmerlebnis eher positiv sein als wenn Look und Inhalt wie eine Schere auseinanderklaffen – der Eindruck eines nicht homogenen Ganzen kann den Film zerstören. Für den Drehbuchautor bedeutet dies nicht, dass er das Drehbuch detailbesessen formulieren sollte – da würde sich jeder Leser und allen voran der Regisseur beschweren –, sondern dass er mit seiner Sprache eine Atmosphäre oder auch Räume schafft, die möglichst alle am

Dreh Beteiligten auf ähnliche Art und Weise empfinden. Dazu gehört auch, die für die Spielhandlung relevanten Elemente auf überzeugende Weise einzubinden und zu formulieren.

Aus den später erstellten Drehbuchauszügen wird dann ersichtlich, welche Dinge für den Dreh bereitstehen müssen. Die zu beschaffen (und auch das Budget nicht aus den Augen zu verlieren) ist Sache des Szenenbildners. Ihm unterstehen Ausstatter, Außenrequisiteur, Innenrequisiteur und die Baubühne, zudem eventuell Elektriker, Schreiner oder Maler, und er muss auch die Zusammenarbeit mit dem SFX-Department koordinieren.

Nehmen wir das Aquarium aus der Szene in Leas Loft, um den Arbeitsablauf kurz zu illustrieren. Zunächst muss ein Aquarium gekauft oder geliehen werden, wobei schon hier auf die Wohnungsstabilität oder den Unterbau geachtet werden muss – nicht auszudenken, wenn der Wohnzimmerboden die 2.000 Liter Wasser nicht aushalten würde. Dann müssen Fische und Pflanzen gekauft werden (vgl. auch das Kapitel »Tiere«). Wohlgemerkt: gekauft! Diese Fische können nicht geliehen werden, denn es ist nicht auszuschließen, dass von ihnen eine Infektionsgefahr ausgeht, wenn sie nach Wasser- und Umgebungswechsel wieder bei der Zoohandlung landen. Neben den Fischen braucht man eine Pumpe, Innendekoration und Beleuchtung. Spätestens hier sollte Rücksprache mit dem Kameramann gehalten werden, was diese Beleuchtung für Auswirkungen auf das Set haben wird, bzw. welche Effekte er dadurch zusätzlich zu erzielen gedenkt. Ebenso sollte man mit dem Tonmann reden, der das Blubbern der Pumpe aufnehmen wird.

Aber noch einen Schritt zurück: Wenn eine Einigung über das entsprechende Motiv gefunden wurde, müssen hier oft noch weitere Veränderungen vorgenommen werden. Bestenfalls müssen nur einige Möbel verrückt oder das Motiv durch ein paar Requisiten aufgepeppt werden. In den meisten Fällen reicht es aus, ein entsprechendes Motiv zu mieten, in dem die üblichen Alltagsgegenstände enthalten sind. Sofern man z.B. eine Luxuswohnung benötigt, ist es viel einfacher, diese komplett anzumieten, als sie detailliert umzubauen und einzurichten – selbst wenn man all die Gemälde und Antiquitäten auch einzeln mieten kann. Das lohnt sich nur, wenn man ein Serien-Set einrichtet. (Vgl. Kapitel Durchgehende Motive.)

Es kann aber auch sein, dass ein Motiv komplett umgestaltet werden muss. In diesem Fall macht der Szenenbildner einen Einrichtungsplan, der definiert, welche Möbel angeschafft, oder wo Wände gebaut werden müssen. (Vgl. auch Kapitel Hauptmotive in der Serie.)

Der Außenrequisiteur und der Innenrequisiteur organisieren alle Gegenstände wie z.B. die Porzellankatze aus der obigen Szene und sorgen dafür, dass diese zum richtigen Zeitpunkt am Drehort sind, und dass diese dort entsprechend arrangiert werden und zum Einsatz kommen sowie eventuell für einen längeren Zeitraum zur Verfügung stehen. Ihre

> »...Recherche gilt nicht nur dem Objekt, sondern auch dem Preis, der Lagerung und der Transportfrage, nicht selten sind die Transporte teurer als das Gelieferte. Wieder einmal ist Fantasie gefragt: Wer könnte das Gesuchte haben oder wissen, wo es so etwas gibt? Lohnt es sich, das selbst zu bauen? Sollen wir das kaufen und hinterher wieder verkaufen?«[22]

Die Baubühne arbeitet mit dem Szenenbild zusammen und richtet sich beim Bau von Dekorationen usw. nach dessen Vorgaben. Es muss daran gedacht werden, dass das Motiv unter Umständen nur dieses eine Mal hergerichtet wird und danach wieder zurückgebaut werden muss, es sei denn, man dreht z.B. in einem verlassenen Haus, das nachher abgerissen wird. Dann entfällt der Rückbau, jedoch müssen die Möbel, die man für einen gewissen Zeitraum gemietet hat, zurückgebracht werden, ebenso die Möbel, die gekauft wurden, zwischengelagert. Denn derjenige, der sie bezahlt hat – also zumeist der Sender –, hat das Recht, sie bei einer anderen Produktion weiter zu verwenden. Warum auch nicht: Schließlich war der Kauf kalkuliert, und eine Weiterverwendung kann damit ein finanziell gutes Geschäft sein.

Letztlich sind aber fast alle Gegenstände kurzfristig anmietbar. Es gibt bestimmte Firmen, die sich auf den Verleih von fast allen Alltagsgegenständen spezialisiert haben, andere richten sich verstärkt auf Filmproduktionen aus. Hier bekommt man alles – von Möbeln (z.B. Spiegeln mit Goldstuckrahmen für € 3 pro Tag) bis hin zu deutschen historischen Wehrpässen von 1900, die für € 10 zu mieten sind, oder ein Klavier, das für € 200 zu mieten ist. Es gibt nicht nur einzelne Gegenstände, sondern auch gesamte Deko-Sets zu mieten, also z.B. »orientalisch« mitsamt großer Hängeampel, Ofen aus Messing, Wasserpfeife, Luftwedel und Straußenfedern, Sanduhren, Service für Kaffee und Tee aus Messing, Teetisch, Metalltischplatte mit Relief, Spieltisch mit Intarsien, Paravent, dreistufige Etagere, Wandteppiche mit Bildern, große und kleine Kunstpalmen usw.

```
22. MOMMES AUTO                                      INNEN / TAG
Momme starrt die Waffe in seiner Hand an. Sie blinkt im
Sonnenlicht.
```

---

22   Rohrbeck: Wie wird man was beim Film. 2008, S. 87.

Für den Gebrauch von Waffen, die aufgrund der Popularität des Crime-Genres im deutschen Film relativ häufig genutzt werden, gelten besondere Regeln., Denn selbst wenn nicht damit geschossen wird, muss ein Waffenschein vorhanden sein – und zwar nicht bei einem x-beliebigen Crewmitglied, sondern bei demjenigen, der die Waffe (fiktiv) einsetzt. Ein zuständiger Waffenmeister am Set hebt diese Regelung auf, bekommt aber eine entsprechende Gage. Es gibt Verleiher, die sich darauf spezialisiert haben, Waffen jeder Art an Filmproduktionsfirmen für einen Dreh zu vermieten. Dort gibt es von der amerikanischen Pump Gun über historisches Kriegsgerät bis hin zum Panzer alles, was schießt. Verliehen wird nur im Beisein der Mitarbeiter der Firma, die als Waffenmeister mit am Drehort sein werden.

Selbstverständlich sind nicht nur feste Gegenstände wie Computer, Fernseher, Kücheneinrichtungen oder Gartenzwerge zu mieten, sondern auch Fahrzeuge aller Art. Hier muss man natürlich unterscheiden: Die modernen, auch für die Produktionsangestellten selbst benötigten Fahrzeuge werden meist bei KFZ-Vermietungen angemietet (Für Regieteam, Produktionsleitung, Aufnahmeleitung und Ausstatter sind jeweils ein PKW fällig. Für Kamera, Kostüm, Außenrequisite, Innenrequisite Kleintransporter, für Licht und Grip (Kräne, Dollys, Stative, usw.) werden LKWs benötigt, für die Maske das Masken- und Garderobenmobil und für die Schauspieler die Wohnmobile).

Bei Spezialfirmen bekommt man z.B. einen Jaguar E-Type Cabrio von 1973 für €420 am Tag, einen Buick Albany von 1908 für € 600 am Tag oder sogar einen Mercedes Benz-Feuerwehrwagen von 1970 samt ausfahrbarer Leiter für € 300. Je spezieller man in der Definition des Fahrzeugs aber wird, desto schwieriger wird es sein, genau ein solches zu bekommen (siehe auch das unten folgende Beispiel für Tiere). Dass eine besondere Versicherung in diesen Fällen nötig ist, kommt hinzu, und bei manchen Fahrzeugen muss zudem sichergestellt werden, dass nur ein professioneller Fahrer hinter dem Steuer sitzt, z.B. beim Gabelstapler, für dessen Nutzung man einen besonderen Führerschein braucht.

Es stellt sich also immer die Frage, ob ein solcher Gegenstand oder ein solches Fahrzeug auch wirklich genau in dieser Form so immens wichtig und relevant für die Geschichte ist, dass es da keine Abweichungen geben darf. Es gibt Fahrzeuge, die gleichzeitig der Figurencharakterisierung dienen. Wenn meine Hauptfigur in einem Porsche sitzt, dann kann das durchaus das Bild dieser Figur prägen. Ebenso wenn ich die Figur in einen Opel Manta setze. In diesen Fällen wird natürlich alles versucht werden, um das Drehbuch detailgetreu umzusetzen. Auch im folgenden Beispiel wird man sich darum bemühen, denn es ist sehr wahrscheinlich, dass folgende Fahrzeuge relevant für die Geschichte sind, da sie ein bestimmtes Flair erzeugen:

23. DORFSTRASSE AUSSEN / TAG
Still liegt die Straße da. Ein Staubwedel wird über
das Kopfsteinpflaster getrieben. Plötzlich ein leises
Dröhnen. Es wird langsam lauter und schwillt schließlich
ohrenbetäubend laut an. Plötzlich biegen 30 Trabis um die
Ecke und füllen die gesamte Dorfstraße aus.

Wie soll der Szenenbildner 30 alte DDR-Fahrzeuge auftreiben? Es ist nicht so schwer wie man denken könnte. Der Einfachheit halber wird er einen Trabi-Club ansprechen und dessen Mitglieder zu dem Dreh einladen – was diese in der Regel gerne annehmen, schließlich bietet so ein Filmdreh eine willkommene und spannende Abwechslung. Den Trabi-Freunden werden dann die Fahrtkosten ersetzt, etwas in die Vereinskasse gezahlt, und natürlich bekommen alle einen Komparsenschein. Was allerdings bedenkenswert ist, ist die Anreise der Fahrer nach Baden-Baden: Die meisten werden sich dafür Urlaub nehmen müssen und wollen sicherlich eine Aufwandsentschädigung dafür sehen.

Szenen mit solchen mobilen Untersätzen gibt es in deutschen Filmen und Serien relativ häufig – häufiger als in amerikanischen Fernsehformaten, die dieses Mittel, Bewegung zu erzeugen, relativ wenig einsetzen, sondern diese anderweitig generieren. In Deutschland setzt man seine Figuren gerne ins Auto und lässt sie sich auf dem Weg zu einem Verdächtigen o.ä. unterhalten. Warum man diese Erzählweise wählt, ist ein weites Feld, zurück zum Drehbuch und seiner Umsetzung.

24. INNENSTADT AUSSEN / TAG
Sommer in der Großstadt. Belebte Straßen, gut gelaunte
Menschen auf den Trottoirs, gutaussehende junge Mädchen,
die ihren Minirock zum ersten Mal in diesem Jahr
herausgekramt haben. Der Polizeiwagen mit Stelzmeier und
Bruckner fährt durch die heißen Straßen.

Für den Dreh mit einem Polizeiwagen ist zu beachten, dass dieser nur innerhalb des Sets realistisch als echtes Polizeifahrzeug wahrgenommen werden darf. Es ist nicht erlaubt, mit dem Spielauto – das oft aus alten Polizeibeständen stammt – durch den normalen Straßenverkehr zu fahren: Passanten oder andere Verkehrsteilnehmer könnten die Fahrer oder Darsteller, die womöglich schon ihre Uniform tragen, mit echten Polizisten verwechseln. Also müssen solche Polizeifahrzeuge entweder auf Autotransportern von einem Drehort zum anderen transportiert werden, oder der Wagen muss anderweitig als Privatfahrzeug kenntlich gemacht werden, etwa dadurch, dass die Beschriftung »Polizei« überklebt oder unkenntlich gemacht wird.

Abgesehen davon bedarf es wenig Aufwand, um obige Bilder zu realisieren: Der Wagen wird (sofern im Sommer gedreht werden kann) im simulierten Straßenverkehr gedreht. Eine Kamera wird am Straßenrand (oder, um eine interessantere Perspektive zu bekommen, auf einem Hausdach oder auf eine Brücke usw.) aufgebaut und schwenkt mit dem Wagen mit.
Sobald wir aber in das Innere des Wagens wechseln und die obige Szene weiterführen, z.B. mit

```
25. EINSATZWAGEN                                    AUSSEN / TAG
Bruckner steuert.
                        BRUCKNER
                Grauenhaftes Wetter.

                        STELZMEIER
                Ich hab auch keine Lust, in die
                Gerichtsmedizin zu fahren.
```

sieht es anders aus. Denn um diese Szene zu realisieren, wird das Spielfahrzeug entweder auf einen Tieflader gestellt, auf dem auch die Kamera montiert oder aufgesetzt werden kann. So kann man mitsamt Auto und Schauspieler durch die Gegend fahren und den Hintergrund realistisch abfilmen. Oder es wird mit einem sogenannten Trailer gemacht. Dieser zieht das Auto, als wäre es ein Anhänger. Um das Auto herum werden dann meist Schienen montiert, auf denen die Kamera theoretisch um den Wagen herum fahren kann. Pro Tag sind hier rund € 1.300 bis € 1.500 zu veranschlagen.

Es gibt allerdings auch die Möglichkeit, die Szenen im Auto im Studio nachzubauen. Hier bewegt sich das Auto natürlich keinen Zentimeter vorwärts, die Fahrtbewegungen werden z.B. durch Stangen simuliert, die man unter die Radkästen geschoben hat und bei denen durch Ruckeln die Asphaltunebenheiten vorgetäuscht werden können. Der Hintergrund des Bildes, also die vorbeirasende Landschaft, wird vorproduziert. Ein B-Team, also eine *second unit*, fährt zuvor eine ausgewählte Strecke ab und filmt die Landschaft. Dieses Bild wird dann über eine Leinwand (*Blue-* oder *Greenscreen*) oder sogar über große Flachbildfernseher dorthin projiziert oder ausgestrahlt, wo hinter dem Schauspieler durch die Autofenster die Landschaft zu sehen ist. Nur wenn dies hochwertig gestaltet wird, ist der Unterschied nicht zu sehen. Mit einer *Blue-* oder *Greenscreen*-Lösung (ab € 1500 pro Drehtag) kann man jedoch gänzlich unabhängig von den Tageszeiten produzieren – denn selbst wenn man abends im Studio steht, können die Straßenbilder mit der zusätzlichen Beleuchtung Tag simulieren.

Die kostengünstigste dritte Variante ist sicherlich, den Kameramann auf den Beifahrersitz zu setzen, aber dies schränkt die Möglichkeiten, die man beim Dreh hat, erheblich ein. Vor allem ist dies im Falle der obigen Beispielszene schwierig, weil wir ja zwei Figuren nebeneinander haben und die Fahrt daher gedoppelt werden müsste – was angesichts des Hintergrundes und möglicher Anschlussfehler problematisch sein könnte.

Noch ein Punkt, der gerne übersehen wird: Hat der Schauspieler einen *gültigen* Führerschein? Zuverlässige Produktionsleiter lassen sich diesen vor dem Dreh (-tag) vorlegen.

Es gibt zwar fast alles zu mieten, aber im Notfall kann man bzw. muss man es eben kaufen. Auch eine Pacht kommt unter Umständen in Betracht – so ist ein wogendes Blumenmeer aus der Beispielszene oben für eine Produktion unter Umständen mit erheblichen Problemen verbunden. Dann nämlich, wenn der Drehzeitraum nicht im Frühling oder Sommer liegt. Wo soll man z.B. im Herbst ein großes Blumenfeld herbekommen, sofern man nicht die Mittel hat, samt Crew in ein Land zu reisen, in dem das Klima wärmer ist als in Deutschland? Richtig – man säht sich ein solches Feld. Das geht natürlich nur, wenn es Blumen oder Pflanzen sind, die die entsprechende kühlere Witterung aushalten und wenn ein Bauer oder Landbesitzer seine Parzelle zur Verfügung stellt. Dieses ist im Normalfall mit Kosten verbunden und mit einer zusätzlichen Vorbereitung: Denn selbstverständlich müssen im Vorfeld die entsprechenden Vorbereitungen getroffen werden, also: Das Feld muss zum richtigen Zeitpunkt ausgesät werden.[23] Eine langfristige Planung ist bei solch aufwändigen Dingen also unabdingbar.

Bildrechte / Tonrechte

In diesem Zusammenhang sei auch auf Bildrechte hingewiesen, die bei einem Drehbuch entstehen können. Findet eine Szene zum Beispiel in einem Kino statt, in dem ein Film zu sehen ist und demzufolge Ausschnitte des Films im Bild zu sehen sind, müssen dafür Rechte eingeholt und bezahlt werden.

---

23 Wie z.B. das Mohnfeld der Künstlerin Sanja Iveković auf dem Kasseler Friedensplatz zur 12. Dokumenta 2007, das auch nicht zum richtigen Zeitpunkt blühen wollte.

26. LEAS LOFT	INNEN / TAG

Lea liegt mit versteinerter Miene auf ihrem Sofa. Sie
blickt auf das weiße Hochzeitskleid, das links von ihr
achtlos über den Stuhl geworfen hängt.

                    HUMPHREY BOGART
                    (off)
          Ich seh' dir in die Augen, Kleines.

Ihr Blick richtet sich auf den Fernseher, auf dem
Casablanca läuft – die legendäre Liebesszene zwischen
Bogart und Bergmann. Zum Kotzen. Lea greift nach der
Fernbedienung und schaltet zu einer Quizshow.

Also auch wenn Sie der Meinung sind, dass eine im Hintergrund laufende Szene aus *Casablanca* die jeweilige Szene in Ihrem Drehbuch konterkarieren oder unterstützen könnte, ist dies mit Kosten verbunden. Solche Klammerteile können sehr, sehr teuer werden oder die Rechte daran auch ganz verweigert. Es gibt dazu aber keine verallgemeinerbaren Aussagen, solche Angebote werden individuell gemacht. Nichtsdestotrotz sollte man sich von € 15 000 pro Minute nicht überraschen lassen.[24]

Auch wenn man sich aus Filmstocks, also Filmarchiven bedient, werden Kosten fällig, die Preisspannen sind allerdings sehr unterschiedlich. So sind Bilder von irgendeiner Insel in Hawaii oder vom Ätna oder vom nächtlichen Hongkong wahrscheinlich billiger, wenn man sie aus Filmarchiven nimmt. Für so etwas wie

27. STRASSENBILDER KÖLN	AUSSEN / TAG

Diverse Bilder einer deprimierten und ungemütlichen Stadt.

...ist es besser, eine second unit loszuschicken, um diesen *Establisher*[25] zu drehen. Ein Kameramann, der Assistent und der Producer kosten für den halben Tag, an dem sie die Bilder eingefangen haben sollten, ca. € 1.000. Dafür liegen dann alle Rechte beim Produzenten, und er muss sie nicht für z.B. die internationale Nutzung dazukaufen, was bei den Filmstocks üblich ist. Zwar beschränken sich gewöhnlich die Produzenten anfangs auf den Rechteerwerb für die Ausstrahlung im Inland, aber sobald ihre Serie oder ihr Film ins Ausland verkauft wird, müssen sie sicherstellen, dass alle Bilder auch dort ausgestrahlt werden können. Insofern müssen sie die Rechte nachträglich erwerben, falls sie das anfangs aus Kostengründen vermieden haben.

---

24 Vgl. Wendling: Filmproduktion. 2008, S. 114.
25 *Establisher* sind Bilder, die dem Zuschauer eine Orientierung verschaffen, an welchem Ort die nun folgende Szene spielt, sei es nun z.B. eine Hausfassade oder eine bestimmte Stadt.

Wenn ein Schauspieler in einem Film einen Text aus z.b. einem neueren Roman zitiert, muss darüber eine Vereinbarung mit dem Rechteinhaber getroffen werden, also mit dem Autor oder dem Verlag. Dies gilt nicht für sogenannten Klassiker wie Goethe oder Herman Melville, hier sind die Nutzungsrechte frei – wie in allen Fällen, in denen der Autor seit mindestens 70 Jahren tot ist.

Es spielt übrigens keine Rolle, ob der Schauspieler spricht oder singt – selbst wenn er singend eine Titelmelodie einer alten Serie vorträgt und dies als Referenz witzig gemeint ist, müssen dafür die Rechte erworben werden. Dies gilt auch für die Rechte an einem Musikstück, das in einer Diskoszene läuft. Kommt der Drehbuchautor auf die Idee, dass es unbedingt »It's raining men« sein muss, dann ist das nicht nur wenig originell, sondern auch teuer. Sämtliche Musikstücke müssen der GEMA gemeldet werden, die die Rechteinhaber der Stücke entsprechend entgeltet. Es gibt allerdings auch GEMA-freie Musik, die von speziellen Produktionsfirmen produziert wird und deren Nutzung per Minute entgolten werden muss. (Vgl. Kapitel Musik.)

Apropos Musik: Das Cello, das Lea in der Beispielszene 19 spielt, ist relativ einfach zu mieten. Schwieriger steht es vielleicht um die Fähigkeiten der Schauspielerin, die zumindest glaubwürdig darstellen können muss, dass sie das Instrument spielen kann. Für eine einzelne Szene mag das mit einem Coach zu trainieren sein (vielleicht bietet sich da auch ein Musikschüler an, der sein Instrument gleich mitvermietet). (Nur zum besseren Verständnis: Selbstverständlich wird hier nur die Bewegung trainiert, der Ton kommt vom Band.) Sofern es sich allerdings um einen Musikfilm handelt, bei dem es sich um das Talent der Musikerin dreht, ist wohl eine längere Übungsphase mit bezahlten Übungsstunden erforderlich (vgl. dazu aber Kapitel: Die Figuren): Wir alle kennen zwar auch die Bilder aus Klavierfilmen, in denen abwechselnd zwischen dem Oberkörper des Schauspielers und dann seinen (gedoubelten) Händen, die über die Klaviatur flitzen, hin und hergeschnitten wird. Das kann vielleicht für einen Moment die Illusion von echtem Spiel erzeugen, wird aber über die Dauer des Films langweilig und womöglich auffällig. Wenn der Schauspieler ohnehin über Klavier- oder Cello-Kenntnisse verfügt: prima. Andernfalls sind teure Übungsstunden erforderlich. (Vgl. dazu aber Kapitel: Die Figuren.) Nur zum besseren Verständnis – selbstverständlich wird hier nur die Bewegung trainiert – der Ton kommt vom Band.

Zurück zu den Bildern: Gerade bei historischen Stoffen kann es sinnvoll sein, Fotos und Bilder aus der jeweiligen Zeit einzusetzen, um damit das entsprechende Kolorit zu schaffen. Innerhalb eines Dokumentarfilms sind dann zwischen € 150 und 500 üblich, für eine werbliche Nutzung sind allerdings schon bis zu € 2.000 pro Minute üblich. Neben einer Mindestberechnung werden dazu Kosten für Recherchearbeiten und eine Überspielgebühr fällig.[26]

```
28. LEAS LOFT                                   INNEN / TAG
Graue Designermöbel, Holzfußboden und eine zwei Meter
große abstrakte erotische Malerei an der Wand – die
Besitzerin dieser Wohnung hat definitiv Geschmack.
```

In einem Drehbuch werden Bilder selten auf diese Art und Weise beschrieben. Es sei denn, sie sind für den weiteren Verlauf der Handlung wichtig. Ansonsten wird für gewöhnlich jede Wohnung mit Bildern ausgestattet, selbst wenn es nicht im Drehbuch steht, denn leere Wände wirken wenig glaubwürdig. Allerdings wird die Produktion die Bilder, die in einem gemieteten Motiv bereits an den Wänden hängen, vor dem Dreh sicherlich austauschen. Denn an jedem Bild hat jemand die Rechte, auch für die Weiterverwendung und Aufführung in filmischen Werken. Das bedeutet im Umkehrschluss, dass man den Rechteinhaber des Bildes, das im Wohnzimmer über der Couch hängt, ausfindig machen muss. Das kann einfach sein (wenn es z.B. von Ikea ist), oder schwierig, wenn der Maler verstorben ist und die Erben über die Welt verstreut sind. Oft wird es teuer sein. Hinzu kommt, dass es manchmal beim Rechteerwerb auch auf den inhaltlichen Zusammenhang der Nutzung ankommt: Was wird mit dem Bild gemacht? Wird es unter Umständen verunglimpft? Oder wird es in einer Art und Weise eingesetzt, dass ihm eine Wertschätzung entgegengebracht wird, die eventuell auch über den Film hinaus wirkt? All das kann für oder wider einer Erlaubnis beitragen.

Auch wenn ein Picasso von der Wand geklaut wird, wird es sicherlich nicht das Original gewesen sein, sondern ein Abdruck desselben. Aber auch bei diesem Abdruck sind die Rechte vorher an die Firma vergeben worden, die die billigen Reproduktionen herstellt und bei genau dieser Firma muss dann um Erlaubnis angefragt werden.

Insofern wird jede Produktion darauf achten, dass die meisten Bilder oder Kalender o.äÄ., die im Bild zu sehen sind, durch die Requisite selbst produziert oder in Auftrag gegeben werden. In unserem Fall würde ein Auftragskünstler die Order bekommen, ein solches Gemälde anzufertigen, was je nach Format und Künstler ein paar hundert Euro kosten kann. Dies wird unter Umständen einige Tage dauern und ist damit einzuplanen. Vertraglich würde dann zugesichert, dass die Rechte an dem Bild an den Produzenten abgetreten werden.

---

26 Vgl. auch Holland / Kuntz: Bildrecherche für Film und Fotografie. 2007.

Die Kosten für die Wiederausstrahlung sollten dabei mitverhandelt worden sein, schließlich muss die Produktionsfirma dem auftraggebenden Sender versichern (sofern es sich um eine Fernsehproduktion handelt), dass es keine Einschränkungen für eine Ausstrahlung gibt und alle Rechte frei sind. Solche Rechteerklärungen sind umso teurer, je weniger Einschränkungen sie haben. Darf ein Film einmalig oder mehrmalig ausgestrahlt werden, darf er deutschlandweit oder weltweit eingesetzt werden? Es ist klar, dass ein TV-Sender Letzteres anstrebt, schließlich will er seine Formate im Ausland weiter vermarkten.

```
29. MOMMES WOHNUNG                          INNEN / NACHT
Momme betritt mit gezogener Waffe die dunkle Wohnung.
Nichts im Flur, nichts in der Küche. Er atmet durch und
betritt das Wohnzimmer. Der Fernseher läuft plärrend
laut und spuckt blaue Bilder in das Dunkle. Es ist Pulp
Fiction, eine Szene mit dem »Cleaner«.
```

Von stillstehenden zu laufenden Bildern: Wenn im Bild ein Fernseher zu sehen ist, der einen Film zeigt, müssen auch dafür die Rechte geklärt werden. Dies kann genau dieselben Probleme erzeugen wie das Bild an der Wand, wobei der filmische Einsatz wahrscheinlich teurer ist. Selbst wenn in der obigen Szene nicht *Pulp Fiction*, sondern *Casablanca* laufen würde, das Bild gar nicht zu sehen wäre und nur der markante Satz von Humphrey Bogart zu hören wäre:

```
            RICK BLAINE
    Ich seh' dir in die Augen, Kleines.
```

dann müssten auch dafür die Rechte geklärt werden.

All dies gilt natürlich auch für Fernsehsendungen, die im Bild zu sehen sind. Wobei Folgendes zu beachten ist: Wenn z.B. im Bild Ausschnitte von *Wetten, dass...?* zu sehen sind, dann wird es viel Geld kosten, falls der Film eine Sat1-Produktion ist. Ist es aber ein ZDF-Film, der diesen Ausschnitt beinhaltet, wird es kostenlos sein. Tatsächlich sehen Sender solche Verwendungen von ihren eigenen Produktionen eher gern – es ist eine gute Crosspromotion. Das betrifft natürlich nicht nur bereits produzierte Formate, sondern auch Bildausschnitte, die eigens für die Verwendung in dem Film produziert werden. Oft handelt es sich hierbei um Einspieler, in denen ein bekannter Nachrichtensprecher die wichtige entsprechende Meldung verliest. Handelt es sich ohnehin um eine Fernsehproduktion des gleichen Senders, ist dies einfach und kostengünstig zu bewältigen. Eine solche Szene wird einfach vor oder nach dem normalen Nachrichtenbetrieb aufgezeichnet und der Produktionsfirma umsonst zur Verfügung gestellt – die Grundlage für die Crosspromotion wird hier also schon in der Produktion gelegt. Für Kinoproduktionen müssen solche Nachrichtensendungen und -einspieler hingegen aufwändig produziert werden.

Neben bewegten und gemalten Bildern sind es auch Fotografien, die gerne in Drehbüchern verwendet werden.

```
30. WOHNZIMMER INGA                           INNEN / TAG
Nervös knetet die Verdächtige Inga Stumpf ihre Hände.
Stelzmeier lächelt sie charmant an.
                    BRUCKNER
          Ich hätte gerne einen Kaffee.
                    INGA
          Oh. Natürlich. Warten Sie. Ich mache
          Ihnen schnell einen.
Als sie aus dem Raum eilt, bleiben Stelzmeier und Bruckner
zurück. Schnell geht Bruckner zum Schrank und durchwühlt
die Fächer. Nichts, das interessant sein könnte. Nur ein
Foto, das Inga im Alter von vielleicht sieben Jahren
zeigt. An ihrer Seite ein etwas älterer Junge mit
verschlossenem Gesicht.
```

Jedes Foto, das in einem Szenenbild zu sehen ist, muss vorbereitet werden. In obigen Fall ist es womöglich einfach, denn die Schauspielerin könnte eigene Kinderfotos zur Verfügung stellen. Den Jungen mit dem verschlossenen Gesicht kann man dann (da es unwahrscheinlich ist, dass die Schauspielerin in ihrer Kindheit einen Freund mit einem missmutigen Gesicht hatte, der darüber hinaus dem Schauspieler ähnlich sieht, dessen Kinderfoto dies darstellen soll) in eines der Fotos hineinstanzen. Dieser *Special Effect* ist natürlich mit Kosten verbunden (je nach Aufwand ab ca. € 200).

Höher noch sind die Kosten wenn es sich dabei um bewegte Bilder handelt, in die der Schauspieler montiert werden muss, wie z.B. in dem Film *Forrest Gump*. Das ist aufwendig und sehr kostenintensiv, zumal in diesem Fall auch noch die Rechte an den Originalbildern erworben werden mussten, in die Tom Hanks hineinmontiert werden sollte, z.B. als Forrest Gump neben Kennedy steht.

Gerade bei Kinderfotos kann man relativ viel tricksen, da sich Menschen über die Jahre äußerlich sehr verändern können. Es muss also nicht unbedingt derselbe Mensch sein, der im Film und auf dem Foto zu sehen ist – der Zuschauer ist zumeist nur zu gerne bereit, dies zu glauben, solange zumindest die Haarfarbe stimmt, usw.

Eine weitaus unbequemere Möglichkeit ist es, das Foto extra zu produzieren, was man aufgrund der angesprochenen Möglichkeiten vielleicht nicht unbedingt bei einem Kinderfoto machen würde, jedoch bei einer Fotografie, die die betreffende Figur z.b. 20 Jahre jünger zeigt. In diesem Fall wird man den Schauspieler mit einer aufwändigen Maske und Haarteilen um die entsprechende Anzahl der Jahre versuchen zu verjüngen (vgl. auch Kapitel Maske), ihn womöglich vor eine Fotowand setzen oder ein entsprechendes Motiv suchen und dann drehen (oder fotografieren). Es ist auch möglich, Figuren jünger zu machen, indem man ein bestehendes Foto nimmt und per Computerbearbeitung z.b. ein Hochzeitskleid hinzufügt, die Falten glättet und das Haar voller macht, und das Gewicht retuschiert. Andernfalls muss man das entsprechende Bild selbst produzieren und dies ist mit Reisekosten, größerem Zeitaufwand und Personaleinsatz verbunden.

Gleiches gilt natürlich auch für bewegte Bilder: Oft werden im Film Flashbacks gezeigt, die meist gegen Ende der Handlung hin die wichtigen Fakten erklären und zusammenführen. Der Aufwand für die Produktion solcher Flashbacks ist der Gleiche wie bei einem normalen Dreh. Team, Regie, Schauspieler, Licht, Kamera usw. werden benötigt und gerade letzte beide Positionen bemühen sich häufig, in den Flashbacks eine eigene Bildsprache zu finden. Sie können vielleicht verwackelt sein oder schwarzweiß o.Ä. Normalerweise werden die Flashbacks im Rahmen des normalen Drehs realisiert – allerdings funktioniert dies nicht immer, da inhaltliche Gründe eine Produktion mit zeitlichem Vorlauf bedingen können. Dann etwa wenn:

31. FLASHBACK	AUSSEN / TAG

Vor zehn Jahren. Gerry steht am Rand der Bahn. Er trägt eine Trainingsjacke, eine Sonnenbrille und hat noch volles Haar, das ihm locker über die Schultern fällt. Er pafft eine dicke Zigarre und kaut aufgeregt auf dem Mundstück. Seine Hände krampfen sich um einen Wettschein und ein Geldbündel. Da! Die Pferde laufen durchs Ziel. Es ist eine Millimeterentscheidung. Als der Sprecher verkündet, dass Lotte gewonnen habe, reißt Gerry die Arme in die Luft und gröhlt.

... und wir davon ausgehen, dass der Schauspieler während des gesamten Rest des Films eine Glatze trägt. Natürlich kann man eine Glatze in der Maske simulieren, wenn der Schauspieler den ganzen Film über eine Latexmaske über seinen echten Haaren trägt. Aber wohlgemerkt – wir reden hier vom gesamten Film. Ob eine Latexmaske dauerhaft glaubwürdig ist und darüber hinaus die bequemste und kostengünstigste Möglichkeit für Schauspieler, Regie und Maske, ist zweifelhaft. Wahrscheinlich würde man also dem Schauspieler nahelegen, sich für die Drehzeit eine Glatze zu rasieren. Damit entfallen dann unter anderem auch die langen Maskenzeiten.

Tiere

```
32. SOMMERWIESE                                    AUSSEN / TAG
Ein kleines süßes Ferkel streckt den Rüssel in die Luft und
läuft dann, wie magnetisch angezogen, quer über die Wiese
auf Lea zu, die weiterhin entzückend auf dem Cello spielt.
```

Einfacher als lebende Tiere beim Dreh sind sicherlich ausgestopfte Tiere: Diese lassen sich problemlos anmieten, so kostet z.B. ein Kugelfisch € 3 oder ein ausgestopftes Krokodil € 5 am Tag. Nichts leichter als das. Schwierig wird es, wenn es sich um lebende Tiere handeln muss. Ein Beispiel nennt Martin Rohrbeck aus dem Film *Blueprint*, in dem ein weißer Wapiti-Hirsch eine wichtige Rolle spielt:

> »Da es keine weißen Wapiti-Hirsche gibt, mussten wir also nach einem Albino-Hirsch suchen, und zwar überall auf der Welt, wo diese Hirsche vorkommen. Dass überhaupt ein solcher Hirsch existiert – noch dazu ein zahmer –, war aber keineswegs sicher! Tatsächlich haben wir ihn gefunden (…). Sein Besitzer ist Stuntman und auf Tierstunts spezialisiert, und Calgary nur eine Flugstunde von Vancouver Island, unserem Hauptdrehort des Films in Kanada, entfernt. (…) abgesehen davon kam dieser Treffer einem Wunder gleich.«[27]

Das Schwein aus dem Beispielbild oben muss wie jedes Tier, sofern es nicht nur passiv in seinem Stall steht, extra dressiert werden. Wie soll man sonst wissen, ob das Schwein tatsächlich in die gewünschte Richtung über die Weide läuft. Tiertrainer gibt es genug und sicherlich auch eine Menge dressierter Hunde oder Katzen – und selbst die oben genannten Schweine eignen sich gut für Tieraufnahmen (wie z.B. in *Ein Schweinchen namens Babe*), sind es doch schließlich recht intelligente Tiere. Schwierig wird es aber bei Tieren, die sich nicht dressieren lassen. Wölfe zum Beispiel sind zwar intelligent, aber man kann sie genau genommen gar nicht ausbilden – man kann sie höchstens jedes Mal aufs Neue wieder überzeugen, wie der Wolfstrainer Zoltan Horkai berichtet. So muss er die Tiere zunächst mehrere Tage lang an jeden neuen Drehort gewöhnen, bevor die gewünschten Szenen gedreht werden können. Doch selbst dann sind nicht alle Schwierigkeiten ausgestanden, denn die Tiere müssen sich auch z.B. an den Kamerawagen gewöhnen, der während einer Verfolgungsjagd neben ihnen her-

---

27 Rohrbeck: Wie wird man was beim Film. 2008, S. 32f.

fährt. »Zwei Wochen haben die Wölfe gebraucht, bis sie sich an den Wagen gewöhnt hatten und nicht mehr ständig in die Kamera schauten.«[28]

Bei Filmen wie *Ein Schweinchen namens Babe* oder *Kommissar Rex* oder *Rennschwein Rudi Rüssel* tritt folgende Komplikation auf: Die Tiere – gerade wenn es noch Jungtiere sein sollen – wachsen während der langen Dreharbeiten (insbesondere im Fall einer Serie), zum Teil außerordentlich schnell. So kommt es, dass mehrere Tiere eingesetzt werden, die alle meinethalben das eine Schweinchen spielen müssen. Damit die Tiere sich auch wirklich ähnlich sehen, ist es natürlich naheliegend, dass man auf denselben Wurf zurückgreift. Für *Ein Schweinchen namens Babe* war nicht einmal dies möglich: Insgesamt 48 Schweine wurden eingesetzt. Der Tiertrainer hatte nämlich feststellen müssen, dass die Ferkel »Woche um Woche, trotz strikter Ernährungskontrollen, um zwei Zentimeter wuchsen und zehn Pfund zunahmen. Nur wenige Wochen vor Beginn der Dreharbeiten dressierte er folglich die ersten Säue für die 24 Wochen dauernden Dreharbeiten, alle drei Wochen wechselte er die Darsteller aus«.[29]

In allen Fällen ist es so, dass die Tiere nach Abschluss der Dreharbeiten selbstverständlich nicht verspeist werden. Der Anstand verbietet es. Was also tun mit den 40 Karnickeln aus der Beispielszene, die übrigens € 10 pro Stück gekostet haben? Was tun mit den Fischen aus dem Aquarium in Kapitel »Ausstattung«, die man nicht zurückgeben kann? Nun, man hat die Wahl, ob man seine Teammitglieder glücklich macht oder vielleicht eine Schulklasse in der Nähe...

Nicht jedes Tier muss allerdings gekauft werden. Das hängt vom Tier und vom Tiertrainer ab. Bestellt man hundert Heuschrecken, dann kommt hierfür ein Spezialist, der sich auf Insekten fokussiert hat. Üblicherweise nimmt er seine Tiere nach Dreh wieder mit (sofern sie sich einfangen lassen). Auch ist nicht davon auszugehen, dass ein Tiertrainer unbedingt jedes Tier besitzt, was er der Filmproduktion vermietet. Oftmals leiht er sich die Tiere selbst, wie zum Beispiel eine Kuh von einem Bauern. Ein geschulter Umgang mit Tieren ist auf jeden Fall Pflicht, d.h. man kann nicht den Praktikanten damit beauftragen, den Tiertrainer zu ersetzen. So ein Tier kann € 300 bis € 800 am Tag kosten, zuzüglich der Transportkosten und selbstverständlich der Kosten für den Tiertrainer.

Statement »Szenenbild« von Hucky Hornberger

Filmarchitekt / Art Director. Kurzfilmographie: *Die Päpstin, Der Baader-Meinhoff-Komplex, Das Parfüm, die Geschichte eines Mörders, Speer & Er, Im Visier des Bösen, 2001 – A Space Travesty, Asterix gegen Cäsar, Ice Planet*, u.a.

---

28 Gartner: Der Boss der Wölfe. In: Die Zeit, Nr. 14 vom 26.03.09, S. 41.
29 http://www.spiegel.de/kultur/gesellschaft/0,1518,234112,00.html

Das Szenenbild in Hinblick aufs Drehbuch – meine subjektive Wahrnehmung

Die »Rolle« des Szenenbildes

Ebenso wie jeder Schauspieler eine Aufgabe/Funktion in der Dramaturgie erfüllt, ist dies auch beim Szenenbild der Fall – es gibt ihnen (den Schauspielern) den Raum und Atmosphäre, in der sie handeln. Das heißt: Je präziser eine Figur bzw. eine Rolle charakterisiert wird, desto eindeutiger kann z.B. deren Wohnung, Arbeitsplatz, Hobbys, Umfeld etc. unterstützend ins Dreh-Motiv eingearbeitet werden. Gleiches gilt für eine eindeutig beschriebene Atmosphäre (Herbst, Winter, Frühling; Morgen, Mittag, Abend; Weite, Enge, beklemmende Landschaft). Je detaillierter oder prägnanter diese beschrieben ist, desto weniger Zweifel über Zeit und Funktion eines bestimmten Motivs entstehen später bei der Umsetzung. Motive ohne Aufgabe und Funktion können und sollten aus Budgetgründen tatsächlich auch wegfallen.

Umsetzung des Szenenbildes

Die Umsetzung des Szenenbildes lässt sich mit dem Spiel »Stille Post« vergleichen: Der Drehbuchautor schickt eine bestimmte Idee los und der Szenenbildner und die anderen an der Produktion Beteiligten setzen dann diese Worte ins Bild um. Als Beispiel der Film *Das Parfum*: Wie stellt man die Fähigkeit, besonders intensiv Gerüche wahrzunehmen visuell, rein bildlich dar? Das Geschmacks-, Tast-, und Geruchserleben muss also via auditiver und visueller Reize im Kopf des Publikums erzeugt bzw. assoziiert werden. Das heißt, es finden etliche Transformationen, also Wandlungen von einem ins andere Medium statt:

- Beim Lesen des Drehbuches entstehen Bilder im Kopf – welche sich deutlich von den Bildern des Drehbuchautors unterscheiden können! Und diese Bilder schlagen sich in den Szenenbild-Entwürfen nieder. (Es stellt sich hierbei jedoch immer auch die Frage, ob maximale Eindeutigkeit vom Autor überhaupt gewünscht wird...)
- Technische Abwägungen (Bildformat / Beleuchtung / Choreographie / Auflösung / Budget / Drehplan / Schnitt etc.)
- Pläne zu echten 3-D-Objekten (Motiv, Landschaft etc.)
- Umsetzung mit Korrekturen in 3-D-Objekte
- 3-D-Motive werden durch Kamera (Beleuchtung, Kadrage, Auflösung / Belichtung etc.) auf 2-D-Filmmaterial komprimiert.

- Filmentwicklung / Farbanpassung / Computerbearbeitung
- Kopie für Leinwand -> Abnutzung durch Vorführung

Das heißt, dass jede dieser Stufen eine Veränderung der vorherigen birgt. Wichtig aber ist das Resultat, das mit der Assoziation des im Drehbuch Gemeinten trotz aller Gefahren, die in der Transformation lauern, doch möglichst übereinstimmen sollte.

Hier das Beispiel eines historischen Films, gespielte Zeit ca. 1942: Ein Junge flüchtet vor den Nazis, versteckt sich in einem Gebüsch neben der Straße, »while hiding and carefully watching the street, a caterpillar is slowly passing by.« Erst als wir das sehr schwierig zu findende, historisch korrekte Raupenfahrzeug buchen wollten, stellte sich heraus, dass eine (tierische) Schmetterlingsraupe, quasi als Symbol für die bevorstehende Transformation des Jungen, gemeint war. Man stelle sich vor, wir wären tatsächlich mit einem Kettenfahrzeug, zu allem Überfluss auch noch in schwer zugänglichem Gebiet in den Alpen via Tieflader am Set aufgetaucht…mal abgesehen von den Kosten.

Recherche und Umsetzbarkeit

… sind gerade bei historischen Filmen ganz wichtige Punkte. Anstatt unnötig Zeit damit zu verbringen, ein Drehbuch nachzurecherchieren, sollte von Seiten des Drehbuchautors aus den verwendeten Quellen, im Sinne einer Kooperation und zielgerichtetem Arbeiten, doch bitte kein Geheimnis gemacht werden. Kommunikation im Sinne von z.B. »Situation wie auf dem Gemälde / Foto von ….., Buch / Archiv / Foto im Anhang« hilft allen Beteiligten.

Manchmal sind sogar historische »Fehler« Knack- und Angelpunkt eines Films, wie man z.B. beim Film *Die Päpstin* sieht: Kaiser Lothar ist in Rom einmarschiert und fordert nun vom Papst den Kniefall. Als göttliches Zeichen schließen sich die Pforten zur St. Petersbasilika wie von Geisterhand – was für die Umsetzung natürlich heißt, dass die Portale von außen gut einsehbar sind und sich scheinbar ohne menschliches Zutun schließen, d.h. die Tore gehen nach außen auf. Architektonischer Fakt: Mir ist bisher kein historisches Tor / Portal zu Gesicht gekommen, das sich nach außen öffnen ließ. Nur in der Jetztzeit kommt dies aufgrund von Fluchtvorschriften im Notfall vor. Fakt auch: Aus der Zeit um 850 n. Chr. ist nicht wirklich viel überliefert und die spezielle Situation wurde im Vorlagenroman auch nicht eindeutig gezeigt. Also, was tun? Die filmische Umsetzung hatte hier Vorrang vor der Geschichtstreue.

Über die in einem anderen Drehbuch beschriebenen Kartoffeln und Tomaten auf dem Marktplatz in Rom ca. 850 n. Chr. kann man natürlich schmunzelnd hinweglesen. (Sie kamen erst mit Christoph Kolumbus in unseren Breiten auf….)

Manche historischen Tatsachen müssen aber auch in Hinblick auf die Sehgewohnheiten der Zuschauer des 21. Jahrhunderts angepasst werden. Ein weiteres Beispiel aus *Das Parfüm*: Eine Straßensituation in Paris 1640. Alle Fäkalien, Abfall – wirklich alles landete auf der Straße. Da das römische Abwasserkanalnetz nicht genutzt wurde, stand der Morast in Schienbeinhöhe. Daraus entstanden Berufe wie der des Plankenlegers (um gegen Entgeld trockenen Fußes von einer auf die andere Straßenseite zu gelangen), oder Schuhmode wie die Plateauschuhe – um damit nicht zu tief einsinkend von der Kutsche zum Hauseingang zu gelangen. Zu dieser Zeit war dies völlig normal. Heute allerdings unvorstellbar! Und damit in dieser historischen Konsequenz wohl auch nicht im Film zeigbar…

Gleiches gilt für die Wahrnehmung der Rokoko-Interiors aus dieser Zeit. Der damalige Mut zu schrillen Farben würde uns heute zutiefst erschüttern, denn (abgesehen z.B. von den Römern / Ägyptern) Neon- und Phosphorfarbe hätten sich sicher großer Beliebtheit erfreut. Die Zeitepoche ist heutzutage aber mit anderen Bildern verinnerlicht, und daher zeigt man abgeblätterte Farbe, verblasst, Patina, um 350 Jahre gealtert. Die Frage ist stets: Was mutet man glaubhaft dem Zuschauer zu?

Oder ein anderes Beispiel: Wie zeigt man den Führerbunker 1945, also kurz nach dessen Fertigstellung? Schmutzig, verdreckt, verqualmt oder historisch korrekt mit sauberen, weiß getünchten Flächen?? Ein nie zur Zufriedenheit aller erreichbarer Spagat…

Die Gretchenfrage

Wie darf man also ein Drehbuch (im Gegensatz zu einem Roman) auffassen? Ist es eine Geschichte, die mittels Dialogen zu einem quasi nachträglich bebilderten Hörbuch wird, oder handelt es sich um eine strikt einzuhaltende »Anleitung« zur visuellen Umsetzung? Weder noch. Auf jeden Fall geht es um Bilder. Das heißt von der Sprache zum Sprachbild, das wiederum in Bildsprache umgesetzt wird.

Fazit

Liegt also eine Qualität eines Drehbuchs auch darin, eindeutige Bilder / Assoziationen zu generieren, die ein besseres Verständnis des Gemeinten ermöglichen? Dann sollte dies dem Drehbuchautor immer wieder bewusst gemacht werden, schließlich ist er einer der Haupturheber eines Filmwerkes.

Kapitel 6: Kamera / Auflösung / Licht

Die Beispielszene

33. MOTELZIMMER   **INNEN / TAG**

Momme liegt auf dem Bett und starrt auf das Telefon. Es rührt sich nicht.

34. MOTELZIMMER   **INNEN / NACHT**

Momme kommt mit einer Tüte Fastfood in der Hand zurück ins Zimmer. Noch bevor er das Licht anstellt, merkt er, dass etwas nicht stimmt. Eine Waffe blitzt hinten im Lichtschein des Flurlichts auf, Momme springt zur Seite und zieht seine Pistole. Schüsse leuchten durch das Dunkel. Momme rollt sich ab und feuert zurück. Nach dem Schussgewitter liegt Pulverdampf in der Luft. Momme kauert hinter dem Sessel und späht ins Dunkel. Plötzlich hört er ein leises Geräusch direkt neben sich. Doch bevor er herumfahren kann, wird er niedergeschlagen.

35. ZOLTANS BÜRO   **INNEN / TAG**

Am nächsten Morgen: Momme wird wach, als ihm jemand einen Eimer mit Eiswürfeln ins Gesicht schüttet –Eiswürfel *und* Eimer. Er schreckt hoch. Zoltan grinst ihn an, während Enzo sich abwendet. Momme betastet seinen schmerzenden Kopf.

                    ZOLTAN
Warum machst du es mir so schwer?

                    MOMME
Da stehst du doch drauf.

                    ZOLTAN
Na gut, das stimmt. Aber trotzdem,
ich meine, Momme, war ich etwa böse
zu dir?

                    MOMME
Ja.

                    ZOLTAN
                (genervt)
Ja, jetzt schon, aber ich meine:
vorher.

Die Auflösung

Durch die Auflösung wird die Drehzeit maßgeblich bestimmt. Mit »Auflösung« ist die Einteilung in Einstellungen gemeint, nach der eine Szene »aufgelöst«, also filmisch umgesetzt wird. Der Regisseur und der Kameramann legen vor dem Dreh fest, welches Timing, welchen Rhythmus der Film haben soll, und wie die Szenen und Sequenzen strukturiert werden sollen. Dies bedeutet im Einzelnen die Frage nach dem Blickwinkel der Kamera, einer bestimmten Einstellung oder die Entscheidung für oder gegen eine Kamerafahrt bzw. ob z.B. eine langsam gleitende oder schnelle Fahrt. Auch die Szenenübergänge werden hier schon festgelegt, also die Entscheidung getroffen, wie eine Szene beendet und eine andere begonnen wird: Will man nah an der Figur mit Großaufnahmen arbeiten oder filmisch eine eventuelle Distanzierung der Figur durch eine Totale ausdrücken? Ein Großteil dieser Detailentscheidungen wie auch über Kamerahöhe und -position, Bewegung, Objektive, Beleuchtung, Schärfe, Winkel und Bildausschnitt wird erst am Set getroffen, eine generelle Übereinkunft über die Auflösung jedoch schon weit vorher (vgl. dazu auch später Kapitel »Kamera«). Schließlich bestimmt diese den Look und den Ton des Films (oder der Serie). Ein schneller Film wird viele Schnitte haben, und viele Schnitte werden viele Einstellungen, also eine hohe Auflösung bedingen. Die Auflösung ist immer auch genrespezifisch: Ein Kriminalfilm, bei dem es auf die Lösung eines Rätsels ankommt, wird tendenziell mehr Einstellungen haben als ein romantischer Liebesfilm – vor allem auch weil bestimmte Details, die für die Krimihandlung wichtig sind (der Brieföffner auf dem Nachttisch, das Hochzeitsfoto, auf dem die Tote mit einem anderen Mann zu sehen ist usw.) abgefilmt werden müssen. Romantische Liebesfilme, die stärker auf die Figuren und ihre Emotionen setzen, sparen sich womöglich solche Details und setzen nicht auf eine hohe Schnittfrequenz und die damit einhergehende Menge an Drehmaterial. Wichtig ist in diesem Zusammenhang auch die Zielgruppe des Films: Ein Format, das eher eine ältere Zielgruppe anspricht wie, um mal bei dem romantischen Liebesfilm zu bleiben, ein *Rosamunde Pilcher*-Stoff, wird eher eine niedrige Schnittfrequenz haben und damit also eine geringere Auflösung als ein Actionfilm. Eine Szene, in der sich zwei Menschen unterhalten und die drei Drehbuchseiten umfasst, dauert daher in der Umsetzung beim Dreh wahrscheinlich viel kürzer als eine Szene, in der der Held aus dem Fenster springt, obwohl diese wohl nur aus einem einzigen Satz besteht (siehe oben):

```
8. LEAS LOFT                                    INNEN / TAG
Momme nutzt die Ablenkung und springt durch die Balkontür
```

Die Auflösung

Oder, um noch einmal zu unserem Vorwort zurückzukehren:

```
1. ROM                                      AUSSEN / TAG
Rom brennt.
```

Ein Produktions- oder Herstellungsleiter muss aus dem Drehbuch ablesen, wie groß der Aufwand für ein Bild sein wird (siehe auch Kapitel »Produktionsvorbereitung«). Da dies üblicherweise lange bevor die finale Fassung erstellt wird geschieht, helfen ihm vor allem Erfahrungswerte dabei. Vielleicht ist seine Vision von der Auflösung nicht dieselbe wie die des Regisseurs, aber meistens lassen sich hier, auf den gesamten Film gesehen, durchaus ähnliche Werte erzielen.

Allgemein kann die Umsetzung des Drehbuchs durch die Kamera so vielfältig wie unterschiedlich sein. Lassen Sie uns dennoch ein paar Grundzüge herausgreifen, um nachzuvollziehen, wie bestimmte Aspekte einer Szene umgesetzt werden können. Zur Grundausstattung der Kamera gehört der Dolly oder die Drehbühne. Damit ist eine Art Wagen beschrieben, auf dem die Kamera montiert werden kann. Der Dolly wird auf Schienen gesetzt, die eine ruckelfreie Bewegung der Kamera ermöglichen.

```
36. ZOLTANS BÜRO                            INNEN / TAG
ZOLTAN stopft dem gefesselten MOMME eine Pille zwischen
die Lippen, obwohl der sich trotz seiner gefesselten Hände
heftig wehrt. Doch MOMME hat keine Chance. Die Wirkung
tritt sofort ein: Langsam beginnt sich die Welt um ihn zu
drehen.
```

Gerade Kreisfahrten wie die Letztere werden so möglich. Der Dolly kann auch ohne Schienen bewegt werden, wenn es nötig ist, und er besitzt einen *Jib-Arm*, der kleinere Auf- und Abwärtsbewegungen der Kamera ermöglicht. Für größere Höhenunterschiede bei den Kamerabewegungen wird ein Kran benötigt. Mit ihm ist es z.B. möglich, aus der Vogelperspektive zu drehen.

```
37. BLUMENWIESE                             AUSSEN / TAG
Ein Vogel sitzt auf einem Ast und singt sein harmloses
Lied. Wir schwenken auf eine große, wunderschöne
Blumenwiese, umgeben von Wald. Langsam nähern wir uns
einem dunklen Fleck in ihrer Mitte und erst als wir
wirklich nahe kommen, entdecken wir, dass der Fleck Momme
ist, der wie ausgekotzt zwischen den Frühlingsblumen liegt
und sich nicht rührt.
```

Eine solche Einstellung kann zum Beispiel mit einem *Louma-Crane* gedreht werden, dessen Fernsteuerung es erlaubt, trotz seines großen Auslegerbereichs, genaue Kamerafahrten vorzunehmen. Diese werden durch einen eigenen Operator ferngesteuert und kamen u.a. bei Wolfgang Petersens *Troja* zum Einsatz. Der Mietpreis deutet auch eher auf einen Kinoeinsatz hin.

Ein Kran gehört, im Gegensatz zum Dolly, nicht unbedingt zum festen Kamera-Umfeld, sondern muss extra angemietet werden. Die Kosten samt Bedienung sind ab etwa € 1.500 zu veranschlagen, je nach Krangröße. Steiger und Scherenbühnen werden meist nicht für die Kamera benutzt, sondern dafür, Scheinwerfer in große Höhen zu transportieren. Das oben angesprochene Loft von LEA befindet sich laut Drehbuch im dritten Stock. Will man dort ein realistisches Licht erzeugen, muss man das Motiv stellenweise durch die Fenster von außen einleuchten. Dies gilt auch für Mondlicht oder Straßenlaternen, die auf diese Weise simuliert werden können. Wie der Kran, von dem es unterschiedliche Ausführungen gibt, werden auch Steiger und Scherenbühnen tageweise gemietet.

Eine andere Möglichkeit ist natürlich der Einsatz eines Helicopters, wenngleich dies bei obiger Beispielszene nicht einfach sein wird, da der Wind die Wiese plattdrücken würde. Mit Flugaufnahmen lassen sich spektakuläre Bilder erzielen, die die Kosten von mehreren tausend Euro rechtfertigen müssen. Es ist natürlich auch möglich, mittels ferngesteuerten Flugzeugen oder Hubschraubern Bilder aufzunehmen, sofern an ihnen eine Kamera festgemacht ist, z.B. eine kreiselstabilisierte *Wescam*, die besonders ruhige Flugaufnahmen machen kann.

```
38. FLUG ÜBER BERLIN                            AUSSEN / TAG
Bilder der Stadt: Reichstag und die Touristen, Potsdamer
Platz und die Spaziergänger, das Sony Center, das Rathaus.
Die Stadt und ihre Menschen ahnen nicht, was auf sie
zukommt.
```

Allerdings würden die meisten Produzenten in so einem Fall auf Archivmaterial zurückgreifen, das sie hinzukaufen können (vgl. Kapitel Bildrechte). Das wird aller Wahrscheinlichkeit nach billiger, gerade auch wenn man die Auslandsrechte mit bedenkt. Wenn die Szene allerdings folgendermaßen weitergeht, ist das nicht möglich:

```
... Eine von den stecknadelkopfgroßen Menschen ist Lea, an
die wir nun heranzoomen, wie sie verloren und allein vor
dem Rathaus steht.
```

Solche Bilder sind aufgrund der Kosten eher in Hollywoodfilmen und nicht in deutschen Serien zu finden. Das Flugzeug oder der Hubschrauber sind für ein normales Budget zu teuer, hinzu kommen Probleme mit der Genehmigung, da in solch niedrigen Höhen nicht über Städte geflogen werden darf, erst recht nicht, wenn wir uns in der Nähe des Reichstags befinden. Es gibt allerdings die Möglichkeit, auf ein Hochhaus, also z.B. den Alex, auszuweichen und von dort zu drehen – das ist mit deutlich weniger Kosten und Aufwand verbunden.

Tag/Nacht Umsetzung

Der Oberbeleuchter und der Beleuchter sprechen sich mit Kamera und Regie ab und richten nach deren Vorgaben das Licht am Drehort ein. Dazu gehört auch, dass sie die erforderlichen elektrischen Anschlüsse am Drehort festlegen.

Die Lichtstimmung ist von vielen verschiedenen Faktoren abhängig, z.B. ob Kunst- oder Tageslichtscheinwerfer eingesetzt oder welche Lichtrichtungen gewählt werden (durch Führungslicht, Hinterlicht, Aufheller, Spitzen usw.). Spezielle Filter und die Art der Scheinwerfer (z.B. Fluter) tragen das Übrige dazu bei. Das Licht soll die Aufmerksamkeit des Zuschauers lenken und dabei eine bestimmte emotionale Stimmung aufkommen lassen. Bei dem Szenenbeispiel im Motelzimmer (Szene 34) wird man die aufblitzenden Schüsse durch harte Blitzlichter realisieren und zudem mit Nebel und anderen Effekten arbeiten, doch es sind eher Ausnahmen, dass das Drehbuch auf das Licht im Film so detailliert Einfluss nimmt. Die Lichtstimmung im Drehbuch ist nur rudimentär beschrieben, und die Umsetzung wird am meisten durch das Motiv und seine Möglichkeiten oder Einschränkungen bestimmt. Tageslicht oder Nachtdreh sind sicherlich die wichtigsten Faktoren, die im Drehbuch hinsichtlich der Beleuchtung zu vermerken sind. Grundsätzlich wird allerdings jede Szene beleuchtet, egal ob draußen oder drinnen.

Spielt es also eine finanzielle Rolle, ob meine Szene am Tag oder in der Nacht spielt? Im Grunde nein. Kein Film ist wegen der Kosten von zu vielen Nachtszenen abgesagt worden. Aber gerade Fernsehsender achten in der Regel darauf, dass ihre Produktionen nicht zu viele Nachtszenen haben und damit insgesamt sehr dunkel, unfreundlich und vielleicht traurig oder gefährlich wirken, kurz: ein Umfeld vermitteln, in dem sich der Zuschauer nicht wirklich wohl fühlt. Aber das sind inhaltliche Gründe. Es kann durchaus Ziel des Filmemachers oder des Fernsehformats sein, ein solches Umfeld zu vermitteln.

Eine Nachtszene wird allerdings nicht nur in der Nacht gedreht. So etwas nennt man dann Amerikanische Nacht (vgl. auch den gleichnamigen Film von François Truffaut *La Nuit Américaine*, der das Prinzip darin erklärt). Dieser »day for night«-Dreh wird bei starkem Sonnenlicht mit speziellen Filtern für die Kamera durchgeführt, später in der Farbkorrektur die Helligkeit heruntergenommen und der Blauanteil des Lichts erhöht. Im Wesentlichen kann man so eine Nachtszene simulieren, in der tatsächlich alles sichtbar ist. Aber es gibt oft Merkmale, die sie künstlich wirken lassen, etwa harte Schatten, die nur bei einer Tageslichtaufnahme entstehen. Solche lassen sich reduzieren, indem man in der Dämmerung dreht und diese als Grundlicht nutzt.

In der Realität dauert eine Dämmerung ca. 20 bis 40 Minuten, je nachdem wann die Sommersonnenwende ist. Dies ist für einen stabilen, verlässlichen Dreh eigentlich zu kurz. Denn was, wenn die Einstellungen nicht auf Anhieb klappen? Wenn mangelnde Textkenntnisse der Schauspieler oder plötzlich technische Probleme auftreten?

Die beste Lösung für einen Dreh, der »Dämmerung« erzählen soll, ist es daher, diese künstlich herzustellen. In den meisten Produktionen verzichtet man aber darauf und zeigt entweder Tag Nacht.

Dennoch ist ein Nachtdreh mit besonderen Kosten verbunden (u.a. aufgrund der Nachtzuschläge für das Team), denn schließlich muss aufgrund der Filmtechnik künstliches Licht[30] eingesetzt werden –, man kann eine Filmkamera nicht einfach nur in die dunkle Nacht halten und hoffen, dass sich der Schatten eines Schauspielers dort irgendwo abzeichnet. Insofern sind Nächte in der Natur immer schwer zu filmen, sofern man kein großes Budget für Licht hat. In der Stadt lassen sich Beleuchtungen, Schaufenster, PKW-Scheinwerfer usw. zur Unterstützung nutzen, und man kann den Beleuchtungsapparat etwas herunterfahren.

Ein »Tag« ist relativ einfach während der Nacht realisierbar – hier gilt allerdings, dass man nicht direkt aus dem Fenster filmen kann. Innerhalb der Räume entstehen keine Nachteile, und mit einem Steiger, der rund € 300 kostet, kann man die nötigen Lichtreflexe simulieren.

Generell sollten Drehbuchautoren natürlich die relevanten Tageszeiten in das Drehbuch schreiben. Es hilft allen Beteiligten, die sich dadurch einen ungefähren Tagesablauf mehr oder weniger vorstellen und ihre Aufgaben danach einrichten können (z.B. wie wird der Schauspieler aussehen? Hat er schon einen langen Tag hinter sich? Ist das Hemd zerknittert? Hat er Ränder unter den Augen?). Für die Chronologie des Drehs ist das irrelevant, für die inhaltliche Dramaturgie von großer Bedeutung – und für die tatsächliche Realisierung wiederum in den meisten Fällen mehr oder weniger egal (abgesehen von Kostüm und Maske). Die Lichtstimmung wird in den meisten Fällen einfach nur »Tag« sein, es sei denn, es sollen die wirklich frühen Morgenstunden oder der Vorabend bebildert werden – womit wir schon wieder bei der bereits angesprochenen Dämmerung sind.

---

30 Natürlich wird auch während eines Tagdrehs mit künstlichem Licht gearbeitet, aber dessen Einsatz ist meist von geringerem Umfang als in der Nacht.

Jahreszeiten und Wetter

Der Drehbuchautor kann den Zeitpunkt des Filmdrehs selten beeinflussen. Es sind andere, die die Entscheidungen treffen. Diese richten sich z.b. nach Sendervorgaben oder den Terminplänen der Schauspieler – es sei denn, der Autor schreibt in sein Drehbuch z.b. »schneebedeckte Hänge« oder lässt eine Handlung auf »einer sommerlichen Blütenwiese« spielen. In beiden Fällen wird die Produktion versuchen, den Drehzeitraum in die entsprechenden Jahreszeiten zu verlegen. Dies allerdings nur, wenn der Gesamtzusammenhang stimmt: Ist es nur eine Szene, die in der gerade angesprochenen Jahreszeit spielt und der Rest in einer vom Wetter gegenteiligen Zeit, würde man wahrscheinlich über eine weiter entfernte Location für diese Szene nachdenken oder über die Möglichkeit, die Situation künstlich herzustellen.

39. SCHNEEBEDECKTER HÜGEL   AUSSEN / TAG
Lea steht und sinniert: Vor ihr liegt der Hügel, auf dem sie für die Filmaufnahmen Cello gespielt hatte. Es sind offensichtlich keine schönen Erinnerungen.

Im Falle von Schnee heißt das: Entweder die ganze Crew wird nach Kitzbühel zum Drehen geschickt, oder aber der schneebedeckte Hang wird mit Kunstschnee nachgeahmt. Dieser schmilzt allerdings relativ schnell, wenn die Temperaturen den Gefrierpunkt übersteigen (bis zu 3 Grad). Ein Schneedreh im Sommer am Niederrhein wird daher z.B. nicht möglich sein. Dies bedeutet also, dass man nach Kitzbühel oder besser noch auf die Zugspitze fährt und den dort eventuell fehlenden Schnee durch Schneemaschinen erzeugt. Aber auch dann ist man nicht vor Schwierigkeiten gefeit – ein kurzer Temperaturanstieg kann hier schon alles verderben und den Schnee schneller schmelzen lassen, als dass man die Kameras aufgebaut hat. Doch auch für solche Situationen gibt es (unkonventionelle) Lösungen: Der Löschschaum der Feuerwehr kann für einen kurzen Zeitraum dazu dienen, Schnee zu simulieren. Aus der Entfernung sieht man eine weiße Masse und so weit trägt die Illusion von Schnee, jedoch sind andere Kameraeinstellungen als die Totale kaum möglich. Aus der Nähe sieht man die Blasen des Schaums. Ebenso problematisch wird es, wenn viel Bewegung im Spiel ist – dann kann es sein, dass die Schaumflocken aufgewirbelt werden und wegfliegen. Echter Schnee macht so etwas natürlich nicht...

Jede Jahreszeit hat ihr ganz bestimmtes Licht, und das des Sommers wirkt zum Beispiel wärmer und weicher als das des Winters. Auch eine noch so große Lichtbatterie kann dies nicht ändern. Somit erzielt man sozusagen durch die Wahl der Jahreszeit beim Dreh ungewollt Effekte.

Eine Produktion im Sommer hat gegenüber einer Produktion im Winter viele Vorteile. Es ist wärmer (was nicht nur Schauspieler zu schätzen wissen, die z.b. eine Badeszene spielen müssen) und die Tage sind länger. Das bedeutet, dass es viel mehr Zeit für Außenaufnahmen gibt. Dreht man im Winter, schrumpfen die wirklich hellen Tagesstunden auf fünf oder sechs, alles andere ist schon wieder mit einem erhöhten Lichtaufwand verbunden oder gleich unmöglich. Nur die Nachtszene bietet sich im Winter entsprechend besser an. Die kurzen Sommernächte schränken den Drehzeitraum hier manchmal deutlich ein.

Nachtdrehs haben auch andere Kosten zu verantworten: Zwischen dem Ende der Arbeitszeit und dem Beginn der Arbeitszeit müssen 11 Stunden liegen. Insofern folgt auf einen Nachtdreh meistens gezwungenermaßen ein freier Tag oder ein weiterer Nachtdreh. Dies kann man umgehen, indem man den Nachtdreh vor einen freien Tag setzt, also z.B. am Freitag bis in die Nacht dreht. Vor allem der Sonntag wird bei Filmproduktionen mit Vorliebe ausgespart, da hier Aufschläge zwischen 50 und 100 Prozent zu zahlen sind, und man nur eine bestimmte Anzahl an Sonntagen drehen darf.

Jeder Außendreh ist extrem wetterabhängig, – und es müssen nicht einmal Extremsituationen wie oben beschrieben sein. Wenn das Set für den Dreh bei strahlendem Sonnenschein eingerichtet ist und sich plötzlich eine Wolke vor die Sonne schiebt, hilft alles nichts: Der Dreh stagniert. Das Sonnenlicht durch Kunstlicht zu simulieren, funktioniert nicht – zumindest nicht in einer Totale. Alles umzubauen macht auch keinen Sinn, denn niemand weiß, wie lange die Wolke noch bleiben wird.

Der Dreh kann auch dann stehen, wenn man warten muss, bis etwas eintritt. Der fest vorhergesagte Regen zum Beispiel.

40. DOMVORPLATZ, KÖLN   AUSSEN / TAG
```
Es schüttet wie aus Kübeln, als Momme, den Kragen
hochgeschlagen, über den menschenleeren Platz rennt.
```

Eine »verregnete Kölner Innenstadt« kann man im Idealfall mit echtem Regen erzeugen (und kalkuliert darauf, dass ohnehin wenig Menschen unterwegs sind, denen man den Zutritt zur Domplatte verweigern muss), oder man benutzt 500 Regenmaschinen. Letzteres ist wahrscheinlicher – schließlich ist es generell schwierig, eine Drehgenehmigung für den Domvorplatz zu bekommen und diese dann für einen Tag mit passendem Regen käme einem Lottogewinn gleich (siehe auch das gegenteilige Beispiel im Stunt-Beispiel von *Alarm für Cobra 11*). Die praktikable Variante mit Regenmaschinen ist allerdings auch erheblich teurer: Die Kosten für eine Regenmaschine mit einem Stativ und einem Techniker liegen bei rund € 1.000 – aber nur, wenn auch ein Hydrant in der Nähe ist. Gibt es diesen nicht, muss man die Feuerwehr hinzuziehen. Möchte man ein riesiges Regengewitter darstellen, potenzieren sich die Kosten noch weiter. Mittels Technik kann dafür prinzipiell jedoch fast jeder gewünschte Regen erzeugt werden – dicke, prasselnde Regentropfen oder feiner Sprühregen (auf Wunsch auch mit warmem Wasser, damit die Schauspieler nicht so leiden müssen) bis hin zu »trockenem« Regen für Studioaufnahmen.

Davon abgesehen sind es bei der obigen Szene wieder die totalen Einstellungen, die problematisch sind. Um ein sogenanntes *Wet down* in ausreichendem Maße zu erzielen, muss man viele Regenmaschinen einsetzen, andernfalls kann man Regen nicht auf dieser großen Fläche simulieren. Während man nahe Einstellungen mit weniger Regenmaschinen erzählen kann, greift man für die Totale dann vielleicht auf ein Archivbild zurück (siehe auch Kapitel Bildrechte). Nichtsdestotrotz bedeuten die Regenszenen, dass die Schauspieler tropfnasse Klamotten tragen. Für den Fall also, dass sie in der Szene in einen Regenguss geraten, benötigt man entsprechend viel Wechselkleidung – schließlich muss die Kleidung am Anfang der Szene jedes Mal trocken sein. Hinzu kommt viel Zeit für die Maske, weil das Make up und die Frisur immer wieder neu gemacht werden müssen.

Statement »Kamera« von Tom Fährmann

Director of Photography. Kurzfilmografie: u.a. *Die Päpstin, Ulzhan* (Dt. Kamerapreis), *Ausgelöscht, Das Gespenst von Canterville, Wambo, Das Wunder von Bern* (Nominierung Dt. Kamerapreis), *Der Campus* (Bayerischer Filmpreis für Kamera), *Es geschah am helllichten Tag, Das Superweib, Der Sandmann*, div. Werbefilme.

Es mag daran gelegen haben, dass es schon sehr spät am Abend war, jedenfalls hatte ich Szene 186 gelesen, ohne dass bei mir auch nur die leiseste Alarmglocke ertönt wäre. Vielleicht lag es auch daran, dass Szene 186 nur einige Zeilen lang war und mit knappen Sätzen die Krönungsmesse der Päpstin Johanna beschrieb.
Als am nächsten Tag die Producerin beiläufig fragte, wie wir uns besagte Szene 186 eigentlich vorstellen, wurde mir beim erneuten Lesen bewusst, dass diese wenigen Zeilen gehörigen Sprengstoff besaßen: In einer riesigen Kathedrale waren das Volk Roms und der gesamte Klerus versammelt, um der feierlichen Inthronisation der Päpstin Johanna beizuwohnen. Man musste also mit etwa

500 Komparsen für das Volk und ca. 300 Komparsen für den römischen Klerus rechnen – in historischen Kostümen des achten Jahrhunderts, versteht sich. Würde der Film einige hundert Jahre später gespielt haben, wäre das kein großes Problem gewesen. Kostüme für die Zeit des Mittelalters finden sich in den Kostümfundi Europas zuhauf. Doch für unseren Film konnten wir fast nie auf vorhandene Requisiten oder Kostüme zurückgreifen. Das war beim normalen Volk noch nicht einmal so dramatisch, beim Klerus war es jedoch eine satte Investition, zumal die meisten der 300 Kleriker nie wieder im Film auftauchten und nur in dieser kleinen Szene anwesend gewesen wären.

Das nächste Problem stellte die Kathedrale selbst dar. Trotz intensiver Recherche im gesamten europäischen Raum fand sich kein geeignetes Bauwerk, das sich für unsere Dreharbeiten in den alten Zustand um 800 hätte zurückbauen lassen. Zu groß waren der notwendige Aufwand und die damit verbundene Zeitspanne, in der unser Filmvorhaben die Kathedrale blockiert und damit anderer Nutzung vorenthalten hätte. Konzertveranstaltungen, Renovierungsmaßnahmen, religiöse Veranstaltungen, was wir auch probierten, es fand sich kein geeignetes Bauwerk.

Aber kann es einen Film über eine Päpstin geben, ohne den wesentlichen Moment der Krönung zu zeigen? Wohl kaum. Und so wurde tapfer darüber nachgedacht, wie und wo sich eine Kathedrale als Setbau errichten ließ. In solchen Momenten geht es dem gesamten Planungsteam meistens fürchterlich schlecht. Alle wissen, dass hier für eine kurze Szene Unsummen ausgegeben werden, die in keinem Verhältnis zum erzielbaren Ergebnis stehen und an anderer Stelle dem Film fehlen werden.

Es ist dann besonders wichtig, erstens sich darüber Klarheit zu verschaffen, was an dramaturgisch essenziellen Momenten in einer solchen Szene vermittelt werden soll, und zweitens ob es möglich sein könnte, diese Elemente auch auf eine andere Weise erfolgreich zu erzählen. Das heißt zuerst einmal Analyse und dann ungebremstes Nachdenken über mögliche Alternativen. Ich benötige dazu immer eine Atmosphäre, in der auch der zunächst abwegigste Gedanke unkommentiert Raum hat und womöglich andere wiederum dazu inspiriert, ihre »abwegigen« Lösungsansätze beizusteuern. Fast immer sind solche gemeinsamen Überlegungen von Erfolg gekrönt, selten jedoch schon bei der ersten Runde des Nachdenkens.

In unserem Beispiel fand sich sogar nach einiger Zeit ein Studio voller Säulen (mehr aber auch nicht), das sich mit massivem Aufwand in eine Kathedrale hätte umwandeln lassen. Ohne aufwendige Fortsetzung der zu kurzen Säulen in einer kostspieligen Computerbearbeitung wäre es aber auch nicht umsetzbar gewesen. Und die Kostümfrage blieb weiterhin offen.

Unsere Szenenanalyse ergab folgende dramaturgische Notwendigkeiten:

1. Johanna muss als Päpstin eine Krönungszeremonie erleben.
2. Es ist vonnöten, ein Bild zu finden, das sie als Herrscher von Rom und den Römern etabliert.

Das hieß aber NICHT zwingend: »Kathedrale« und auch nicht zwingend: »300 Kleriker«. Wir entwickelten dann ein Konzept, das die Krönungszeremonie mit ganz langen Brennweiten und vielen engen Bildern, ganz konzentriert auf die Gesichter von Johanna und etwa 20 (!) Klerikern in fast völliger Dunkelheit erzählte. Unterschnitten wurden diese Nahaufnahmen von ganz engen Detailaufnahmen der Gewänder, von Händen, Kerzen, Ölschalen, usf. So wurde die Krönungszeremonie eine hochverdichtete und auf Johanna fokussierte Erzählung. Gedreht wurde sie in einem Set, das kaum acht auf zehn Meter maß, und das im Wesentlichen aus ein paar schmalen Säulen und einigen prächtig gestalteten Wänden bestand. Für die zweite dramaturgische Notwendigkeit, die Päpstin als Herrscherin des römischen Volkes zu zeigen, fand sich lange keine Lösung.

Eines Tages, als wir an einem anderen Set über eine Szene mit fast 600 Komparsen nachdachten, schlenderte ich in einer Pause zum daneben liegenden Set der päpstlichen Paläste und betrat die rückwärtigen Gebäudeteile, die wir eigentlich für unseren Film gar nicht nutzen wollten. Wir benötigten nur das mächtige goldene Tor des päpstlichen Palastes. Die rückwärtigen Gebäudeteile waren eher eine Montagehalle als ein päpstlicher Palast. Ich setzte mich auf einige Kisten und ließ das gesamte Ambiente auf mich wirken. Das mache ich öfter, wenn ich mit Locations irgendwelche Probleme habe: Ich setze mich allein in eine Ecke und lasse den Raum auf mich wirken. Fast immer führt eine solche Konfrontation zu Lösungen, wenn auch nicht gleich beim ersten Mal. Es gab also das andere Set in unmittelbarer Nähe, an dem 600 Komparsen waren, es gab das goldene Tor des päpstlichen Palastes und davor einen fertig gestalteten Platz. Der Innenraum des Palastes war nicht nutzbar, da sein Ausbau viel zu kostspielig geworden wäre. Ich hatte plötzlich die Idee einer langen Fahrt, die die frisch gekrönte Päpstin auf ihrem Weg zu ihrer ersten Begegnung mit ihrem Volk begleitet. Da – wie schon gesagt – ein kompletter Innenausbau zu teuer gewesen wäre, dachte ich über eine Kamerakranfahrt nach, die – quasi mit den Augen Gottes – von oben auf die Päpstin schaut und ihr daraufhin auf ihrem Weg zum Vorplatz des päpstlichen Palastes folgt und in einer Overshoulder[31] der Päpstin auf ihr Volk endet. Johanna könnte die Arme heben und das Volk sodann applaudieren.

---

31 Bei einem *Overshoulder* wird die Kamera hinter einer Figur platziert. Sie nimmt dabei den Blickwinkel der Figur ein, gleichzeitig sieht man einen Teil des Rückens und des Kopfes, die das Bild stellenweise also einrahmen. (Anm. d. A.)

Bald hatte ich mich mit dem Setdesigner kurzgeschlossen, um zu eruieren, ob die Kosten für einen künstlichen Marmorboden innerhalb der Montagehalle in einem vertretbaren Rahmen bleiben könnten. Das war der Fall, und so konnte ich den Regisseur Sönke Wortmann mit der Idee bekannt machen. Es hat noch lange gedauert, bis alle Schwierigkeiten die Szene betreffend zu aller Zufriedenheit beseitigt werden konnten, aber schlussendlich haben wir die Szene dann so gedreht, und sie ist eine der eindrucksvollsten des ganzen Films geworden. Wir konnten – verglichen mit den Kosten für die Szene, wie sie ursprünglich im Drehbuch skizziert war – einen beinahe sechsstelligen Betrag einsparen.

Das ist eine Erfahrung, die ich oft gemacht habe: Wenn der Kostendruck bei einem Film in einem gesunden Rahmen bleibt, also nicht jedes kreative Potenzial zunichte machen, dann ist er sehr oft eine hochwirksame Medizin, die alle dazu zwingt, schon im Vorfeld des Drehs darüber nachzudenken, was für den Film WIRKLICH wesentlich ist, und was als atmosphärisches oder redundantes Beiwerk schon in der Vorbereitung als solches erkannt und wenn nötig eliminiert werden kann.

Kapitel 7: Die Action

Die Beispielszene

41. WOHNUNG LEA   INNEN / AUSSEN / TAG
Momme hört die Stimmen von Steinmeier und Bruckner draußen vor der Tür. Dieser Weg ist versperrt. Momme läuft zur Balkontür und blickt zur Feuerleiter bzw. dahin, wo diese einmal gewesen war, bevor der fette Bodyguard sie abgerissen hatte.
Es gibt kein Zurück, sondern nur diesen Ausweg: Momme blickt auf den Balkon des gegenüberliegenden Hauses – nur wenige Meter, aber dritter Stock!!! Hinter sich hört er Bruckner motzen.

      BRUCKNER
   (off)
  Wann hast du eigentlich zum
  letzten Mal ein Schloss auf diese
  Art aufgekriegt? Schieß einfach,
  verdammt noch mal.

Momme nimmt allen Mut zusammen, dann nimmt er Anlauf, rennt los, springt auf das Balkongeländer und dann weiter. Momme segelt durch die Luft,bis er hart auf dem gegenüberliegenden Balkon ankommt. Sehr hart.
(...)

43. AUTO MOMME   AUSSEN / INNEN / TAG
Momme reißt die Tür auf und lässt sich hineinfallen. Dabei nestelt er schon die Autoschlüssel aus der Jackentasche, startet den Wagen und gibt mit drehenden Reifen Gas.

44. STRASSE / AUTO MOMME   INNEN / AUSSEN / TAG
Auf der Stadtbrücke, im tiefsten Berufsverkehr. Nichts geht mehr! Momme drückt bei seinem Handy auf Wahlwiederholung.

      MOMME
  Verdammt, Lea! Wo bist du? Ich weiß,
  dass Zoltan abhauen will – ich fahr
  zum Flughafen und...

Ein fieser Signalton kündigt an, dass jetzt der Akku des Handys leer ist...

Körperliche Action

Stunts gibt es in Filmen viel häufiger, als es der normale Zuschauer merkt. Sicher, mit:

```
ein Mann fällt aus dem Fenster
```

ist jedem klar, dass es in den seltensten Fällen der Hauptdarsteller ist, der dort hinunter springt. Doch die filmische Umsetzung erfordert schon bei viel kleineren Aktionen eine besondere Vorgehensweise, die meist mit Hilfe von professionellen Stuntmen realisiert wird. Jeder zweite Krimi zeigt jemanden, der erschossen wird. Je nach Inszenierung kann dies kein Schauspieler übernehmen, etwa, wenn der Tote aus dem Fenster kippt oder allgemein irgendwie stürzt.

Fast jede Fechtszene wird durch Stuntmen realisiert, ebenso jeder Unfall: Zwei Menschen, die gegeneinander prallen, jemand, der eine Bratpfanne vor den Kopf bekommt, der Radfahrer, der umfällt, und ebenso natürlich der gleich folgende Treppensturz. All diesen Situationen ist gemein, dass der Anfangspart – und wahrscheinlich auch der Endpart vom Schauspieler gespielt wird, der gefährliche Mittelteil aber vom Stuntman übernommen wird. Inszeniert wird folgendermaßen: Zu Beginn wird der Schauspieler, oft auch mittels Großaufnahme, ins Bild gerückt, unter anderem auch, damit jedem klar ist, um wen es sich handelt. Im Moment der Action wird meist eine Totale oder Halbtotale eingenommen, damit man den Stuntman in der Nahaufnahme nicht erkennt. Gerne wird an dieser Stelle auch auf eine Einstellung zurückgegriffen, die ihn von hinten zeigt. Die passende Kleidung, eine Perücke und zudem die Schnelligkeit der Handlung, unterstützt durch einen geschickten Schnitt machen die Illusion perfekt. Gerade die Action lebt von Kamera und Schnitt, deswegen werden wir im weiteren Verlauf des Kapitels auch noch auf Kamera und Auflösung eingehen.

```
45. ZOLTANS HAUS                                    INNEN / TAG
Momme und Zoltan kämpfen. Zoltans Rechte ist für
sein Alter gar nicht schlecht, Momme muss ganz schön
einstecken. Dann gelingt es ihm, seinen Gegner an die
Treppe zu drängen. Ein glücklicher Stoß mit letzter Kraft
und ZOLTAN verliert das Gleichgewicht. Er stürzt die
Treppe hinunter. Momme springt hinterher.
```

Dieser »ganz normale« Treppensturz wird durch ein Double ausgeführt. Dieses Double, also der Stuntman, veranschlagt pro Drehtag sicherlich rund € 650. Den gleichen Betrag bekommt der Stuntkoordinator, der mit dem Stuntman im Team gebucht wird. Er sorgt dafür, dass der Stunt in sicheren Bahnen verläuft.

Er schätzt Entfernungen und Gefahren ab und sichert den Drehort. Und er ist derjenige, der die Matten auslegt, die den Fall dämpfen sollen.

Wichtig ist der Koordinator vor allem bei körperlichen Auseinandersetzungen wie die obige, bei denen mehrere Menschen beteiligt sind. Solche Prügeleien etwa werden bis ins Kleinste choreographiert, das ist für die Sicherheit der Beteiligten unablässlich. Schauspieler etwa, die kleinere Schlägereien selbst darstellen wollen, aber in der Umsetzung nicht wirklich verlässlich sind, lassen die Szene weniger authentisch erscheinen und können auch eine Gefahr für ihr Gegenüber darstellen. Damit ist gemeint, dass ein Faustschlag vielleicht nicht wie abgesprochen von oben rechts kommt, sondern plötzlich mit der linken Hand ausgeführt wird und damit den Gegner womöglich verletzt.

Schlägereien benötigen Zeit in der Planung und in der Einübung, die der Gesamtzeit zuzurechnen ist. Konzentration in der Vorbereitung und in der Durchführung ist ein Muss (siehe auch Kapitel Versicherungen).

Ein Fenstersturz wie oben in der Beispielszene wird gerne mit zwei Kameras aufgenommen, d.h. dass eine Kamera zusätzlich angemietet werden muss. Vielleicht nimmt eine Kamera den Sturz in Slow Motion auf, was zusätzlich visuell reizvoll und spannend sein kann. Dafür benötigt man eine Highspeed-Kamera, die pro Tag zwischen € 800 und € 1.000 Miete sowie den zusätzlichen Kameramann kostet.

Technische Action

Jede Stuntszene wird vorab lange abgesprochen und bedarf viel Planung und Koordination, egal ob »nur« Schauspieler beteiligt sind, oder ob technische Elemente wie Fahrzeuge, Boote, Skibobs oder Fahrräder daran beteiligt sind. Aber beginnen wir mit einer ganz einfachen Spielhandlung, die keinen Actionanteil, aber eine starke Bewegung in sich hat.

Eine Autoszene wie oben in der Beispielszene kann auf unterschiedliche Weise hergestellt werden – das hängt vom genauen Inhalt ab. Geht die Spielhandlung im Auto über den reinen Dialog zwischen zwei darin sitzenden Figuren hinaus und werden Interaktionen mit anderen Verkehrsbeteiligten gedreht, explodieren die Kosten. Dies bedeutet nämlich, dass die Fahrtstrecke für den normalen Verkehr gesperrt werden muss – aus Sicherheitsgründen für die anderen Verkehrsteilnehmer und das Team. Das wiederum hat zur Folge, dass man unter Umständen nur in einem sehr engen Zeitfenster drehen kann. (Vgl. auch Kapitel Motive.) Nehmen wir das Beispiel Autobahn: In der Regel sehen es die Behörden überhaupt nicht ein, warum sie eine stark befahrene Autobahn für einen Filmdreh sperren sollten. Insofern bleiben der Produktion nur drei Möglichkeiten.

1. Vielleicht erreicht man die Teilsperrung eines wenig befahrenen Autobahnabschnitts an einem Wochenendtag. Dann sind nur wenige Autobahnfahrer unterwegs und man kann diese entsprechend umleiten, ohne ein großes Verkehrschaos anzurichten. Das allerdings bedeutet auch, dass man einen bestimmten Zeitrahmen zur Verfügung hat, nämlich nur einen Wochenendtag. Reicht dies nicht aus, beispielsweise weil ein besonders aufwendiger Stunt nicht geklappt hat (und sich der Tanklaster bei der Explosion nicht in die richtige Richtung gedreht hat, sondern auf der anderen Seite heruntergekommen ist und der Tank in die falsche Richtung davongerollt ist), kann man den Stunt nur schwer wiederholen, da die Zeit vielleicht fehlt. Im Übrigen muss man die Autobahn auch wieder besenrein hinterlassen – insofern müssen die Aufräumarbeiten zeitlich ebenfalls mit einkalkuliert werden. Gleiches gilt für wechselnde Wetterverhältnisse: Hat man den gesamten Dreh strahlenden Sonnenschein gehabt und nun, am einzigen Tag, an dem man den wichtigen Stunt auf der Autobahn drehen kann, schüttet es wie aus Kübeln, steht man vor Problemen. Ein anderes Motiv könnte man verschieben – den Autobahn-Dreh höchstens auf das darauffolgende Wochenende. Pech, wenn da die Dreharbeiten vielleicht schon längst abgeschlossen sind.

2. Vielleicht kann man aber auch einen bestimmten Autobahnabschnitt mieten, der gerade im Bau oder – unwahrscheinlicher – stillgelegt ist. Dies entbindet die Produktion von dem starren Zeitfenster, erweist sich aber dennoch nicht als ideales Motiv. Denn oftmals sind die Strecken so kurz, dass sich lange Fahrten nicht erzählen lassen.

3. Die Möglichkeit, die den größten Freiraum bietet, ist sicherlich die, eine eigene Autobahn zu bauen. Der Produzent einer deutschen Produktionsfirma, der in einer Serie das Motiv Autobahn häufig bespielt, hat dies tatsächlich getan, wenngleich es nicht wirklich kostengünstig zu nennen ist.

In allen drei Fällen allerdings wäre die Autobahn leer, wenn Sie nicht zusätzlich zu den Spielwagen noch andere Wagen auf die Strecke bringen würden – schließlich soll es echt aussehen. Um ein realistisches Verkehrsaufkommen zu simulieren, müssen es aber schon rund 30 oder 40 Wagen sein, die dann alle auf Kommando in den entsprechenden Abständen losrollen. Ein großer Kostenaufwand, rechnet man doch ca. € 75 bis € 100 pro Komparse und Fahrzeug.

Abgesehen von Autos spielen in deutschen Filmen und Fernsehformaten Flugzeuge und Schiffe eher eine kleine Rolle, sieht man einmal von Serien wie *Die Küstenwache* usw. ab (vgl. auch das Kapitel Motive). Flugzeuge können fast als Requisit oder als Motiv betrachtet werden, jeder andere bewegte Einsatz wäre zu teuer. Zumeist bleiben die Flugzeuge im Hangar oder auf der Startbahn stehen oder werden durch Archivbilder simuliert. Man kann davon ausgehen, dass jedes normal startende Passagierflugzeug, das im Film zu sehen ist, aus einem Bildarchiv stammt und die Szene nicht extra gedreht wurde.

Hat man eine Spielhandlung, in der das Flugzeug eine wichtige Rolle spielt, muss dieses angemietet werden. Das kann z.b. für eine Cessna inklusive der vorgeschriebenen zwei Piloten rund € 1.500 pro Stunde betragen, wobei meist eine Mindestabnahme (ab drei Stunden) gefordert wird sowie die Flughafengebühren aufgeschlagen werden. Schließlich muss das Flugfeld gesperrt werden. Dies wiederum schließt aus, dass sich Flughäfen wie etwa Berlin-Tegel oder Köln-Bonn für solche Drehs zur Verfügung stellen. Es ist undenkbar, den normalen Flugbetrieb dafür zu unterbrechen. Insofern kann eine Filmcrew nur auf Regionalflughäfen ausweichen – was man dem Endprodukt dann oft auch ansieht.

47. FLUGZEUGHANGAR   INNEN / AUSSEN / TAG
```
In letzter Sekunde kommt Momme an. Er sieht noch, wie Enzo
und Bodyguard 5 eine sich heftig wehrende Lea ins Flugzeug
schleppen und wie ein grinsender Zoltan von innen die Türe
zuzieht. Zoltans Grinsen erstirbt allerdings, als er Momme
auf dem Motorrad heranrasen sieht. Zoltan schließt die Tür
und das Flugzeug nimmt abrupt Fahrt auf die Startbahn zu.
```

Es gibt fast immer die Möglichkeit, auf Archivmaterial zurückzugreifen, und etwa ein startendes Flugzeug des gleichen Typs zu zeigen, während man die übrige Drehzeit nur innerhalb der Flugzeugkabine bleibt (und hier Flugzeugbewegungen simuliert). Aber sobald die Szene wie oben lautet, scheidet ein solches Vorgehen aus, und man muss am Realspielort drehen.

Ähnlich problematisch einsetzbar sind öffentliche Verkehrsmittel wie Straßenbahn, Bus oder Bundesbahn. Dreharbeiten sind gerade bei den Schienenfahrzeugen meist nur auf stillgelegten Strecken möglich. Hierzu muss neben der Genehmigung auch die Miete für das Verkehrsmittel und der Lohn für den Fahrer oder Lokführer gezahlt werden. Falls eine Fahrt auf einer stillgelegten Strecke nicht möglich ist, kann man sich auch ggf. in den laufenden Betrieb einordnen. In diesem Fall wird z.B. an eine Straßenbahn ein eigener Wagen angehängt, in dem man ungestört drehen kann. Problematisch wird es hier nur, wenn es aus irgendwelchen Gründen eine Pause geben muss. Der Originalwagen vorne fährt natürlich seine Fahrt regulär weiter und hält nicht unterwegs an, damit meinethalben der Kameraassistent eine andere Linse holen kann, die im Ausrüstungswagen vergessen wurde.

Folgende Stuntszenen sind Grundlage für das sich anschließende Statement von Stefan Retzbach.

Kapitel 7: Die Action

Auszug Drehbuch *Alarm für Cobra 11*

Folge: *Die Schwarze Madonna*

63. STRASSE WAGEN LUDWIG	I/A/T

64. STRASSE / ERSATZDIENSTWAGEN SEMIR	I/A/T

65. STRASSE / TRAKTOR	I/A/T

66. UNFALLSTELLE / PARKPLATZ	A/T

66A. BOOTSANLEGER / SEE	A/T

Der Range Rover von LUDWIG jagt über die Straßen. Neben ihm KATHRIN, immer noch bewusstlos. Ludwig sieht die Helden mit Blaulicht sich ihm nähern. Er greift zum Handy, telefoniert.

>LUDWIG
>Ich bin's - mach den Heli startklar.

Auf der schmalen Teerstraße kommen die Helden immer näher und näher. Ludwig rast durch eine schmale Unterführung... genau in dem Moment kommt ihm ein Traktor entgegen. Ludwig presst sich gerade noch zwischen Wand und Traktor durch. Doch für SEMIR gibt es keine Chance - Vollbremsung. Ausgebremst. Ludwig wirft einen siegessicheren Blick in den Rückspiegel und versucht, seinen gewonnenen Vorsprung auszubauen.

>BEN
>Aus dem Weg, Mann! Das ist ein Polizeieinsatz!

Dem Traktor-Fahrer ist es sichtlich unangenehm, die Polizei angehalten zu haben. Und schließlich können sich die Helden durch die Unterführung hindurchzwängen.

Ludwig rast unterdessen um eine Kurve... ein Wagen fährt gerade rückwärts aus einem Parkplatz und zwingt Ludwig zu einem Ausweichmanöver. Der Range Rover ist bei dieser Geschwindigkeit nicht mehr zu kontrollieren. Ludwig verreißt das Steuer, rauscht in den Parkplatz zwischen den parkenden Autos hindurch. Die zwei Meter hohe Kante am Ende des Parkplatzes wird ihm zum Verhängnis und beendet schließlich mit einem Vorwärtssalto seine Flucht.

Stille. Der Motorraum qualmt. Kleine Flammen haben sich entzündet.

Kathrin erwacht jetzt. Blicke zwischen Vater und Tochter.

Kathrin realisiert jetzt, dass sie gefesselt ist – versucht sich loszumachen. Doch sie kann sich nicht alleine befreien!

     KATHRIN
    (flehend)
  Mach mich los... bitte...

Ludwig muss sich entscheiden – die Madonna oder seine Tochter.

Denn in diesem Augenblick fahren die Helden an der Unglücksstelle vorbei und entdecken gerade noch, dass hier ein Wagen abgeflogen ist. Schon fliegen die Türen auf, und die Helden stürmen Richtung Abhang.

Ludwig sieht die beiden Helden, wie sie angerannt kommen. Er entscheidet sich gegen Kathrin! Er nimmt die Madonna und rennt davon. Kathrin bekommt Panik. Das Feuer breitet sich immer weiter aus.

Die Helden kommen am Wagen an – teilen sich sofort auf.

     BEN
  Ich kümmere mich um Kathrin!

Semir stürmt hinter Ludwig her...

BEN kämpft im Wagen gegen die Flammen, um Kathrin noch rechtzeitig zu befreien.

Ludwig läuft auf einen Steg zu, springt in ein Motorboot, reißt die Abdeckplane ab und startet den Motor. Semir gibt alles, um das Boot noch zu erreichen. Ludwig gibt Vollgas! Semir ist schon auf dem Steg... Ludwig hatte keine Zeit, das Boot ordnungsmäßig vom Steg loszumachen: Das Seil spannt sich, und der Steg reißt auseinander. Semir, der gerade am Ende des Stegs angekommen ist, wird plötzlich mit einem Stück des Stegs mitgerissen und hinter dem Boot hergezogen.

Ben zerrt Kathrin nun aus dem lichterloh brennenden Wagen. Im nächsten Augenblick explodiert der Range Rover und wird spektakulär in die Luft katapultiert. Droht auf die beiden zu stürzen, doch im letzten Augenblick können sie sich in

Kapitel 7: Die Action

Sicherheit bringen. Ben duckt sich schützend über Kathrin, als brennende Wrackteile auf die beiden herabregnen.

                KATHRIN
           Danke, du Chaot.

                  BEN
           Als wir noch zusammen waren, habe
           ich dich nicht so oft in den Armen
           gehalten.

Die beiden lächeln sich an.

67 SEE / BOOT / WAKEBOARD   **A/T**

68 SEE / HELI   **I/A/T**

Ludwig rast mit dem Boot an der Kamera vorbei. Semir hält sich tapfer auf dem großen Wakeboard fest. Ludwig telefoniert erneut.

                LUDWIG
           Hol mich an der Staumauer ab! Ich
           komme mit meinem Boot!

Semir kämpft mit den Wassermassen und muss alles geben, damit er sich auf dem Stück des abgerissenen Stegs halten und sich näher an das Boot heranziehen kann.

Ludwig entdeckt Semir. Dann gibt er noch mehr Gas. Richtung Staumauer. Er muss den Bullen loswerden!

Hinter der Staumauer taucht jetzt der Heli auf.

                LUDWIG
           Für blinde Passiere ist hier
           Endstation!

Ludwig legt vor der Staumauer eine 180°-Drehung hin und schleudert so Semir gegen die Mauer. Semir ist nicht mehr zu sehen. Der Heli kommt nun dicht an das Boot von Ludwig, hovert knapp über dem Boot. Ludwig versucht aufzusteigen. Er winkt dem Piloten zu...

                LUDWIG
           Tiefer!!!

Ludwig steigt auf die Kufe, als plötzlich: Semir aus dem Wasser auftaucht und förmlich nach oben schießt! Semir packt sein Bein. Ludwig ist vollkommen überrascht!

Semir zieht sich hoch, und ein Kampf der beiden Männer beginnt. Ludwig versucht, Semir wieder loszuwerden, doch Semir ist hartnäckig. Der Pilot hovert über dem Wasser, weiß nicht so recht, was er jetzt tun soll. Da bekommt Semir die Madonna zu greifen.

Ludwig greift nach einer Signalpistole im Innenraum. Ein Schuss löst sich, und Semir fällt nach hinten. Doch Ludwig kann nicht loslassen, klammert sich verzweifelt fest und geht so mit Semir in die Tiefe. Beide schlagen im Wasser ein.

Stille. Plötzlich taucht jemand auf – Ludwig. Er schleppt sich ans Ufer und kommt aus dem Wasser. Er schaut auf den ruhigen See. Niemand zu sehen. Als er sich wieder umdreht, steht Semir vor ihm. Mit einem wütenden Schrei schlägt Semir Ludwig mit der Madonna nieder.

Statement »Stunts« von Stefan Retzbach

Produzent. Kurzfilmografie: *Alarm für Cobra 11* (128 Folgen und 8 Piloten), *Maximum Speed – renn um dein Leben, Haialarm auf Mallorca, Abgrund – Eine Stadt stürzt ein, Im Brautkleid durch Afrika*.

Die Chronik eines Actiondrehtages – oder: was alles schief gehen kann…

An sich sah alles relativ normal aus. Ein Drehtag – vollgestopft bis zum Anschlag – aber das ist bei dem, was wir machen, ja normal.
Zwei Units am Start – die Drama-Unit und die Action-Unit – drehen parallel. Das ist immer ein wenig chaotisch – doppeltes Personal – zehn Seiten Dispo, knapp 100 Mann am Set und Darsteller, die man sich teilen muss, aber nicht klonen kann. Doubles helfen da schon mal weiter, aber auch deren Einsatzmöglichkeiten sind irgendwann beschränkt.
Und auch das war nichts Neues für uns. Da muss man eben noch genauer planen, die Timings und Übergaben noch genauer stricken und aus den detaillierten Ablaufplänen die letzten Minuten und Sekunden rausholen. Denn auch für uns gilt: zehn Stunden Dreh. Danach wird der Stecker gezogen. Allerdings ließ die Jahreszeit keine zehn Stunden Dreh zu. Es gab maximal acht Stunden Licht. Bei Bewölkung konnte man bereits nach sieben Stunden die Koffer packen – weit und breit keine Blende mehr. Und das bei dem Pen-

Kapitel 7: Die Action

sum! Den Mutigen gehört die Welt! Immerhin kostete dieser Drehtag locker € 85.000. Wie das? Darstellergagen von € 13.300, Personal für € 25.000, Material und Equipment für mehr als € 30.000 und und und... es hörte gar nicht mehr auf... allein das Catering war mit € 1.750 budgetiert. Der Helikopter war mit € 7.800 veranschlagt. Dabei wollten wir eigentlich ein ganz anderes Modell haben, als was wir letztlich bekamen. Aber was will man machen, wenn in ganz Europa nichts mehr zu holen ist? Alle gewünschten Modelle waren an die Luftrettung in Österreich oder in der Schweiz vermietet.

Egal! Der Plan stand – die wochenlange Vorbereitung war eigentlich perfekt. Zig Meetings über Inhalt, Motive, Kosten und diverse Motivbegehungen verschiedenster Locations. Die Motoren angeworfen und ab nach Belgien zu unserem Motiv!

Warum Belgien? Wo in Deutschland darf man mit einem Helikopter im Tiefflug durch eine Wasserschutzzone, ein Naturschutzgebiet oder Naherholungsgebiet fliegen, mit Speedbooten highspeed über das Wasser knallen, Autos in die Luft jagen und abends, ohne verhaftet worden zu sein, wieder nach Hause fahren?

Ach ja – der Helikopter war ursprünglich mal ein Wasserflugzeug. Wochenlang recherchiert, kalkuliert und sich eine Klatsche nach der Nächsten von den Behörden abgeholt. Daher ein Ratschlag an alle Leser: Dreht mit einem Wasserflugzeug nur da, wo es auch ne Menge Wasser gibt!

Kaum im Königreich Belgien angekommen begann jedoch unser Waterloo! Nebel! Eigentlich eine schöne Sache, nur nicht wenn man mit einem Helikopter drehen will. Der kam erst mal nicht. Keine Starterlaubnis. Super! Da hing die Action-Unit schon die erste Stunde. Was kann man drehen? Inserts? Alle Mühlen angeworfen und draufgehalten! Nach einer Viertelstunde war man damit fertig. Und jetzt? Umdisponieren! Denn der ohnehin schon volle Ablaufplan war gerade um 1/8 verkürzt worden. Nur leider konnte man nicht 1/8 aus der Geschichte herausnehmen. Der Stunt war linear und schon auf die Essentials heruntergebrochen. Ganz zu schweigen davon, dass die Übergabe der vier Darsteller zwischen Drama und Action-Unit jetzt schon gar nicht mehr funktionieren konnte.

Derweil versuchte die Drama-Unit, unterstützt von einer kleinen Action-Unit, einen Wagen spektakulär abfliegen zu lassen. Eigentlich eine Nummer, die die Jungs im Rückwärtsgang mit verbundenen Augen durchziehen. Diesmal leider nicht.

Wir hatten einen V10 VW Phaeton als Spielwagen und einen alten Opel Omega als Doublette hergerichtet. € 100.000 Blech will man ja nicht in die Luft jagen. Die Doublette sah auch ganz okay aus – meiner Mutter würde

es nicht auffallen, den Automobilisten unter uns spätestens dann, wenn man sich fragt, warum die Karre keine 245er Reifen hat. Egal!
Der Wagen sollte über eine kleine Mauer eines Parkplatzes fliegen, einen Abhang hinunter und sich dabei spektakulär überschlagen… Auch hier hatten wir unsere Anlaufprobleme: Der Wagen durchbrach das kleine Hindernis, doch abfliegen wollte er nicht so richtig. Die eingebaute *Power-Unit* – eine Art hydraulischer Stempel, der das Heck des Wagens im richtigen Augenblick nach oben katapultieren und ihm den richtigen Drall geben sollte, funktionierte nicht. Also kippte der Phaeton, der eigentlich gar keiner war, wie eine *lame duck* über die Kante und fiel einfach nur hin. Mmh! Lame! Kein Redakteur – selbst der von KIKA – würde das der teuersten deutschen Serie abkaufen.
Woran lag es? Die *Power-Unit* hat nicht ausgelöst. Und warum nicht? Antwort: »Keine Ahnung. Super – und weiter! Alles auf Anfang!
Ganz nebenbei hing jetzt die Drama-Unit ebenso wie die Action-Unit. Und zwar wie die Glocken!
Derweil bei der Action-Unit: Das Stuntdouble für unseren Hauptdarsteller Erdogan Atalay. Ein Thema für sich. Ne Zehner-Karte aus dem Sonnenstudio und gefärbte Haare. Na ja – wenn man seinen Kopf raus hält, dann sieht das Double aus wie unser Hauptdarsteller. Unser eigentliches Erdogan Atalay-Double drehte zu der Zeit in Berlin parallel eine andere Serie für uns. Das Ersatz-Double sollte auf einer Art Ponton stehend hinter einem Speedboot hergezogen werden. Alles getestet und getan und gemacht. Das Ding schwimmt. Aber nur weil man es testet, muss es am Drehtag noch lange nicht funktionieren. Nach fünf Minuten wundert sich die Action-Unit, warum sich das Ponton in seine Einzelteile zerlegt. Und das in voller Fahrt! Das Double verliert die Kontrolle, knallt bei voller Geschwindigkeit unglücklich aufs betonharte Wasser und ist für den Rest des Tages außer Dienst. Darum hab ich übrigens auch einen Bürojob.
Wir hatten zwar noch ein Backup-Ponton, aber das war genauso gebaut und getestet – was, wenn das auch absäuft? Und wir hatten kein Double mehr…
Was tun? Jetzt hängt die Action-Unit noch mehr. Das Ponton ist Fritte, das Double auch, aber zum Glück kommt in diesem Augenblick der Helikopter. Den Ablaufplan flink umgestellt – *flying dinner* ausgerufen und drehen, drehen, drehen…
Unterdessen versucht die Drama-Unit, den Phaeton oder besser gesagt das, was von der Doublette übrig ist, erneut über den Abhang zu schicken. An dieser Stelle kein Kommentar – der Tag war verhext. Und weiter. Jetzt sollte der Wagen in einer gewaltigen Explosion in die Luft gerissen werden und dabei drohen, auf die weglaufenden Darsteller zu stürzen, die sich ihrerseits nur mit

Kapitel 7: Die Action

einem Hechtsprung im letzten Augenblick in Deckung werfen sollten. Auch Standard. Auch im Rückwärtsgang. Aber heute nicht.
3-2-1! Zündung! Alles flog durch die Luft – die Darsteller, der Flammenball... aber der verdammte Phaeton, der eigentlich gar keiner war, blieb wie festgenagelt liegen... bewegte sich keinen Millimeter! Ein scheiß Bild!
Auf die Nachfrage, was denn passiert sei, gab es eine Art Echo: Die *Power-Unit* hat versagt? War das nicht das komische Ding, was schon beim Abflug des Phaeton versagt hat? Und was im restlichen Jahr ungefähr 50 mal reibungslos funktioniert hat? Was war hier und heute bloß los?
Zurück zur Action-Unit, die gerade das Übersteigen des Bad Guy in den Helikopter samt Kampf mit unserem Helden Semir drehen will. Eigentlich wollten wir einen supermodernen *Eurocopter* – bekommen haben wir wie gesagt kurzfristig nur ein anderes Modell. Und hier waren die Kufen und Steigeisen für den geschmeidigeren Einstieg leider nicht leicht versetzt, sondern fast gänzlich untereinander angebracht, was die Frage aufwarf: Wie können die beiden Männer da jetzt drauf stehen und kämpfen...? Schwer in Worte zu fassen, aber am Set ein echtes Problem, weil man die Darsteller ja auch noch sichern muss und zwar so, dass man nicht anschließend ein halbes Jahr eine Seilretusche bezahlen darf.
Und dann noch die Kommunikation mit dem Piloten, denn da war eigentlich auch ein anderer eingeplant. Dieser konnte nicht, wollte nicht, war krank – am Ende auch egal.
Ein Speedboot im Wasser, ein Heli in der Luft, Taucher in Position für die Safety und Schauspieler auf Anfang! Und das bei 5° Celsius Anfang November! Also – irgendwie ging es in all dem Chaos irgendwie gut, doch plötzlich fällt einem auf: die Madonna! Ups – der Bösewicht hat das, worum es die ganze Zeit ging – die schwarze Madonna - und womit er in den Heli fliehen sollte, (zumindest mal nach Buch) einfach im Boot vergessen. Und niemandem ist das aufgefallen. Unglaublich aber wahr! Niemandem! Und hier muss ich alle Beteiligten in Schutz nehmen – bei einem solchen Drehtag ist es ein Wunder, dass sie nicht komplett zusammengebrochen sind. Ich kenne gestandene Regieassistenten, die mit Tränen in den Augen nach drei Tagen mein Set verlassen haben, weil sie über 30 Einstellungen nicht verkraften konnten. Geschweige denn 100! Also – wieder auf Anfang.
Und irgendwann gingen die Blicke Richtung Himmel – die Blende ist futsch – kein Licht mehr da! Drehschluss!

Einige Tage später im Schnitt. Bestandsaufnahme. Betretene Gesichter. Producer unglücklich, Regie unglücklich, Cutter unglücklich und Produktionsleiter super unglücklich. Mit der Knete im Anschlag – und dann das! Ein

kompletter Drehtag musste wieder aufgemacht werden samt Heli, Boot, Action-Unit und die Darsteller on top!
Nur konnte man leider erst wieder einen Monat später an die Location zurück, weil der Drehplan und die Sperrtage der Darsteller es nicht anders zuließen.

Und hier die Probleme des Nachdrehtages in der Kurzfassung. Der Wasserspiegel des Stausees hatte sich dramatisch abgesenkt. Somit sah der Uferbereich leider anders aus. Irgendwie steiniger. Die Vegetation – inzwischen auch eher winterlich. Das Wetter – auch anders. Nachdem sich der Nebel am ersten Drehtag verzogen hatte, gab es vollen Sonnenschein. Am zweiten Drehtag Dauerregen. Pech! Aber wie heißt es so schön: Anschlüsse gibt es am Bahnhof!
Und hier mal eine ungefähre Übersicht, was es einen Action-Produzenten kostet, wenn der Drehtag in die Hose geht:
- Helikopter: 180 Flugminuten x € 26 = € 4.680
- Das Boot kostete erneut € 1.750, und diesmal blieben Gott sei Dank die Boote heil. (Beim ersten Dreh gab es auch hier noch einen Schaden in vierstelliger Höhe, der nicht versichert war.)
- Motivmiete: Die Gemeinde war gnädig; diesmal nur € 500
- Die Rollen »Semir« und »Ludwig«, die leider auch noch die teuersten sind, mussten nochmals engagiert werden: Kosten € 9.000
- Catering für den Nachdreh: schlappe € 500
- Kleines Nachdreh-Team: Kosten ca. € 2.500
- Dann kamen natürlich auch hier wieder Material, Fahrzeuge, Sprit, Kameras usw. an Kosten auf einen zu: ca. € 12.000

Unterm Strich mehr als € 30.000!!!

Letztlich konnte wenigstens das Mysterium der *Power-Units* geklärt werden. Ein mechanisches Teilchen – Einkaufspreis knapp 25 Euro – hat am laufenden Meter versagt.

Kapitel 8: Die Special Effects

Die Beispielszene

```
48. LEAS LOFT                                    AUSSEN / TAG
Eine gigantische Explosion erschüttert Leas Wohnung,
ach was, das ganze Gebäude. Ein Feuerstrahl drückt die
Balkontür aus den Angeln, Staub, Chaos...
```

Es ist sehr schwierig, etwas über die Kosten und die Produktion von Special Effects in einem Buch festzuhalten. Kaum ein anderer Bereich ist so großen Veränderungen unterworfen, aber zumindest werden wir ein paar Grundzüge klären. Auch bei diesem Themengebiet ist für eine erfolgreiche Produktion eine gute Kommunikation wichtig. Hier setzen sich im Vorfeld die Regie, DoP[32], Szenenbildner und Produktionsleiter zusammen und besprechen mit einem VFX-Supervisor die entsprechenden Stellen im Drehbuch und die verschiedenen Möglichkeiten der Realisierung. Diese sind heutzutage enorm, allein was die digitale Bildbearbeitung betrifft. Das Special-Team, das je nach Anforderung unterschiedlich zusammengesetzt wird, umfasst Berufe wie den VFX-Producer, Miniature Supervisor, Concept Artist, VFX Technical Director, Motion Graphics Designer, 3D Computer Graphics, Telecine Operator, Rotoscoping Artist, usw.[33] Allein die Arbeitsfelder sind für Außenstehende schon schwer zu verstehen, und es führt hier auch zu sehr vom Thema ab, all dies erschöpfend zu erklären. Aber es wird hier unweigerlich deutlich, wie sehr sich die Möglichkeiten der Filmproduktion in den letzten Jahren gewandelt haben. Ein einfaches Beispiel: Wurde die Farbkorrektur früher im Kopierwerk durch Komplementärfotografie korrigiert, kann man heute einzelne Farben in Bildern unabhängig von den anderen verändern – wie bei einem normalen Bildbearbeitungsprogramm. Doch die Technik, sagt Kameramann Benedict Neuenfels...

> »... verführt und besonders beim Spielfilm muss man aufpassen, denn da geht es um Menschen. Und wenn Stilistik und Ästhetik überhand nehmen, dann diskreditiert man die Figuren. Die Digitaltechnik ist ein großes Experimentierfeld geworden, vor allem auch im historischen Film.«[34]

---

32 Director of Photography, Chef des Kamerateams.
33 Für eine Berufsbeschreibung siehe u.a. Rohrbach: Wie wird man was beim Film. 2008, S. 234f.
34 Kameramann Benedict Neuenfels in: »Hitler in Farbe – aber hallo!« Kölner Stadtanzeiger Nr. 26. 31.01.09, S. 31.

Kapitel 8: Die Special Effects

Aber obwohl vieles mit Hilfe von digitalen Effekten realisiert wird, funktioniert längst nicht alles auf diese Weise: Grundsätzlich wird zwischen den eigentlichen Special Visual Effects (VFX) und den sogenannten Floor Effects, Practical Effects oder auch Physical Effects unterschieden.[35]
Die VFX werden nicht während des Drehs, sondern nachträglich oder parallel von einem unabhängigen Spezialteam erstellt und erst in der Postproduktion z.B. durch Compositing eingefügt. Die Produktionsfirma trifft die Entscheidung, mit welchen Postproduktionsfirmen zusammengearbeitet werden soll. Dies gilt auch für das Kopierwerk, ebenso für die Entscheidung, welcher Cutter und Assistent für die Produktion angestellt werden sollen. Die Floor Effects umfassen Wettereffekte wie Wind, Regen, Schnee, Nebel oder auch Explosionen (wie in der Beispielszene oben), Sturmfluten, Feuer oder ganze einstürzende Gebäude etc. Sie werden verständlicherweise während der Hauptdreharbeiten gemacht. Ebenso wie die Practical Effects, die am Set produziert werden (z.B. ein klingelndes Telefon). Physical Effects werden z.B. dann eingesetzt, wenn Momme in der Sprung-Szene nahezu übermenschlich weit springen kann – wenn man ihn also mit Hilfe eines Seilsystems zum Fliegen bringt. Solche Effekte umfassen besondere mechanische Ausrüstungen, Seilsysteme, (Teile von) Explosionen, usw. Gerade bei Letzteren darf nicht vergessen werden, dass auch hier Genehmigungen eingeholt werden müssen, wenn man ein Feuer oder Explosionen erzeugen und drehen möchte. Entsprechende Sicherheitsvorkehrungen verteuern den Effekt zusätzlich.

Aber selbst kleinere Erzähleinheiten erfordern einigen technischen Aufwand, selbst wenn sie auf den ersten Blick unspektakulär scheinen:

49. VOR LEAS HAUS   **AUSSEN / TAG**
Momme versucht zu fliehen, doch ein heranfahrender Wagen schneidet ihm den Weg ab. In diesem Moment ist auch Bruckner aus dem Haus gekommen.

                        BRUCKNER
                Momme! Bleib stehen!

Momme dreht sich um. Keine Zeit zum Überlegen, er weiß nur, dass er entkommen muss, sonst ist Lea verloren. Es ist eine einzige, fließende Bewegung, als er sich umdreht und sofort schießt. Er trifft Bruckner in den Oberkörper, zwei Mal. Der bleibt wie angewurzelt stehen und fasst sich erstaunt an seine Brust. Auf seinem weißen Hemd malen sich rote Flecken ab. Bruckner schwankt, dann geht er zu Boden.

---
35   Vgl. auch im Folgenden Wendling: Filmproduktion. 2008, S. 53.

Dass jemand erschossen wird im Film ist, wie ja schon angesprochen, relativ häufig. Für solche Szenen werden zumeist Blutpatronen eingesetzt, denn nur das visuelle Signal »es fließt Blut« ist wirklich überzeugend – ein Schauspieler, der nur umfällt, ohne dass man zumindest eine Verfärbung auf dem Hemd sieht, ist wenig glaubhaft. Das verwendete Kunstblut ist auswaschbar – insofern stellt dies kein Problem für die Ausstattung dar. Allerdings: Jede Wiederholung der Szene bedeutet, dass jedes Mal ein neues Hemd fällig wird und eine neue Blutpatrone mit Verkabelung nötig ist. Schließlich kann man ja zwischendurch nicht warten, bis das Hemd aus der Reinigung kommt... So bedeuten z.B. fünf Drehversuche fünf Oberhemden mehr, die das Kostüm kaufen muss (vgl. Kapitel Kostümbild).

Auch zu den Effekten, die am Set realisiert werden, gehört der Dreh im Wasser, was enorm kostspielig sein kann (vgl. aber auch die Regenszene vor dem Kölner Dom im Kapitel Jahreszeiten und Wetter).

50. BRÜCKE   **AUSSEN / TAG**
```
INGAS Wagen kommt ins Schleudern. Er bricht vorne aus
und rammt das Brückengeländer, das wie Streichhölzer
zerbricht. Der Wagen schießt über die Brüstung hinaus.
```
51. INGAS WAGEN   **INNEN / AUSSEN / TAG**
```
Inga schaut stumm, aber mit panisch aufgerissenen Augen,
wie ihr Wagen einen Moment durch die Luft fliegt und dann
in den Fluss fällt. Der Aufprall ist hart. Dann strudelt
Wasser durch die zerborstenen Scheiben, der Innenraum
füllt sich blitzschnell mit kaltem Nass.
```

Natürlich ist so ein Stunt teuer, aber der Wassereffekt selbst kann auch einfach darzustellen sein. Vor allem muss selbstverständlich nicht die Schauspielerin im Auto sitzen, während dieses in den Fluss stürzt. Eine wasserdichte Crash-Box, die ab € 150 Tagesmiete zu haben ist und im Wagen fest moniert wird, nimmt das hereinflutende Wasser auf und veranschaulicht die Subjektive der Figur. Wenn die Szene hier endet und wir nicht weiter einen Entkommensversuch oder den Todeskampf von Inga zeigen, ist es noch nicht einmal nötig, die Schauspielerin selbst nass zu machen. Folgt allerdings eine lange Szene samt Rettungsversuch beispielsweise, sieht es anders aus. Den Wagen muss man schließlich im Wasser versenken, und dafür muss er als Allererstes präpariert werden. Das bedeutet, dass man den Motor entfernen muss, ebenso den Tank und alle Flüssigkeiten (Kraftstoff, Öl), und dass anschließend alles entfettet werden muss, bevor man den Wagen irgendwo hineinversenkt. Das dauert zwei bis drei Tage und kostet zwischen € 1.000 und € 1.500 – ohne das Auto. Die Drehbetreuung und die Taucher sind noch nicht eingerechnet.

Gibt es nun eine Szene, in der jemand tatsächlich im Auto unter Wasser ist, müssen zunächst all die obigen Arbeitsschritte durchgeführt werden, dann aber muss das Auto komplett abgedichtet und für Luftversorgung gesorgt werden, z.B. durch den Einbau eines Kompressors. Das kostet zwischen € 2.500 bis € 3.000, zzgl. Stuntleute, Safetytaucher und Drehbetreuung. Wenn man unter Wasser das Auto noch fahren will, muss man für die Abdichtung des Motors und diverse andere Umbauten noch zwischen € 3.000 bis € 5.000 veranschlagen.

Neben diesen technischen Vorkehrungen steht natürlich dann auch der Ort für die Dreharbeiten zur Diskussion. Schließlich könnte man den Wagen auch in ein Schwimmbecken stellen und mittels Ventilatoren Strömungen usw. simulieren. Dieses Vorgehen würde den Effekt kalkulierbarer und sicherer machen, das Wasser wäre warm, und auch der Stuntman bzw. die Stuntfrau hätte es einfacher. Ein solches Ausweichen auf Schwimmbäder und andere stehende Gewässer ist bei vielen Wasseraufnahmen naheliegender, als wenn man in echten u. U. fließenden Gewässern drehen muss. Allerdings ist es nicht immer einfach, die entsprechenden Schwimmbadbesitzer von dem Vorhaben zu überzeugen.

Insgesamt aber gehören Wasseraufnahmen zu den aufwendigsten und schwierigsten Dingen beim Film, selbst wenn sie komplett im Studio vor der Greenscreen stattfinden (z.B. wenn der Schauspieler nicht schwimmen kann).

Zu den einfacheren Dingen gehören Nebel und Wind, die oftmals gar nicht erst im Drehbuch geschrieben, sondern als rein visueller Effekt von der Regie zur Unterstützung der Emotionen eingesetzt werden. Nebel schafft eine dichte Atmosphäre, und hier muss man ja noch nicht einmal vom klassischen Nebel über dem Moor reden, sondern es können auch Nebeleffekte im Inneren von Wohnungen eingesetzt werden. Da Nebel Licht reflektiert, kann auch das eine visuell interessante Gestaltungsmöglichkeit sein. Nebelmaschinen sind mit ca. € 60 am Tag zu veranschlagen. Ebenfalls ein relativ einfach herzustellender Effekt ist Folgender:

53. STRASSE	**AUSSEN / TAG**

```
Momme rennt um die Ecke. Dann versagt ihm die Puste.
Völlig erschöpft lässt er sich gegen eine Hauswand sinken.
Er vergräbt den Kopf in den Händen. Was hat er nur getan?
Als er aufblickt, fährt ihm ein heftiger Windstoß ins
Gesicht...
```

Wind wie in dieser Szene wird meist mit gängigen Ventilatoren erzeugt, die entsprechend preiswert sind. Für die Inszenierung eines richtigen Sturms benötigt man große Windmaschinen, die neben der entsprechenden Menge bewegter Luft allerdings auch ein hohes Grundgeräusch erzeugen, so dass der Originalton oft nicht mehr zu verwenden ist und in der Tonnachbearbeitung nachsynchronisiert werden muss. Die Windmaschinen sind so stark, dass sie auf extra beschwerten Fahrzeugen installiert werden, damit sie nicht selbst weggeweht werden. Dafür können rund € 450 veranschlagt werden, zuzüglich ein bis zwei Mann Personal und die entsprechenden Transportkosten.

Feuer ist hingegen ein äußerst schwer darzustellendes Element. Echtes Feuer ist fast immer unmöglich einzusetzen, weil es unter Umständen zu gefährlich ist, oder weil das Motiv nicht zerstört werden darf. Oder das Motiv muss von vornherein auf diesen Aspekt hin ausgesucht worden sein, sprich: Es geht natürlich, wenn der Drehbuchautor eine »Bretterbude auf einem Feld« ins Buch schreibt, aber Leas »nobles Loft in einem Mehrparteienhaus« darf nicht abbrennen.
Hinzu kommt, dass sich die wirkliche Gefährlichkeit eines Feuers am fernen Bildschirm nicht immer sofort erschließt. Selbst kleine Flammen, die auf dem Schirm dünn und blässlich wirken, entwickeln extrem hohe Temperaturen oder giftigen Rauch. Um solche aber dem Zuschauer glaubhaft zu machen, muss ein Feuer schon lodern, prasseln und brennen, und der Job der Pyrotechniker ist es, dies überzeugend darzustellen.

Das Problem bei künstlich hergestelltem Feuer ist, dass die Special Effects selten realistisch wirken. Da ist es immer noch besser, wenn man mit Modellen arbeitet. Ein Modell des Mietshauses von Lea (siehe Szene oben) kann man glaubhafter abfackeln und mit recht einfacher Pyrotechnik gute Effekte erzielen. Allerdings kostet das auch. Für ein Modell des Mietshauses sind unter Umständen vielleicht € 2.000 bis € 3.000 fällig. Und da man nicht davon ausgehen kann, dass das Feuer beim ersten Mal wie geplant funktioniert und das Haus wie gewünscht abbrennt, wird man von vornherein auf Nummer sicher gehen und ein zweites Modell anfertigen lassen – was den Preis also erhöht...

Es ist auch möglich, einen Hausbrand mittels eines Feuers, das vor der Fassade gezündet wird, zu simulieren, ohne dass das Haus selbst Flammen fängt. Allerdings lassen sich dort Außenschäden kaum vermeiden, denn wenigstens der Ruß wird auf der Fassade sichtbar sein – ein nachträglicher Neuanstrich der Hausfront muss daher einkalkuliert werden.

Wenn man sich entscheidet, doch mit einer großen Kulisse zu drehen, sollte man allerdings auch die Kamera einschalten, wenn man das Set abfackelt. Bei dem Film *Wie ein Licht in dunkler Nacht* mit Michael Douglas und Melanie Griffith war dies nicht der Fall, als ein extra für diesen Film aufgebautes Gebäude im Wert von einer halben Million US-Dollar gesprengt wurde.[36]

---

36 http://einestages.spiegel.de/
external/ShowTopicAlbumBackground/a2592/l2/l0/F.html#featuredEntry

Kapitel 8: Die Special Effects

Kommen wir nun zu Effekten, die vorrangig in der Postproduktion angesiedelt sind, obwohl sie meist schon beim Dreh vorbereitet werden müssen.

Ein häufig genutzter Effekt sind die bereits erwähnten Greenscreen- oder Bluescreen-Verfahren, bei denen die Schauspieler vor einer eben blau oder grün bemalten Fläche agieren. Diese Farben wurden gewählt, weil sie sich am besten vom Hautton des Menschen absetzen. Mittlerweile spielen diese Entscheidungen auf Grund der digitalen Technik kaum mehr eine Rolle – Explosionen werden daher z.b. meist vor Schwarz gedreht. Später wird die Figur digital ausgeschnitten und vor einen anderen Hintergrund gesetzt. Die Kamerabewegungen und das Licht müssen jedoch bei beiden Einstellungen dieselben sein, damit die Szenen zueinander passen und der Schauspieler nicht z.b. falsch ausgeleuchtet wirkt. Das verkompliziert die Sache. Zwar gibt es auch für Hobbyanwender mittlerweile Videobearbeitungssoftware, die ein solches Keying (also das Freistellen der Figur) ermöglicht, aber das ist weit vom professionellen Umgang entfernt. Insgesamt sind solche Effekte schwierig zu pauschalieren, da der Aufwand sehr unterschiedlich ist, und der Preis auch vom Ausgangsmaterial abhängt. Ein Tagessatz fürs Keying liegt ungefähr zwischen € 800 und € 1.000. Was in dieser Zeit zu bewältigen ist, differiert: Lasse ich Münchhausen auf einer Kugel über eine tobende Schlacht fliegen, oder schweben meine fünf Helden durch eine fantastische Parallelwelt?

Mit der Technik Motion Control können komplizierte Kamerabewegungen mittels eines aufwendigen technischen Geräts exakt wiederholt werden. Das ist dann nötig, wenn ein Schauspieler auch seinen eigenen Zwillingsbruder (oder -schwester) spielt:

```
54. LEAS LOFT                                      INNEN / TAG
Inga hat sich nun die Maske abgerissen. Lea starrt sie
fassungslos an. Ihr steht ihr Zwilling gegenüber.
                    INGA
          Da siehst du.
                    LEA
          Wa...?
                    INGA
          Na, willst du mal fühlen?
Inga nimmt die Hand der erstarrten Lea und führt sie zu
ihrem Gesicht. Sie tastet die Konturen ab.
                    INGA
          Deine Nase, dein Mund, deine
          Augen... Wir sind uns so ähnlich,
```

```
              dass wir Zwillinge sein könnten. Ich
              gebe zu - die Nase hätte ein wenig
              kleiner sein können. Und dein Mund,
              na ja, ich stehe ja eigentlich auf
              volle Lippen, aber...
Weiter kommt sie nicht. Lea gibt ihr eine schallende
Ohrfeige.
```

Solche Effekte kann man mit Motion Control erzeugen. Sie sind aufwendig und kosten nicht nur relativ viel Zeit in der Herstellung, sondern sind auch kostenintensiv. Je nach Inhalt einer Szene differieren die Kosten stark.

Ebenfalls kostenintensiv, aber gerade in teuren Hollywoodproduktionen eingesetzt, sind CGI-Effekte (Computer Generated Imagery), die seit *Star Wars* 1977 vor allem im Kino Einsatz fanden. Darunter versteht man Filmteile und Filmeffekte, die durch 3D-Grafik entstehen, also z.B. die Schaffung von solchen Figuren wie der Gollum in *Herr der Ringe* usw. Nicht immer müssen die Tricks so auffällig sein, manchmal ist es einfach auch nur künstlicher Regen, der eingesetzt wird.

Die 3D-Grafik wird durch die Umarbeitung von zweidimensionalen Zeichnungen erzeugt, es können aber auch dreidimensionale Modelle als Vorlage dienen, die durch Abscannen realer Gegenstände entstanden sind. Von diesem »Drahtgittermodell« ausgehend werden die entsprechenden Bewegungen definiert und am Ende mit speziellen Programmen die Oberflächenstrukturen im Computer gerendert. *Toy Story* war der erste komplett am Computer entstandene Film; ein weiterer Höhepunkt in diesem Gebiet war sicherlich *Herr der Ringe*. Mit dem extra entwickelten Computerprogramm »Massive« konnten Menschen, Orks und anderen Gestalten bei den gigantischen Kampfszenen künstliche Intelligenz eingehaucht werden, so dass diese selbst auf Reize in ihrer Umwelt reagierten. Die daraus folgenden unterschiedlichen Handlungsalternativen wurden aus einer Datenbank gezogen, die Bewegungsabläufe wie z.B. Sterbeszenen abgespeichert hatte. Auch wenn es nicht immer so ausgefeilt und kompliziert sein muss – Massenszenen im Film sind heutzutage einfacher darzustellen als z.B. damals bei *Ben Hur*.

```
55. TRABRENNBAHN TRIBÜNE            INNEN / AUSSEN / TAG
Die Trabrennbahn ist voll besetzt. Inmitten der zahllosen
Gäste dieses großen Turniers sitzt Lea. Alle um sie herum
sind ausgelassen oder aufgeregt. Männer grölen, Frauen
schreien, jemand zerknüllt schon vor dem Zieleinlauf der
Pferde seinen Zettel, ein anderer beginnt eine Keilerei
```

mit seinem Nachbarn. Nur Lea sitzt stumm und blickt
starr auf die Laufbahn. Ein heftiger Wind fegt durch das
Stadion, doch nicht einmal jetzt kneift Lea ihre Augen zu.
                 KOMMENTATOR (OFF)
            Und jetzt, Waipiti, dann Leon,
            Waipiti, unglaublich, der
            Außenseiter schließt zum Favoriten
            auf... (weiter)
Auch als die Pferde ins Ziel kommen, zeigt ihr Gesicht
keine Regung. Noch während der allgemeine Aufschrei durchs
Stadion hallt, weil mit LEON der absolute Außenseiter
gewonnen hat, geht Lea still zur Kasse, um sich ihren
Gewinn auszahlen zu lassen.

Es ist meist noch immer die kostengünstigste Möglichkeit, entsprechend viele Komparsen zu engagieren. Und für dieses Beispiel reicht vielleicht auch ein teilabgesperrtes Stück im Stadion mit rund 30 Komparsen. Aber wenn man wirklich ein vollbesetztes Trabrennbahnstadion in Hollywooddimensionen wie bei z.B. *Das Wunder von Bern* simulieren will oder eine Massenschlacht wie bei *Herr der Ringe*, dann ist es dennoch sinnvoller, auf digitale Technik zurückzugreifen. In diesem Fall werden jeweils nur die ersten Reihen mit echten Komparsen besetzt und der Rest »dazuerfunden«. Eine realistische Kostenschätzung dafür abzugeben ist schwierig – das hängt vom Motiv, der Ausstattung und vor allem von der Bewegung ab. Das *Herr der Ringe*-Beispiel macht deutlich, dass ein solcher Effekt wohl niemals in einer deutschen Fernsehserie einsetzbar ist – zumindest nicht in den nächsten Jahren.

Noch immer sind digitale Effekte im Film weitaus teurer als die herkömmliche Stunt- und Tricktechnik. Dennoch erleben gerade die »alten« Tricks aufgrund der neuen digitalen Möglichkeiten eine Renaissance – schließlich ist es mittlerweile völlig unproblematisch, etwaige Seilzüge oder Hängevorrichtungen aus den Bildern herauszuretuschieren.

Statement »SFX« von Wolf Schiebel

SFX Supervisor. Kurzfilmografie: u.a. *Der Vulkan, Lulu und Jim, Der geheimnisvolle Schatz von Troja, Das Papstattentat, One Way, Tornado – Zorn des Himmels, Barfuss, Stratosphere Girl, Rothenburg, Post Mortem*, div. *Tatort*, div. *Schimanski, Ladyland*

Seit einigen Jahren werden die Drehbücher auch für TV-Produktionen immer aufwendiger, und vor allem die mehrteiligen Event-Movies enthalten immer mehr Spezialeffekte und VFX. Dies schlägt sich in deutlich höheren Anforderungen und höheren Budgets nieder.
Für mich begannen diese neuen Herausforderungen mit dem Eventfilm *Tornado in Berlin*. Das Drehbuch erwies sich nach dem ersten Lesen als »Hollywood« pur, da fast jede Szene mit Actionsequenzen und Spezialeffekten versehen war. In der ersten groben Abschätzung der zu erwartenden SFX-Kosten lagen diese bei ca. € 300.000, für mich damals eine fast unvorstellbare Dimension. In den ersten Besprechungen mit dem Regisseur, dem Kameramann und der Stuntfirma ergaben sich jedoch viele Kürzungen, so dass sich die Kalkulation am Ende bei ca. der Hälfte einstellte.
Für dieses Budget erwiesen sich die Effekte, die seitens der Produzenten für das Projekt erwartet wurden, jedoch als sehr hoch angesetzt, da diese teilweise völlig neu entwickelt werden mussten und sehr material- und personalintensiv waren. So hatten wir beispielsweise die Aufgabe, Hagel als Realeffekt darzustellen oder in einer sehr lärmsensiblen Straße in Berlin (Wohnsitz der Kanzlerin) in einem Nachtdreh eine Sturmszene herzustellen, was mit unseren konventionellen Windmaschinen und sonstigem Equipment sehr schwierig war.
Voraussetzung für eine Drehgenehmigung war, Lärmgutachten über unsere Maschinen zu erstellen. Da sich diese in einem Rahmen bewegten, der für die Behörden nicht vertretbar war, ergaben sich die ersten größeren Probleme, denn das Motiv war bereits abgenommen und unbedingt gewünscht. Also blieb uns nichts anderes übrig, als eine spezielle, sehr große Windmaschine zu bauen, die durch niedrigere Drehzahl deutlich leiser als die normalen ist. Um die hohen behördlichen Auflagen zu erfüllen, wurde bereits für eine der ersten Szenen ein größerer Teil unseres Budgets verbraucht.
Die nächste große finanzielle Hürde war der als Realeffekt herzustellende Hagel. Ich wühlte mich durch viele Katastrophenfilm-DVDs und »Making offs« um hierfür eine Lösung zu entwickeln, die sich in unserem finanziellen Rahmen als machbar erwies. Nach langen Gesprächen und Überlegungen mit dem DoP beschlossen wir, den Hagel immer nur im Vordergrund einsetzen

zu lassen, um dann mit SFX-Regen den Bildhintergrund zu füllen. Den Hagel wollten wir durch das Zerkleinern von Eis-Blöcken in Holzhäckslern herstellen und mit speziellen Gebläsen in die Luft befördern.

Die nächste kalkulatorische Hürde ergab sich daher in der Menge der benötigten Eisblöcke. Um die Kosten transparent zu gestalten, wurde beschlossen, das Eis direkt von der Produktion über Purchase-Order bestellen zu lassen. Da es keinerlei Erfahrungswerte gab, schätzte ich den Bedarf auf ca. 40 bis 50 Tonnen Eis, die wir eigentlich auf Kommissionsbasis bestellen wollten. Dies erwies sich nach Rückfragen beim Hersteller als nicht möglich, da unsere geforderten Blöcke nicht gerade gängig waren, und eventuelle Rückläufer damit zu unrentabel.

Also half es nur, die volle Menge von 50 Tonnen (90 Paletten) zu ordern, um auf der sicheren Seite zu sein. Diese wurden dann produziert und just in time an die jeweiligen Drehorte geliefert, wobei die Mengen für die entsprechenden Drehtage auch immer nur geschätzt waren.

Also doppeltes Risiko, denn: Zu sparsam kalkuliert hätte im Zweifelsfalle zu wenig Eis für unsere Effekte bedeutet, zu großzügig im Gegenzug zu hohe Kosten und zuviel Schwund. Am Ende haben wir dann ca. 20 Tonnen Eis zuviel gehabt, und da dieses schon fertig produziert und geliefert war, blieb nur eine schöne SFX-Klappe mit Eis-Bar und sich als Eiskünstler versuchende Filmschaffende. Trotz dieses »Verlustgeschäfts« hatten wir so, auch durch gute Zusammenarbeit und gemeinsames Entwickeln aller involvierten Abteilungen, eine optimale Lösung für einen schwierigen Effekt, mit relativ geringem finanziellem Aufwand, erzielt.

Diese und andere Beispiele zeigen, dass auch aufwendige Szenen in Drehbüchern verbleiben dürfen, wenn auch das Budget es zunächst nicht herzugeben scheint. Bevor diese Szenen also aus Kostengründen von vornherein gestrichen werden, was im SFX-Bereich nicht selten passiert (»...regnet es halt nicht...«), ist durch eine frühzeitige Einbeziehung des SFX-Teams in die Vorproduktionsphase und die Regie- und Kamerabesprechungen oft noch immer viel möglich.

Filmproduktionen sollen durch Spezialeffekte aufgewertet werden, und dies liegt auch dann in unserem Interesse, wenn wir dabei oft den Setablauf durch Vorbauzeiten und natürlich auch die Budgetplanung zu einer besonderen Herausforderung machen.

Kapitel 9: Musik / Ton

Die Beispielszene

56. WOHNUNG INGA   INNEN / TAG
Inga legt die Nadel auf die Schallplatte und springt
aufgeregt zurück, als Alanis Morissette: »You oughta know«
erklingt. Dann tobt sie durch ihr Schlafzimmer, während
sie sich anzieht, schminkt und auf ihr Date vorbereitet.

Musik ist sicherlich ein Sonderthema in diesem Buch, spielt sie doch für das Drehbuch selten eine große Rolle. Der Drehbuchtext ist im Arbeitsprozess zumeist noch so weit von dem filmischen Resultat entfernt, dass es sich nicht lohnen würde, hier Angaben zur musikalischen Umsetzung zu machen. Außerdem würde sich das die Regie erbost verbitten, da es als Einmischung in fremdes Terrain empfunden werden würde.

Allerdings gibt es in seltenen Momenten – und viel seltener, als es sich Nachwuchsautoren träumen lassen – wirklich einen Anlass, bestimmte Songs in das Drehbuch hineinzuschreiben, die dann tatsächlich auch als solche im Film verwendet werden. Dies ist allerdings nur dann der Fall, wenn ein Song einen bestimmten Gedanken oder ein Thema derart optimal ausdrückt, dass es am naheliegendsten ist, wenn man das Lied bei der Umsetzung verwendet und nicht einen Komponisten mit einer eigenen Musik beauftragt. Im vorliegenden Beispiel soll der Alanis Morissette-Song vielleicht das Rache-Motiv von Inga unterstreichen, aber es ist längst nicht gesagt, dass dieser das Optimum ist. Dennoch: Manchmal fassen bekannte Songs bestimmte Motive eben besser zusammen oder haben gerade durch ihre Bekanntheit einen besonderen Effekt beim Publikum. In diesem Fall setzt man gerne Music Supervisor ein, die einen guten Überblick über den Musikmarkt sowie eine gute Abstraktionsfähigkeit haben und Lieder finden, die zur Szene passen, das (junge) Publikum stärker einbeziehen oder womöglich eine Pointe setzen. Diese Lieder dürfen während der Mischung oder während des Schnitts, bei dem sie häufig schon angelegt werden, weil die Szenen »auf die Musik geschnitten« werden, nicht bearbeitet werden. Es ist eine Genehmigung des Urhebers nötig, der das Umarrangieren oder das Kürzen oder auch Verlängern einer Musik (oder einer Musikstelle), akzeptiert.

Wenn eine Musik im On aufgelegt wird, wie in der Beispielszene, oder generell ein bestehender Song verwendet wird, fallen wie bereits erwähnt Gebühren an. Damit werden generell die Rechte für bestehende Musiken bei der GEMA und Wortbeiträge bei der VG-Wort vergolten. Sie werden bei jeder Ausstrahlung direkt über den Sender gemeldet. Weitere Kosten fallen nicht an. Für die Produktionsfirma sind solche Kosten – handelt es sich um eine Fernsehproduktion – nicht relevant, da die Sender die Musik beistellen. Sie zahlen einen Pauschalabgleich an die GEMA, und so kommt es auf die Menge der Songs in einem Drehbuch nicht wirklich an. Bei Ko-Produktionen mit Fernsehsendern oder im Kinobereich ist dies anders. Hier müssen die »Einblendungsrechte oder auch Synchronisationsrechte (...) von den Rechteinhabern der Werke (das sind in aller Regel die Musikverlage, vereinzelt die Autoren selbst) und die Rechte an der Verwendung der Aufnahme (Master-Use-Rights) von der Plattenfirma erworben werden.«[37] Und das kann teuer werden:

> »So liegt die Regellizenzvergütung für die Nutzung eines Werkes in allen audiovisuellen Medien, Lizenzdauer 15 Jahre, Lizenzgebiet die Welt, bei 270 € pro Sekunde bei einer Mindestlizenzgebühr in Höhe von 27 000 €.«[38]

Da ein Produzent vor Sichtung des Rohschnitts keine verlässliche Beurteilung über die Qualitäten des Films abgeben kann, wird er nur widerstrebend im Vorfeld so viel Geld für Musik ausgeben.[39] Denn so kann ein Song schon das an Geld verschlingen, was als Gesamtsumme für den Film kalkuliert wurde. Nicht nur deshalb ist davor zu warnen, dass ein Autor nun jede Szene im Drehbuch mit seinen Lieblingsliedern versieht. Der Einsatz der Musik ist immer noch Terrain des Regisseurs (bzw. des Komponisten und des Producers) und nicht unbedingt ein Gebiet, auf dem sich der Drehbuchautor tummeln sollte.

Dies gilt auch – und dies sei nur der Vollständigkeit halber erwähnt, da dies für unser Buchthema keine Rolle spielt – für Musik, die extra für den Film komponiert wird. Nur dann wird die Musik in den jeweiligen Szenen unterstützend wirken und die Spannung oder die Gefühle erzeugen können, die hier wichtig sind. Dazu benutzt man unter Umständen auch Musik aus *Libraries* oder *Source Musiken*, die bereits bestehen und hinzugekauft werden. Die Rechte daran werden im Paket oder für jeden einzelnen Song erworben. Teilweise sind die Musiken aus den Libraries auch rechtefrei.

Wenn eine Band in einer Szene live spielt, z.B. bei einer Hochzeitsgesellschaft, dann wird die Musik meist nicht per Playback eingespielt, sondern live in jeder

---

37 Lichtenhahn: Die Musik im Film. In: Clevé: Von der Idee zum Film. 4. Auflage. 2004, S. 141.
38 Diese Information stammt aus den Lizenzempfehlungen des Deutschen Musikverlegerverbandes DMV – Stand 2002. In: Lichtenhahn: Die Musik im Film. In: Clevé: Von der Idee zum Film. 4. Auflage. 2004, S. 141.
39 Eine Möglichkeit für ihn ist, durchschnittliche Musikbudgets zu kalkulieren und den Rest, sofern nötig, nachzufinanzieren. Vgl. Rohrbeck: Wie wird man was beim Film. 2008, S. 42.

Einstellung performt. Die Rechte liegen bei der Produktionsfirma. Allerdings ist es mitunter schwierig und aufwendig, eine ganze Band abzunehmen, da hierfür noch eine extra Anlage / PA gemietet und die einzelnen Instrumente abgenommen werden müssen.

Es gibt noch weitere musikalische Optionen, etwa die Einbindung von Plattenfirmen oder bekannten Künstlern in das Musikkonzept, um so einen Promotioneffekt zu erreichen, aber dies hat dann wirklich nichts mehr mit dem Drehbuch und den daraus entstehenden Kosten zu tun. Einzige Ausnahme ist, wenn ein Drehbuch vorliegt, das etwa ein High School Musical erzählt. Dann liegt es nahe, dass hier schnell auf eine Kooperation und eine spätere Musikauswertung hingearbeitet wird. In diesem Fall ist das Drehbuch sozusagen nicht nur »Kostenverursacher«, sondern birgt in sich schon die Grundlage für eine besondere Zusatzerlösquelle.

Ton

Ähnlich wie die Musik zählt auch der Ton zu den Grundfesten des Films, die eigentlich keiner weiteren Ausführung bedürfen. Schließlich sind die Grundkosten einmal einkalkuliert und daher wenig durch das Drehbuch beeinflussbar. Es gibt ohnehin einen Tonmeister am Set, der für den Ton, die Verständlichkeit der Dialoge usw. zuständig ist. Daneben ist ein Spezialisten für die *Sound Effects* zuständig, denn fast alles an Geräusch, das im Film (mehr oder weniger bewusst) zu hören ist, wird im Nachhinein hinzugefügt oder zumindest bearbeitet. Jedes Türenknallen, jeder Schritt, jeder Pistolenschuss zählt dazu.

Während des Drehs ist das Hauptinteresse des Tonmeisters darauf ausgerichtet, die Dialoge der Schauspieler möglichst gut aufzufangen. Wenn diese nachsynchronisiert werden sollen (was sie zum Teil ohnehin müssen, doch sollte der Anteil möglichst klein gehalten werden), dann geht viel von der ursprünglichen Energie verloren, und es ist nicht immer einfach, in der nachträglichen Neuaufnahme eine perfekte Simulation des Originals herzustellen: Nicht immer sprechen die Schauspieler lippensynchron, nicht immer kann der Tonmann den gleichen Raumklang usw. herstellen. Dies fällt dem Zuschauer mitunter unangenehm auf und ist daher zu vermeiden. Auf der Kostenseite fallen bei Nachsynchronisationen natürlich Ausgaben für Reisekosten, Schauspieler und Studiomieten an. Allerdings besteht die Möglichkeit, in der Nachsynchronisation Fehler auszubügeln, die während des Drehs entstanden sind. In den seltensten Fällen sind diese auf das Drehbuch zurückzuführen. Ein Beispiel für solche nachträglichen Verbesserungen liegt bei dem vergleichsweise häufigen »Fehler«, dass ein Figurenname neu eingefügt oder ersetzt werden muss, obwohl dies nicht im Drehbuch stand:

```
57. LEAS LOFT                                    INNEN / TAG
Lea steht unruhig herum und beobachtet, wie die Kommissare
in ihren Sachen wühlen und ihre Wohnung auf den Kopf
stellen.
                        KOMMISSAR BRUCKNER
            Wo ist Frau Rumpf?
```

Dann etwa, wenn eine Figur während beinahe des ganzen Drehbuchs von seinen Freunden und Bekannten mit Vornamen genannt wird (was ja auch logisch ist), plötzlich aber von einer anderen Figur (etwa dem Kommissar, der nach der betreffenden Figur fragt) mit Nachnamen tituliert wird. Der Zuschauer, dem der Drehbuchtext nicht vorliegt, mit dem es unter Umständen klarer wäre, ist irritiert – von wem wird hier gesprochen? Wer ist Frau Rumpf? Dass es Inga sein könnte, wird wahrscheinlich zu spät klar. Dies sind Fehler, die immer wieder geschehen und relativ einfach zu beheben sind, indem z.B. durch eine Nachsynchronisation dafür gesorgt wird, dass auch im Vorfeld der Nachname eine größere Präsenz bekommt.

Zurück zu den Sound Effects: Sie wirken meist auf unbewusster Ebene beim Filmrezipienten. Erst wenn sie fehlen, fällt es auf. In bestimmten Genres spielen sie eine besondere Rolle, etwa beim Horrorfilm, bei dem die Soundkulisse (und auch das Fehlen dieser) unabdingbarer Bestandteil des Spannungseffekts ist. Dann müsste der Postproduktion, im Rahmen derer die *Sound Effects* eingeplant sind, einen größeren Zeit- und damit auch Kostenraum eingeräumt werden.

Aber, wie bereits angesprochen, all dies ist durch das Drehbuch nur bedingt zu beeinflussen, insofern wenden wir uns einem anderen Thema zu.

Kapitel 10: Genres und Formate

Dieses Kapitel beschäftigt sich mit dem Kostenfaktor, der durch die Wahl des jeweiligen Genres beeinflusst wird. Wir haben uns vor allem zwei Genres herausgesucht, werden uns jedoch auch weitere Genres und Fernsehformate ansehen und auf die entsprechenden finanziellen Aspekte hinweisen.

Es ist, zumindest auf Anhieb, nicht wirklich vorstellbar, dass ein Gerichtsfilm jemals die Kosten erreichen könnte, die für einen Science Fiction-Film ausgegeben werden müssen. Ein Gerichtsfilm spielt, das sagt schon der Name, die meiste Zeit im Gericht. Ein Motiv also, das einen Großteil der Szenen beherbergen wird. Dies bedeutet auch: ein überschaubares, ebenfalls relativ fixes Figurenensemble, zumindest in den Gerichtsszenen. Ein Film wie der Klassiker *Die zwölf Geschworenen* spielt eigentlich in einer *Locked Room*-Konstellation, also nur in wenigen Räumen (90 % des Films nur in einem, dem Beratungszimmer der Geschworenen) und abgesehen von den zwölf Geschworenen gibt es kaum relevante andere Rollen. Das Budget für einen solchen Film ist relativ klein, allerdings würde man heutzutage mit diesem Stoff, der auf einem gleichnamigen Fernsehspiel beruht, anders umgehen – ob dann auch ein Oscar fällig wäre, ist allerdings nicht gewiss. Es ist fraglich, ob solche *Locked Room*-Konstellationen die Bedürfnisse oder Erwartungshaltungen des heutigen Publikums noch erfüllen. Dieses verlangt wahrscheinlich mehr Value, stärkere Bilder, besonders starke Schauspieler, usw. Selbst Filme wie *Nicht auflegen*, die eine solche Konstellation erzählen, setzen so weit wie möglich spektakuläre Action ein. Und auch am Rande eines Gerichtsfilms sind heutzutage noch wirklich teure Szenen möglich (z.B. im Film *Eine Frage der Ehre*), Aber letztlich wird ein Film, der sich mit der Zukunft beschäftigt, wie immer sie auch aussehen mag, mehr Geld kosten.

Alles, was erstellt werden muss, ist teuer. Bei Science Fiction kann man selten auf bestehende Motive zurückgreifen. Das bedeutet, man muss sie bauen und aufwendig herstellen. Und dies muss man glaubwürdig tun, schließlich gibt es eine große Konkurrenz, der man sich stellen muss und die beinahe unüberwindbar scheint, weil sie über ein viel größeres Budget verfügen kann: Hollywood. Im Vergleich dazu werden die meisten hiesigen Produktionen eher an *Raumpatrouille Orion* erinnern und teils unfreiwillig komisch wirken.

Natürlich kann man versuchen, mit einem besonderen Trick wie z.B. durch eine *Locked-Room*-Konstruktion eine Geschichte, die in der Zukunft spielt, auch für ein kleines Budget zu realisieren, aber auch wenn alle Figuren nur innerhalb eines Raumschiffes agieren und damit die Kosten für Special Effects und Trickaufnahmen minimiert werden, sollte man sich dennoch fragen, was das

Publikum genau von einem Science Fiction-Film erwartet. Es ist zu vermuten, dass z.b. gerade junge, männliche Zuschauer solche visuellen Besonderheiten schmerzlich vermissen werden, weil sie von einem gewissen Action-Anteil ausgehen, der doch bitte bei diesem Genre auch etwas mit Raumschiffen und spektakulären Kampfszenen zu tun haben sollte.

Eigentlich kann man beinahe jeden Stoff, der nicht in der Jetztzeit spielt, als Kostümfilm bezeichnen. Es müssen nicht unbedingt Römer oder Wikinger sein, sondern es reicht eine Spielzeit, die zehn Jahre zurück liegt, damit Szenenbild und Requisite einen großen Aufwand betreiben müssen. Denn selbst bei Filmen, die in den 80ern oder 70ern spielen, sind die Requisiten nicht immer einfach zu beschaffen. Das, was der Zuschauer im Bild zu sehen bekommt, kann zum Teil durchaus als Klischee bezeichnet werden, aber es hilft, um das nötige Lokalkolorit zu erzeugen. Alles unterscheidet sich von heutigen visuellen Eindrücken, wenn man sich z.B. Filme wie *Sommersturm* oder *Sonnenallee* in Erinnerung ruft. Die Frisuren, die Autos, die Kleidung, die Straßenschilder, die Werbetafeln, die Schallplattenhüllen in dem Musikgeschäft, an dem die Figuren vorbei gehen. Requisite und Ausstattung müssen viele unterschiedliche Wege gehen, um an die geforderten Elemente zu gelangen und verbringen daher viel Zeit mit der Organisation, zum Beispiel indem sie bei Museen anfragen, ob diese bestimmte Gegenstände ausleihen und für einen Dreh zur Verfügung stellen. Die Motive müssen selbstverständlich ebenfalls genau ausgesucht werden, und auch dafür muss eine längere Zeit und ein größerer Aufwand eingeplant werden. Schließlich kann es zum Beispiel sein, dass man ein wunderbares Motiv findet, welches das Haus der Heldin optimal darstellt, nur leider ist direkt nebenan ein modernes Bürogebäude, das man beinahe unweigerlich mit im Bild hat. Da gilt es, Lösungen zu finden und diese können mit Baumaßnahmen zu tun haben. Von den Motiven abgesehen müssen all die Dinge, die man nicht leihen, mieten oder kaufen konnte, nachgebessert oder überhaupt erst angefertigt werden: Dies gilt für die angesprochenen Straßenschilder ebenso wie für den Zigarettenautomaten, die Reklametafel, die Telefonzelle, die Zigarettenpackung oder das Glas Gewürzgurken. Die beiden letzteren Gegenstände werden zwar auch in aktuellen Filmen nachgebessert oder verfremdet, weil man Product Placement vermeiden muss, aber für historische Gegenstände kann der Aufwand ein größerer sein, weil man u.a. die entsprechenden Motive auf den Packungen erst einmal finden muss und nicht einfach – wie heutzutage üblich – nur den Produktnamen verfälscht.

Bei »richtigen« historischen Stoffen ist der Aufwand natürlich noch um ein Vielfaches größer. Hier kann man nur selten auf bestehende Motive und Requisiten zurückgreifen, sondern muss fast alles selbst herstellen oder teuer kaufen oder mieten, weil es nicht im Fundus der Produktionsfirma ist. Für einen Sandalenfilm wird man die nötigen Schwerter und Pferde mieten können, aber ob das auch für die Fuhrwerke oder Sandalen selbst gilt, ist fraglich. Aufgrund von all diesen Punkten kann man grundsätzlich davon ausgehen, dass historische Stoffe rund 25 Prozent teurer sind als »normale« Geschichten. Nun aber zu den kleinen Bildschirmen:

Jedes Fernsehformat hat ganz klare Vorgaben, welche Kosten einzuhalten sind. Gleiches gilt natürlich auch für Kinofilme, aber nur bei seriellen Formaten kann man von vornherein mit einer Kostenaussage rechnen. Es ist nicht so, dass die Gesamtkosten des Formats dem Drehbuchautor mitgeteilt werden. Die Zahl derjenigen, die diese Zahl wissen, bleibt – verständlicherweise – klein. Letztlich spielt die Kenntnis der Kosten auch keine Rolle für den Autor, schließlich wird er sich nicht hinsetzen und sein Buch detailliert durchkalkulieren. Aber eine Ahnung zu haben – und darum geht es ja in diesem Buch – was in dem Format möglich ist, für das er schreibt, das sollte der Produzent oder Producer ihm ermöglichen.

Es gibt Genres, die sind von vornherein kostengünstiger herzustellen als andere. Dazu gehören vor allem Soaps, Telenovelas, oder Weeklies[40]. All diese industriell hergestellten Formate leben davon, dass sie in feststehenden Sets mit einem feststehenden Figurenensemble relativ einfache und sehr eingeschränkte Plots erzählen. Unter eingeschränkt verstehen wir hier die Richtlinien, denen sich die Geschichten zu beugen haben. Die tägliche Produktionsweise, die jeden Tag über zwanzig Sendeminuten herstellen muss, erlaubt es nicht, besonders komplizierte Handlungsabfolgen innerhalb einer Szene zu realisieren – die Zeit und das Geld reichen nicht, eine Szene zehn mal zu proben und gegebenenfalls zehn mal neu zu drehen, weil sie nicht sitzt. So werden diese Formate üblicherweise mit einer Mehrkameratechnik aufgenommen, dabei elektronisch aufgezeichnet und endgefertigt. Das bedeutet, dass die jeweiligen Schnittmöglichkeiten einer Szene im selben Take mit aufgezeichnet werden. Nur so kann die hohe Arbeitsgeschwindigkeit erzeugt werden, die letztlich bis zu 30 Minuten Material am Tag erzeugt, aus dem dann die fertige Folge geschnitten wird.

Ebenfalls schwierig ist es, Motive außerhalb des Studios zu bespielen. Bei einigen der Soaps gibt es einen bestimmten Außenanteil, dieser darf aber keinesfalls überschritten werden, sonst bricht das Drehverhältnis zusammen. Special Effects sind in Daily Soaps ebenfalls kaum herzustellen – die Kosten würden den Rahmen sprengen.

---

40 Unter einer Weekly versteht man eine einstündige TV-Serie, welche mit ihren durchgehenden Erzählbögen und ihrer Cliffhanger-Dramaturgie einer Soap ähnelt – allerdings wird sie nur einmal pro Woche ausgestrahlt (z.B. *Lindenstraße*).

Für Weeklies sieht dies nicht unbedingt anders aus. Diese Formate, wie z.B. die *Lindenstraße*, leben davon, dass ihre Fans Woche für Woche wieder einschalten, und da man hier mit durchgehenden Erzählsträngen arbeitet, »zwingt« man sein Stammpublikum sozusagen dazu. Weeklies werden nicht spontan entworfen, sondern von Senderseite detailliert geplant, um so einen bestimmten Sendeplatz auf lange Sicht mit diesem Format zu bestücken. Insofern werden also von vornherein viele Folgen beauftragt, was neben der Produktionsweise dazu beiträgt, die Kosten für eine Folge gering zu halten. Setbau, Kostüm, Requisite, Indikativ, etc. können auf viele Episoden verrechnet werden.

Bei der Weekly werden pro Folge fünf Drehtage (bei der *Lindenstraße* vier) einkalkuliert, während derer die nötigen 45 Sendeminuten gefertigt werden. Daher setzt man auf ein ähnliches industrielles Prinzip wie bei den Soaps. Entsprechend gering ist der Außendrehanteil und hoch der Studioanteil. Umzugszeit durch einen Motivwechsel kann man sich kaum erlauben.

Nur zum Vergleich: In den USA werden innerhalb von sieben bis acht Tagen hochwertige Prime Time-Serien gedreht, für die man in Deutschland zehn bzw. elf Drehtage ansetzt. Neben der industrialisierten Produktionsweise auf diesem Gebiet sind es hier vor allem die Drehbücher, die einen schnellen Dreh erst möglich machen:

> »The single-biggest weapon in managing costs is getting scripts in good shape well in advance of production. That allows all of the craft and tech folks – set designers, set builders, location scouts, fx mavens – to get a headstart on their tasks for each seg.«[41]

Bei den Weeklies und Soaps ist die Schauspielerfluktuation relativ gering, das Ensemble bleibt meist konstant. Daher bietet sich das System an, die Schauspieler in einem ganz normalen Angestelltenverhältnis zu beschäftigen – ihre Drehtage sind damit stark pauschaliert und insgesamt deutlich preiswerter, als wenn man sie tageweise einkaufen würde. Genauso sind auch die Autoren angestellt – zumindest jene, die an den Positionen der Treatmentliner, Storyliner usw. sind. Dialogbuchautoren, die die fertigen Plots in Form eines Bildertreatments erhalten und sich daher um den Verlauf der Handlung keine Sorgen machen dürfen/ müssen, sind dagegen freischaffend oder aber man findet hier das amerikanische *Writers Room*-Prinzip gespiegelt.

Der Arbeitsablauf für die Autoren – hier nur einmal zur Bebilderung des harten Pensums eingefügt – zeigt die geringen Variationsmöglichkeiten innerhalb der Produktion: In der ersten Woche werden die Outlines mit den Autoren besprochen, in der zweiten Woche geben diese die Stepoutline an den Chefautor.

---

41 Littleton: Networks look for low budgets. Unter: http://www.variety.com/article/ VR1118002339.html?categoryid=14&cs=1&nid=2562

Darauf folgt die interne Besprechung des Treatments, dann die zweite Treatmentfassung und schließlich die Senderabnahme des Treatments in der fünften Woche. In der sechsten und siebten Woche wird das Drehbuch geschrieben, dieses in der folgenden Woche intern abgenommen und die zweite Fassung geschrieben, bevor es dann in der zehnten Woche dem Sender zur Buchabnahme vorgelegt wird. Nach einer Woche Puffer kommt das Buch zur Regie zur Vorbereitung...

Nicht nur die Autorenarbeit, sondern auch die Postproduktion ist standardisiert, denn alle Prozesse müssen optimal laufen, um die zeitnahe Fertigstellung des Produkts zu gewährleisten. Ein Schauspielerausfall ist hier eine Katastrophe, ein plötzlich einsetzender Regen dagegen irrelevant – da ja ohnehin fast nur im Studio gedreht wird.

Die aktuellen Produktionen der Telenovelas der öffentlich-rechtlichen Sender *Rote Rosen* und *Bianca – Wege zum Glück* schaffen es übrigens, täglich bis zu 45 Minuten Schnittmaterial zu produzieren.[42]

Ein Stundenformat in der Prime Time verfügt über ein viel höheres Budget als die Daylies oder die Weeklies. Insofern sollten wir uns einmal kurz den dort zu findenden Genres widmen. Auch hier ist es schwer, generelle Aussagen zu treffen, aber es gibt einige allgemeingültig Aspekte:

Das Budget erlaubt, das jeweilige Format nicht nur in Innenräumen oder mit einer Handvoll Schauspieler zu inszenieren. Im Gegenteil – die Zuschauer erwarten ein gewisses Value und wollen nicht mit billigen Studioproduktionen zugekleistert werden. Welche Genres dann erzählt werden, spielt selten eine finanzielle Rolle. Generell sind natürlich Formate mit einem hohen Action-Anteil am teuersten, allerdings sind normale Krimi-Formate nicht unbedingt teurer als etwa eine Familienserie – das zu Schrott gefahrene Auto im Krimi wird durch das Setting auf einem Schloss in der Familienserie aufgefangen.

Je nach Genre werden teilweise Fachberater angestellt, die dem Team zur Seite stehen. Sie sind mit der Thematik vertraut und sollen dafür sorgen, dass die Darstellung möglichst realitätsgenau ist. So sind Mediziner bei Medicals oder Krankenhausformaten oftmals ein wichtiger Punkt im Budget, ebenso wie Anwälte oder Polizisten bei Gerichts- oder Polizeiformaten. Allerdings sind die Gagen verhandelbar und sicherlich davon abhängig, wen man für die Beratung gewinnen kann, und um welchen Beruf es sich handelt. Aber zwischen € 500 und € 2.000 pro Folge dürfen kalkuliert werden.

Die Sitcom ist per definitionem ein Halbstundenformat. Im Gegensatz zur klassischen Sitcom, wie sie in den USA produziert wird – nämlich vor Live-Publi-

---
42 Vgl. Wendling: Filmproduktion. 2008, S. 64.

kum und in einem festen Bühnensetting – setzt die deutsche Variante auf mehr oder weniger »reale« Motive und entfernt sich von dem theatralen Ursprung. Dabei ist natürlich klar, dass eine Aufzeichnung vor einem Publikum auf einer festen Bühne, mit nur wenigen bespielten Sets, innerhalb eines relativ kurzen Zeitrahmens und mit wenigen Figuren (ein seltenes Beispiel dafür war die ZDF-Sitcom *Lukas*) viel billiger ist als eine Produktion mit wechselnden Motiven, vielen Schauspielern und Nebendarstellern und eventuell noch Special Effects.

Eine Untergattung der Sitcom ist die Sketch Comedy. Durch wechselnde Locations, ständig wechselnde Kostüme und Frisuren und meist in Ermangelung eines Hauptmotivs entstehen bei diesem Genre recht hohe Kosten. Zumeist werden dann aus Kostengründen alle Sketche der Serie, die z.B. im Freibad spielen, an einem einzigen Tag (oder zumindest zusammenhängend) gedreht, und dann im Nachhinein auf die einzelnen Folgen verteilt. Vorausgesetzt allerdings man hat alle Bücher – was gewiss nicht immer der Fall ist.

Gerade für Sketch Comedy bieten sich Motive an, die sozusagen als »Multitasking«-Motiv dienen können. Das bedeutet, dass ein Motiv viele unterschiedliche Facetten bietet. Es kann, aus einer Perspektive gefilmt als Restaurant, aus einer anderen als Bar oder in einem anderen Teil mit einem weiteren Blickwinkel als Lounge dienen.

Hinzu kommen bei solchen Formaten unter Umständen viele Nebendarsteller – mehr als in normalen Serien, obwohl die Produktion und die Autoren natürlich darauf achten, dass sie die Witze vorrangig mit ihrem Stammpersonal erzählen. Je nach Format (z.B. bei *Sechserpack*) kommt man sogar fast ganz ohne Nebendarsteller aus.

Bei Sketch Comedies, welche keine durchgehende Story aufweisen, ist nicht davon auszugehen, dass sie von nur einem einzigen Autor geschrieben werden, sondern dass hier viele Drehbuchautoren beteiligt sind – insofern sind hier alle Bemerkungen zu den Kosten des Drehbuchs natürlich zunächst einmal besonders schwierig zu beurteilen.

Kapitel 11: Buchkosten und Optimierung

Der übliche Arbeitsweg sieht folgendermaßen aus: Der Producer oder der Produzent entwickelt zusammen mit einem Autor einen Stoff, versucht diesen an den Mann zu bringen und stellt dann schließlich zusammen mit dem Herstellungs- oder Produktionsleiter die Finanzierung auf die Beine. Hier kann es durchaus nützlich sein, wenn der Producer sich frühzeitig mit der »Finanzabteilung« abspricht, damit er nicht in die Situation gerät, mit Mitarbeitern am Tisch zu sitzen, die den Stoff für nicht finanzierbar halten.

Allerdings ist bei einem Exposee nur eine vorsichtige Schätzung der Kosten möglich, und ob diese wirklich Sinn macht, ist fraglich. Es gibt, wie bereits im Buch angesprochen, viele Faktoren, die derart variabel sind, dass eine verlässlichere Schätzung erst auf Basis des Treatments möglich ist. Dann ist der grobe Ablauf klar und die entsprechenden finanziellen Konsequenzen ebenfalls. Jetzt weiß man zumindest ansatzweise, an welchen Sets die Geschichte spielen wird, wie viele Figuren eingesetzt werden, und es gibt zumindest eine Vorahnung davon, was mit Tricktechnik bewerkstelligt werden muss.

Eine sinnvolle Kalkulation ist allerdings erst mit einem Drehbuch möglich. Denn viele Kosten entstehen erst im Laufe der Stoffentwicklung. Oftmals werden zwischen Treatment und Drehbuch doch noch ganze Handlungsstränge gekippt, Figuren ausgetauscht oder Motive umgelegt. Dennoch sollte aber jedem Producer von Anfang an klar sein, dass eine Szene, die auf dem Eiffelturm spielt, in einer ganz normalen deutschen Serienfolge nichts zu suchen hat.

Die Kosten im Blick – das Rewrite

Es ist eine unglückliche Situation: Der Producer kommt mit dem Herstellungsleiter von der Besprechung beim Sender zurück und hat ein Blatt mit einer erschreckenden Zahl in der Hand – erschreckend deshalb, weil dort eine Summe für den geplanten Film steht, die weitaus geringer ist, als man es sich im Vorfeld erhofft hat. Üblicherweise sind die Summen, die die Sender für ihre Produktionen ausgeben wollen, im Vorfeld klar, aber ebenso klar ist, dass die Produktionsfirmen oft darauf hoffen, noch etwas herauszuschlagen zu können. Wenn das nicht passiert oder auch nach der ersten Kalkulation, wenn man schmerzlich feststellen muss, dass das Budget nicht reicht – wird man sich hinsetzen und dem Drehbuch widmen, in der Hoffnung, durch gezielte Arbeit am Buch Kosten einsparen zu können. Die Kunst ist es, dies zu tun, ohne dass die Geschichte darunter leidet. Teilweise wird dies im Vorfeld erledigt, teilweise aber auch während des Drehs, weil man etwa feststellen muss, dass man sich verkalkuliert hat oder durch unvorhergesehene Dinge (die den Puffer sprengen) die Kosten explodieren. Dabei gibt es Möglichkeiten zur Kostenersparnis, die absolut nicht vom Drehbuchautor getragen werden können, da er nicht in die entsprechenden Entscheidungsprozesse eingebunden ist. Etwa wenn die Produktion ein Motiv ausgewählt hat, das zwar schön und absolut passend für den Film erscheint, aber große Kosten für einen nötigen Umbau verursacht. In diesem Fall kann kurzfristig überlegt werden, ob nicht ein anderes Motiv die bessere Alternative wäre, da es kaum umgebaut werden müsste (also etwa die fertig eingerichtete Designervilla, die man dann doch anmieten kann, obwohl der benötigte Pool im Keller an einem anderen Motiv gedreht werden muss. Bei der ursprünglichen Variante hätte man vielleicht beide Motive in einem gehabt, aber viel Geld in den Umbau investieren müssen, damit aus der etwas heruntergekommen Villa wieder ein Prachtbau wird).

Eine andere Möglichkeit, Kosten zur reduzieren besteht darin, bei der Zusammensetzung des Produktionsteams auf die damit verbundenen Reisekosten zu achten: Wenn als Drehort z.B. Berlin feststeht, ist es durchaus sinnvoll, die meisten Plätze im Team durch Berliner zu besetzen. Key Positions wie z.B. die Regie fallen hier heraus.

Die Auswahl der Schauspieler kann ebenfalls einen Effekt auf die Produktionskosten haben, und damit sind diesmal nicht die offensichtlichen Gagen gemeint, sondern tatsächlich die Fähigkeit und das Können. Ein guter Schauspieler wird – sofern er nicht von einer »Divenkrankheit« befallen ist, die anderweitig für (Zeit-)Probleme sorgt – seine Szenen professionell und schnell spielen. Das bedeutet, dass er sich seine Bewegungen merken und immer wieder gleich wiederholen kann und nicht plötzlich aus dem Schärfenbereich der Kamera rausrennt oder –greift, und es bedeutet, dass er sich seinen Text merken und fehlerfrei sprechen kann. Unvergessen in diesem Zusammenhang natürlich Marilyn Monroe während der Dreharbeiten von *Some like it hot*, die Schwierigkeiten hatte, den Satz »Wo ist dieser Bourbon?« richtig auszusprechen.

> »Daraus wurden dann achtzig Takes. (...) Ich kann mich nur noch daran erinnern, dass wir ungefähr fünfzig Takes drehten, und dass wir den ganzen Nachmittag versucht hatten, diesen Satz hinzukriegen, denn sie weinte nach jedem Take, und dann musste das Make-up erneuert werden. Und dann verloren wir den nächsten Morgen, weil sie nicht kam, und wir verloren den Nachmittag, weil sie den Satz vergessen hatte.«[43]

---

43 Billy Wilder in: Crowe: Hat es Spaß gemacht, Mr. Wilder? 1999, S. 159f.

Solche Dinge sind natürlich heute unmöglich, selbst wenn man in Hollywood im Studio dreht und theoretisch über viel Zeit verfügt. Aber zur Ehrenrettung von Marilyn Monroe muss man sagen, dass sie offensichtlich stark in ihren Leistungen schwankte:

> »Aber später zum Beispiel, in der Szene am Strand mit Tony Curtis, wo er sich als Mitbesitzer von Shell Oil ausgibt, hatte sie drei Seiten Dialog, die wir schnell in den Kasten bekommen mussten, da wir in Zehn-Minuten-Intervallen von Marine-Flugzeugen überflogen wurden – und sie bekam es gleich beim ersten Mal hin. Das dauerte drei Minuten, und wir hatten die Einstellung. Sie fiel beinahe in Ohnmacht.«[44]

Die Textsicherheit der Schauspieler kann also einen Dreh entscheidend beeinflussen. Manchmal kann man versuchen, solche Verzögerungen dadurch aufzufangen, dass der Schauspieler vor und während der Dreharbeiten intensiv gecoacht wird, aber selbst das hindert solche Darsteller oft nicht daran, Dialoge in bestimmten Momenten doch frei zu improvisieren – und das wiederum führt nicht immer zu einem positiven Ergebnis.

Nun aber zu Kostenelementen, die klar vom Drehbuch in einem Rewrite, das nicht die ganze Geschichte sprengt, kurzfristig beeinflusst werden können: Viele Geschichten kranken an ungesunden Längenverhältnissen. Das ist vor allem in seriellen Fernsehformaten problematisch, bei denen ja die Standardlängen gewahrt werden müssen – bei Privatsendern etwa 46 Minuten brutto pro Serienfolge, bei den öffentlich-rechtlichen Sendern für das gleiche »Stundenformat« bis zu 58:30 Minuten brutto. Hier gibt es ja im Hauptabend keine Werbung. Bei ARD und ZDF gibt es auch serielle Formate, die rund 45 Minuten im Programmschema einnehmen. Hier gelten 43:45 Minuten Länge als Richtwert.

Je länger ein Drehbuch ist, desto mehr Material muss gedreht werden. In der konkreten Umarbeit muss man es also vermeiden, bei Streichung von Szenen neue Szenen zu schreiben. Stattdessen müssen die Informationen aus den entfallenden Szenen in bereits bestehende Szenen platziert werden. Es gibt eine Möglichkeit, Kosten zu reduzieren, indem man Dialogsätze vor allem den Figuren zuschreibt, die ohnehin viel Dialog haben. Das hat nicht nur (kleine) finanzielle Vorteile, sondern auch spielerische: Oftmals verfügen die Darsteller der größeren Rollen auch über das größere schauspielerische Können. Insofern kommt man um die Verlegenheit herum, selbst Einwortsätze nachsynchronisieren zu lassen, weil der Mime auch diesen nicht überzeugend hinbekommen hat. Im Beispiel der Hochzeitsszene ...

---

44   Billy Wilder in: Crowe: Hat es Spaß gemacht, Mr. Wilder? 1999, S. 160.

```
4. KIRCHE                                    INNEN / TAG
Die Bodyguards stehen schon beinahe neben ihm, als er die
Hand zu seiner Brusttasche hebt.
                    BODYGUARD 1
            Na, das lässte mal.
Momme lässt die Hand resigniert wieder sinken. Enzo
entwaffnet ihn.
```

... würde man also den Satz von Bodyguard 1 der Figur geben, die (allein durch die Namensgebung schon sichtbar) eine größere Rolle im Buch einnimmt: Enzo. Führt man eine solche Kontrolle im ganzen Buch durch, kann man durchaus Geld sparen und – das ist ein positiver dramaturgischer Nebeneffekt – sofern die Änderungen sinnvoll und nicht konstruiert sind, die Geschichte damit dichter und kompakter machen.

Auch Kinder können im Hinblick auf die Kosten eines Films ein relevanter Faktor sein. Zwar sind die Gagen weniger ausschlaggebend, jedoch behindert wie bereits erwähnt die Arbeit mit einem Kind die Dreharbeiten erheblich: Die Arbeitszeiten, zu denen Kinder drehen dürfen, schränken den gesamten Drehplan ein und führen in vielen Fällen zu einem verlängerten Drehzeitraum (sofern die Kinder tatsächlich Hauptrollen übernehmen). Auch die Arbeit für die erwachsenen Darsteller ist davon betroffen, denn da diese nicht über dieses starre Regelset verfügen, werden sie natürlich von der Produktionsleitung so flexibel eingeplant, wie es möglich ist – quasi um die Arbeitszeiten der Kinder herum.

Hier zwei Möglichkeiten, wie man im Drehbuch zumindest etwas auf die finanziellen Auswirkungen eines Kinderdrehs einwirken kann: Zum einen kann man das Alter der Kinder höher setzen, denn je älter die Kinderdarsteller sind, desto einfacher lassen sie sich lenken. Zum anderen kann man die Szenen, in denen Kinder mitwirken, reduzieren oder den Kinderanteil daran so gering wie möglich halten. Wenn wir uns das obige Beispiel noch einmal ansehen:

```
4. KIRCHE                                    INNEN / TAG
(...) Alle Augen im voll besetzen Saal drehen sich zum
Kirchenportal um, wo ein fies aussehender Gangstertyp
(ZOLTAN) mit seinen fünf BODYGUARDS und ENZO erscheint.
Dies ist der Startschuss, denkt TONI und beginnt, sein
Blumenkörbchen zu entleeren. Ein Blumenregen ergießt sich
über die ersten Bänke und Momme vergisst, PAUL zu halten.
Der fällt zu Boden und reißt die Ringe auf dem Samtkissen
des Pfarrers mit sich. Ein Tumult entsteht, und die
gesamte Familie beginnt, durcheinander zu schnattern und
entweder die Blumen oder die Ringe aufzuheben.
```

                        LEA
            Momme? Was ist...
                        TONI
            (wirft sich heulend dazwischen)
            Das sind meine Blumen!
                        MOMME
            Scheiße...
Die Bodyguards stehen schon beinahe neben ihm, als er die
Hand zu seiner Brusttasche hebt.
                        BODYGUARD 1
            Na, das lässte mal.
Momme lässt die Hand resigniert wieder sinken. Enzo
entwaffnet ihn. Zoltan geht mit der Zigarre im Mund
gemächlich den roten Teppich entlang. Seine weißen Stiefel
pflügen durch das Blumenmeer. Beinahe tritt er Toni auf die
Hand.

... dann erfordert es vom Darsteller der Figur Toni ein großes Ausmaß an choreografischen Talent. Der Junge muss im richtigen Moment die Blumen hochwerfen, muss sich dann später in den Gang schmeißen und mit den Erwachsene um die Blumen streiten, und dann muss er noch seine Hand so positionieren, dass ihm der Zoltan-Darsteller beinahe drauftreten kann. All das muss der junge Darsteller vor den Augen einer großen Menschenmenge vollziehen, schließlich haben wir hier eine Massenszene, und wenn er aufgeregt ist oder nicht über genügend Selbstvertrauen verfügt, kann das schwirig werden. Wenn Toni nun nicht, wie ursprünglich vermerkt, fünf Jahre alt ist, sondern älter, werden solche Abläufe einfacher zu gestalten sein. Man muss zwar immer noch ein Alter finden, das die kindliche Reaktion des Blumenwurfs möglich macht (oder diese vielleicht in eine Protestreaktion umdeuten), aber durch so eine Altersanhebung ist es möglich, dem Kind beim Dreh weniger Aufmerksamkeit schenken zu müssen und Fehlerquellen zu eliminieren.

Letztlich ist aber die Rolle von Toni grundsätzlich diskutabel. Schließlich kann man sie komplett streichen und sich damit viel Aufwand ersparen – denn all das, was der Junge tut, ist nicht für den Verlauf der Handlung wichtig. Sein Handeln beeinflusst nichts, sondern fügt dem Bild allenfalls eine komische, aber vor allem auch eine realistische Note hinzu: Dass auf Hochzeiten ausschließlich Erwachsene anwesend sind, ist einfach unwahrscheinlich. Meist liegt die Altersspanne bei solchen Familienveranstaltungen bei null bis 99 Jahren. Insofern sollte man durchaus Kinder und Rentner im Bild haben, wenn man eine glaubwürdige Szene filmen will.

Nun gut, wenn man Toni nicht ganz rausschreiben möchte, kann man immer noch versuchen, seine Rolle so klein wie möglich zu gestalten – also raus mit dem Blumenwurf, mit dem Zwischenschrei und mit dem Sich-auf-dem-Boden-Rumwälzen, und es bleibt trotzdem ein Kind in der ersten Bankreihe, das erstaunt und ängstlich (und anfangs wahrscheinlich gelangweilt) den Ereignissen folgt.

Weiterhin gilt, dass auch die Textpassagen von Kinderdarstellern so kurz sein sollten wie möglich. Für sie gilt schließlich derselbe Grundsatz wie für erwachsene Schauspieler: Textsicherheit ist elementar für einen flüssigen Drehablauf. Von jungen Schauspielern kann man jedoch nicht die gleichen Fähigkeiten erwarten wie von gestandenen Profis – sie verfügen meist noch über keinerlei Ausbildung. Damit sind die Chancen gering, dass sie Texte fehlerfrei und zudem noch darstellerisch richtig intonieren.

Es werden allerdings nicht nur Dialoganteile, sondern ebenso häufig Szenen bzw. Motive zusammengelegt. Oft verbindet man zwei aufeinanderfolgende Szenen zu einem homogenen Ganzen, so dass die Konversation zwischen den Figuren z.B. nicht mehr im Auto *und* auf dem Flur des Reviers stattfindet, sondern man beschränkt sich auf einen einzigen Ort, an dem die Szene spielt – also z.B. nur auf den staubigen Gang des Polizeireviers.

Für unser Beispiel könnte man überlegen, ob man z.B. die Szene Nr. 29 in Mommes Wohnung braucht. Bislang tritt dieses Motiv in unserem – zugegeben sehr unvollständigen Drehbuch – nur ein einziges Mal auf. Man kann diese Szene problemlos auch in Leas Loft legen, und sie würde dennoch genauso funktionieren. Schließlich ist es durchaus plausibel, dass Momme und Lea zusammenwohnen, sie wollen schließlich heiraten. Dann allerdings würde man aus »Leas Loft« etwa »Wohnung Momme und Lea« machen.

Die Anzahl der Außendrehs verteuert einen Filmstoff teilweise erheblich. Wie schon im Kapitel Jahreszeiten und Wetter geschildert, spielen Wetter und andere Unwägbarkeiten eine große Rolle. Insofern könnte man im Rahmen einer Kostenreduzierung auch daran denken, die Außenmotive auf ein Minimum zu beschränken. Dabei ist aber natürlich Vorsicht geboten, denn wenn der Film nur innen spielt und man nie die Sonne oder den Himmel sieht, stellt sich schnell ein klaustrophobisches Gefühl beim Zuschauer ein, was normalerweise nicht zu den Effekten gehört, die man erzielen möchte.

Oft ist es allerdings relativ einfach, einen Dialog zu verlegen, um das Außenmotiv zu vermeiden:

58. TRABRENNBAHN TRIBÜNE   **AUSSEN / TAG**

GERRY sitzt aufgeregt neben Lea, die völlig unbeeindruckt von dem ganzen Trubel ist. Wolken sind aufgezogen. Sie fröstelt, aber sie ist die Einzige weit und breit, die friert. Ein Mann neben ihr zerbeißt aus Wut seine Zigarre, als die Pferde offensichtlich in falscher Reihenfolge ins Ziel laufen und scheinbar war das auch nicht die Reihenfolge, auf die Gerry gesetzt hatte. Seine Augen sind stumpf. Lea hat plötzlich eine böse Ahnung.

                    LEA
         Papa, ich frage jetzt nur ungern,
         aber...

                    GERRY
         (unterbricht sie)
         Nein, es war nicht das Geld, das du
         mir geliehen hast.

                    LEA
         Ach so, das wollte ich eigentlich
         gar nicht fragen. Aber... was hast
         du denn dann mit *dem* Geld gemacht?

59. TRABRENNBAHN WETTHALLE   **INNEN / TAG**

Gerry rennt der wütenden Lea nach und rempelt dabei im Gedrängel einen GLÜCKSSPIELER um, der sein Getränk und sein Essen fallen lässt, aber seinen Wettschein krampfhaft umklammert hält.

                    GERRY
         Lea! Warte!

Theoretisch kann man die erste Außenszene auch als Innenmotiv inszenieren. Lea und Gerry könnten das Rennen auch auf einem der Bildschirme verfolgen, und wir wären aus der Verlegenheit raus, eine gesamte Tribüne samt Publikum filmen und die passende Wettstimmung erzeugen zu müssen. Der Ablauf kann genau gleich bleiben, wenn die Szene zur Gänze in der Wetthalle spielt.
Aber dennoch haben wir eine weitere Massenszene, und auch diese ist in der Realisierung teuer. Schließlich müssen die ganzen Wetter dargestellt werden, die Angestellten hinter den Wettschaltern, Menschen, die in Schlangen stehen, andere, die Würstchen verkaufen, und all diese Figuren müssen choreographiert werden, damit sich ein lebensechtes Bild ergibt. Man könnte die Szene auch folgendermaßen auflösen:

Kapitel 11: Buchkosten und Optimierung

```
58. TRABRENNBAHN                           AUSSEN / TAG
Das Rennen läuft. Die Pferde laufen gerade durchs Ziel.
59. TRABRENNBAHN GANG UNTER TRIBÜNE        INNEN / TAG
Gerry und Lea wenden sich zum Gehen. Mit versteinertem
Blick wirft Gerry seinen Wettschein in den Papierkorb. Lea
hat plötzlich eine böse Ahnung.
                    LEA
          Papa, ich frage jetzt nur ungern,
          aber...
                    GERRY
          (unterbricht sie)
          Nein, es war nicht das Geld, das du
          mir geliehen hast.
```

Bei so einem Gang unter der Tribüne wird man zwar nach wie vor Komparsen als Besucher und Wetter benötigen, aber es sind weitaus weniger als bei einem Schuss auf der Tribüne selbst.

Ähnlich kann man auch mit anderen Massenszenen im Buch umgehen, allerdings ist das nicht immer ganz so einfach, wie z.B. das Beispiel der Hochzeit zeigt. Rein theoretisch könnte man diese Szene auch auf dem Standesamt realisieren. Das würde bedeuten, dass hier weitaus weniger Gäste anwesend wären (weil man sich dort meistens auf die engere Familie konzentriert). Es könnte inhaltlich ja auch zu den Figuren passen, denn Momme wirkt als Typ nicht unbedingt so, als würde er großen Wert auf Formalitäten und Glaubensinszenierungen legen. Wahrscheinlich ist es ihm wichtig, Lea zu heiraten, aber die Art und Weise spielt kaum eine Rolle.

Allerdings passen einige andere Verhaltensweisen nicht unbedingt zu diesem neuen Schauplatz. Denn ist es wirklich glaubwürdig, dass ein Verbrecher wie Zoltan auf einem offiziellen Amt so einen Übergriff macht? Schließlich hat man das Gefühl, als könnte die Polizei im selben Haus angesiedelt sein? Es scheint plausibler – obwohl auch das schon gewagt ist –, wenn er sich in der Kirche zu Wort meldet. Der äußere Rahmen spiegelt zudem das Imposante, die Bedeutung des Augenblicks wider. Ein Standesamt hingegen wirkt üblicherweise wenig charmant, sondern eher staubig und bieder. Zu klein für einen imposanten Auftritt.

Je weniger Schauplätze das Drehbuch hat, desto geringer sind die Kosten und die Zeitausfälle, die für die notwendigen Umzüge auflaufen. Insofern kann man versuchen, die Zahl der Motive auch aus diesem Aspekt zu reduzieren. Andererseits lebt ein Film davon, dass er dem Zuschauer bestimmte visuelle Welten eröffnet und ihn (nicht nur, aber auch) mit Bildern verzaubert und berührt. Wenn man an dieser Stelle zu sehr reduziert, wird das dem Ergebnis nicht unbedingt gut tun, und eines wollen ja schließlich alle: einen guten Film machen.

Wir haben oben die Technik und ihre Möglichkeiten angesprochen und auch davor gewarnt, die digitalen Möglichkeiten nur um ihrer selbst willen auszunutzen. Wie steht es aber mit Special Effects, die von allen befürwortet werden, aber leider teurer ausfallen als eingeplant? Nun, es kann sein, dass das Budget für die Effekte erhöht wird, wir weisen aber auf diese äußerst unwahrscheinliche Möglichkeit nur der Vollständigkeit halber hin. Es wird viel eher so sein, dass die Effekte gänzlich gestrichen werden, oder dass sie, als dritte Möglichkeit, vereinfacht werden. Dies kann durch eine feststehende Kamera geschehen, deren Bewegung man zuvor mit in den Effekt hineinrechnen hätte müssen. Es kann aber auch durch die Reduzierung von Plates geschehen, damit das Compositing, also das Zusammenführen der auf unterschiedliche Weise aufgenommenen Bildkomponenten einfacher wird. Ein Beispiel:

60. STRASSE   **AUSSEN / TAG**
`Momme duckt sich weg. Drei Schüsse treffen dennoch dicht neben seinem Kopf in die Mauer ein. Putz regnet. Momme zieht den Kopf noch tiefer ein.`

Diese Einstellung würde man wahrscheinlich mit zwei Plates drehen – einmal, wie Momme sich alleine wegduckt und dann den Kopf noch weiter einzieht und einmal, wie die Schüsse die Wand treffen und der Putz wegspritzt. Später würden beide Einstellungen aufeinander montiert. Ein solches Verfahren macht man unter anderem deswegen, weil man den Schauspieler nicht gefährden will. Um die Plates zu reduzieren und dennoch den Schauspieler zu schützen, könnte man die Szene auch folgendermaßen schreiben:

60. STRASSE   **AUSSEN / TAG**
`Momme duckt sich gerade noch rechtzeitig weg. Drei Schüsse treffen dort in die Wand, wo er eben noch gestanden hatte. Putz regnet.`

Auch wenn dies ein sehr einfaches Beispiel ist, zeigt es, dass es nicht immer nötig ist, völlig auf Effekte zu verzichten.

Neben den Special Effects sind es natürlich auch immer wieder die Action- und Stunt-Szenen, die einen Film extrem verteuern (vgl. das Statement von Stefan Retzbach). Aber wenn das Fernsehformat oder ein Film von vornherein ihre

Anziehungskraft auf diese Elemente setzen, macht es natürlich keinen Sinn, daran zu sparen. Auch für andere Stoffe ist der sinnvolle Umgang mit Stunts und Action zu beachten: Wie schnell hat man den intendierten Effekt des Stunts zerstört, wenn man anstelle eines normalen Wagens (es muss ja nicht einmal eine Luxusklasselimousine sein, obwohl auch das wesentlich zum Value der Bilder beiträgt) nur eine Schrottkiste den Unfall machen lässt? Sobald der Zuschauer den Eindruck hat, dass der Spielwagen ohnehin nur hundert Euro gekostet hat, wird er sich enttäuscht abwenden, und der ganze Effekt ist dahin.

Wie bereits angesprochen sind Nachtdrehs teurer als normale Tagesdrehs. Daher ist es auch hier sinnvoll, Szenen in den Tag zu verlegen, wenn das möglich ist. Sofern sich das aus chronologischen oder atmosphärischen Gründen nicht anbietet (üblicherweise finden z.B. Vampirbisse eher in dunklen, vernebelten Ecken statt und nicht unbedingt in der gleißenden Sonne auf dem sommerlichen Balkon), kann man zumindest versuchen, die Szene nach Innen zu legen, um Kosten zu sparen. Schließlich kann dann auch am Tag gedreht, aber »Nacht« relativ schnell hergestellt werden.

Ein Letztes noch zu dem Einsatz von Tieren im Film: Es gibt mehrere Gründe, warum Autoren Tiere in ihre Bücher hineinschreiben. Zum Ersten natürlich wenn es ein Tierfilm ist. Oder wenn z.B. ein Tier als Metapher für den Zustand, den Geist oder die Seele einer Figur oder eines freiheitlichen Gedankens dienen sollen, wie es z.B. in den John Woo-Filmen oft der Fall ist, in denen fortfliegende weiße Tauben schon zum Markenzeichen geworden sind, u.a. bei *Face Off* oder *Mission Impossible 2*. Oder aber Tiere werden eingesetzt, weil sie einfach süß sind (oder zumindest diesen Effekt beim Publikum erzeugen sollen). Wenigstens bei den letzteren beiden Gründen tragen die Tiere meist nicht zum Verlauf der Handlung bei, indem sie diese gravierend beeinflussen und verändern. Genau aus diesen Gründen wird es immer wieder Diskussionen geben, ob Tiere überhaupt eingesetzt werden sollen. Und der Drehbuchautor sollte seine Meinung dazu gut begründen können...

Die Kosten im Blick – Nach dem Dreh

»If it can be cut, do.« George S. Kaufman[45]

Damit betont Kaufman, dass jede überflüssige Information das Verständnis der Geschichte und deren mitreißende Wirkung nur erschwert oder verhindert.

Jedes Drehbuch hat Szenen, die dem Autor oder dem Regisseur besonders gut gefallen haben und vor allem aus diesem Grund realisiert worden sind – und das

---

45 Sandler: TV-Writer's Workbook, S. 164.

obwohl sie womöglich in der Geschichte nicht optimal funktionieren. »Kill your Darlings« ist eine der schwersten Aufgaben beim Schreiben, denn jeder hat sich einmal in den einen oder anderen Satz verliebt oder ist sich einfach sicher, dass diese Szene großartig funktionieren wird. Vielleicht hat derjenige auch Recht: Vielleicht funktioniert die Szene großartig in sich, oder vielleicht ist der Satz einfach brillant und witzig – aber dennoch leider nicht optimal im Gesamtkontext des Films. Dies stellt man leider meist erst nach dem Dreh fest (obgleich ein leises Bauchgefühl dies oft schon vorher ankündigt – man müsste nur darauf achten). Denn erst im Schnitt, wenn alle Einstellungen zusammengefügt werden und man sich den Film erstmals als Ganzes ansehen kann – wobei hier bemerkt sei, dass der Rohschnitt oft noch einiges vom Final Cut, also dem endgültigen Schnitt entfernt ist –, stellt man fest, dass etwas nicht funktioniert, dass eine Szene überflüssig ist oder den Zuschauer in die falsche Richtung lenkt und damit die Möglichkeit in sich birgt, dass der Zuschauer aus der Handlung aussteigt.

Was also tun? Einzelne Dialoge lassen sich meist einfach herausschneiden, allerdings hängt dies von der Auflösung ab: Je nachdem wie der Regisseur inszeniert hat, also ob z.B. eine durchgehende Handlung im Hintergrund den gesamten Szenenablauf andauert, ist es unter Umständen nicht möglich, bestimmte Dialoge herauszufiletieren.

Einzelne Szenen lassen sich oftmals recht gut herausnehmen. Das sind Szenen, die womöglich ohnehin als Fremdkörper wahrgenommen würden, weil sie keine inhaltliche Bindung an den Rest des Films haben. Sie beinhalten also keine Informationen, die für den weiteren Verlauf des Films notwendig sind. Der Kürzung stehen natürlich die Kosten gegenüber, die für die Erstellung dieser Szene angefallen sind: Drehzeit (und damit Lohnzahlungen an die gesamte Crew), Motivmieten, Darstellergagen, eventuelle Spezial Effects o.Ä. Den Wert einer Szene konkret zu beziffern ist schwierig, aber möglich. Jedoch kann dies nur auf einen bestimmten Film hin und hier keineswegs pauschal geschehen. Es ist unseriös, den Wert einer fiktiven Szene zu kalkulieren, da man die ganzen Pauschalierungen usw. nicht herausrechnen kann.

Glücklicherweise entscheiden sich die meisten Filmemacher dafür, aus dramaturgischen Gründen nicht auf die Szenen zu verzichten, die vielleicht besondere Special Effects vorweisen können. Sie stellen den dramaturgischen Nutzen über den finanziellen – und dies ist auch richtig so.

Kostenersparnis ist aber natürlich nicht der einzige Grund, warum im Vorfeld Kürzungen vorgenommen werden. Francis Ford Coppola sagt z.B.:

> »Viele Sachen, die ich gedreht habe und die heute als klassisch gesehen werden, sind durch Zufall entstanden. Erinnern Sie sich an die Szene im *Paten*, in

der alle Gangmitglieder getötet werden? Ich habe das damals geschrieben, um Platz im Drehbuch zu sparen...(lacht). Ich wollte dreißig Seiten Roman in drei Seiten Drehbuch adaptieren. Ein Wunder, dass es gut gegangen ist.«[46]

Während des Drehs wird üblicherweise eine Vorstoppzeit erstellt, so dass der Regisseur und der Produktionsleiter ungefähr wissen, ob man die intendierte Länge des Films / der Serienfolge treffen wird. Stellt man fest, dass das Material ohnehin schon zu lang ist, tritt oft der Fall ein, dass jetzt schon Szenen gekürzt, zusammengefasst oder sogar gestrichen werden. Dies ist – unter unglücklichen Umständen – auch der Fall, wenn man feststellen muss, dass man aufgrund von Verzögerungen nicht mehr mit der Drehzeit hinkommt und deswegen Szenen entfallen müssen, weil sie einfach nicht mehr zu realisieren sind.[47] Hier greift dann üblicherweise der Produzent / Producer ein, und einigt sich mit dem Regisseur. Solche Entwicklungen sind natürlich nicht gern gesehen, und der Regisseur wird sich dafür vor dem Produktionsleiter verantworten und die Überstunden und zu knappe Drehzeit erklären müssen.

Nicht immer läuft bei einem Filmdreh alles rund. Es gibt unzählige Möglichkeiten dafür, was alles schief gehen kann, angefangen von persönlichen oder technischen Problemen, von Krankheiten bis hin zur Auseinandersetzung über die Schauspielerführung, verschiedenen Ansichten über den Ton der Geschichte oder gar konträre Meinungen über das intendierte Genre. Vielleicht gibt es auch »nur« Wetter- und damit Anschlussprobleme oder eine logische Frage im Plot, die nicht durch Nachsynchronisation gelöst werden kann. In diesen Fällen ist ein Nachdreh fällig. Bei großen Kinoproduktionen werden Nachdrehtage manchmal von vornherein eingeplant, bei Fernsehproduktionen ist dies unüblich und zu vermeiden. Für den Drehbuchautor spielt all das nur selten eine Rolle, deswegen sei dieses Thema hier nur kurz angesprochen. Denn zumeist werden die bestehenden Drehbuchszenen nochmals mehr oder weniger identisch neu gedreht. Nur in dem letzten oben angesprochenen Fall – dass es logische, inhaltliche oder Verständnisprobleme der Geschichte gibt, ist der Drehbuchautor dann betroffen. In diesen Fällen wird von ihm gefordert, eine Szene zu entwickeln, die die Problemstellungen löst und sich gut in den Plot integrieren lässt. Dies sollte meist relativ einfach zu gewährleisten sein.

---

46   http://www.spiegel.de/kultur/kino/0,1518,564551,00.html am 08.07.2008
47   Dabei ist das Arbeitspensum der amerikanischen Industrie noch höher als das deutsche. »Keep in mind, an average TV drama has to film seven to twelve script pages per day.« Goldberg/Rabkin: Successful TV Writing. 2003, S. 117. Wohlgemerkt – der Autor spricht hier von einer Prime Time-Fernsehserie, die standardisiert gefertigt wird. Ein Kinofilm wird sicherlich mehr Zeit beanspruchen, eine Soap hat ein ähnlich hohes oder höheres Tempo in der Herstellung.

Kapitel 12: Beispielkalkulation

Die bislang geschilderten Szenen legen inhaltlich eher ein filmisches Einzelstück nahe, aber um einmal zu demonstrieren, wie die Kalkulation einer Serie funktioniert, haben wir in der nun folgenden Beispielkalkulation angenommen, dass wir eine achtteilige fiktive Serie rund um Momme und Lea drehen.
Dafür haben wir großzügige elf Drehtage pro Folge angenommen, was sich insgesamt auf 88 Drehtage beläuft. Für alle anderen Werte haben wir, um ein leichteres Verständnis zu erzielen, Mittelwerte angenommen.
Bei der vorliegenden Kalkulation handelt es sich um eine externe Senderkalkulation, die aber sicherlich von dem Sender noch verhandelt wird, so dass man eventuell mit einem zehnprozentigen Abzug rechnen kann.

Kalkulation: **Fiktive Serienkalkulation 8x46**　　　Alle Angaben in **EUR**　　　31.07.2009 13:41:32

Programmbereich: **Drama - Serien**

Titel: **8 Folgen x 46 Minuten**　　　KSt./Träger:

Produzent:

Aufz.Verfahren: Color　　　16 mm　　Herst./Prod.ltg.:
Länge in mtr.: 4.207,00　　　　　　　Regisseur:
　　　　　　　　　　　　　　　　　　Kameramann:
Sendedauer:　368,00 min　　　　　　Architekt:
　　　(8 x 46.00 min., 8 Folge(n))
Vorgesehene (s) Ateliers (s):

Mobile MAZ-Technik:

Außenaufnahmen:　　　Köln und Umgebung

Drehbeginn:　　04.05.2009
Drehende:　　　15.09.2009
Rohschnittabnahme:
Ablieferung d. Produktion:

Netto-Herstellungskosten:　　　　　　　**5.787.771,46**
　　　　　　Folgen-Preis　　　　　　　723.471,43
　　　　　　Min.-Preis　　　　　　　　 15.727,64
　　　　　　Festpreis　　　　　　　　　　　0,00
　　　　　　Fol.-Festpreis　　　　　　　　 0,00

Eingereicht: (Firmenstempel)

(Ort, Datum　Produzent)

(c) Copyright SESAM-Soft　　　　　　Lizenz: **Sony Pictures**

Kommentar zum Kostenvoranschlag

88 DT

Beistellungen vom Sender:

Indikativ/Grafikpaket
Versicherung
Musik/-rechte

Kalkulation: **Fiktive Serienkalkulation 8x46**   Alle Angaben in **EUR**   31.07.2009 13:42:33

Kostenzusammenstellung

Text	Betrag
0. Nutzungsrechte	150.000,00
1. Gagen und Honorare	2.959.340,00
2. Atelier-Bau	0,00
3. Atelier-Dreh	0,00
4. Außenaufnahmen	555.280,00
5. Ausstattung	356.960,00
6. Synchronisation, Musikaufnahme, Mischung	65.760,00
7. Bild- und Tonmaterial und Bearbeitung	196.805,55
8. Versicherungen	0,00
9. Allgemeine Kosten	419.997,90
A. Netto-Fertigungskosten (inkl. 0% der Beist., exkl. Buy out)	**4.704.143,45**
B. Handlungskosten 6,00% von A	282.248,61
C. Zwischensumme	4.986.392,06
D. Gewinn 7,50% von C	373.979,40
E. Zwischensumme	5.360.371,46
F. abzüglich 0% der Beistellungen (100% = 1.500,00) ./.	0,00
F+. zuzüglich Buy out	427.400,00
G. Zwischensumme	5.787.771,46
H.	0,00
I. Netto-Herstellungskosten d. Produzenten	**5.787.771,46**
K. Fest-Preis (Fol.-Festpreis: 0,00) exkl. Mwst.	0,00
L. Brutto-Kosten inkl. 7,00% Mwst. (405.144,00) von I	6.192.915,46

(c) Copyright SESAM-Soft   Lizenz: **Sony Pictures**

Kalkulation: **Fiktive Serienkalkulation 8x46** Alle Angaben in **EUR** 31.07.2009 13:43:10

Text				EUR
0. Nutzungsrechte				
1. Nutzungsrechte - Wort				
(1) Verlagsrechte				
pro Buch	8,00 à	30.000,00 =	120.000,00	
zzgl. **Buy out:** 100,00 % / **120000,00**				
				120.000,00
3. Sonstige Musikrechte				
(1) Auftragskomposition (ohne Orchester)				
Senderanteil pro Folge	8,00 à	2.750,00 =	22.000,00	
(2) Source Musik für IT-Fassung				
	0,00 à	0,00	NICHT Rechnen	
				22.000,00
8. Andere Rechte und Logos				
pro Folge	8,00 à	1.000,00		8.000,00
			Summe KB 0	**150.000,00**
1. Gagen und Honorare				
1. Produktionsstab				
(1) Produktionsleiter				
vom 09.03.2009 bis 29.09.2009	29,40 Wo.à	1.850,00 =	54.390,00	
(2) Produktionsassistent				
vom 09.03.2009 bis 22.09.2009	28,40 Wo.à	850,00 =	24.140,00	
(3) 1. Aufnahmeleiter				
vom 06.04.2009 bis 22.09.2009	24,40 Wo.à	1.250,00 =	30.500,00	
(4) 2. Aufnahmeleiter 1. Block				
vom 29.04.2009 bis 30.06.2009	9,00 Wo.à	975,00 =	8.775,00	
(4) 2. Aufnahmeleiter 2 Block				
vom 08.07.2009 bis 16.09.2009	10,20 Wo.à	975,00 =	9.945,00	
(5) Set-Runner 1. Block				
vom 04.05.2009 bis 15.09.2009	17,60 Wo.à	450,00 =	7.920,00	
(5) Set-Runner 2. Block				
vom 04.05.2009 bis 15.09.2009	17,60 Wo.à	450,00 =	7.920,00	
(8) Filmgeschäftsführung mit Kasse				
vom 06.04.2009 bis 29.09.2009	25,40 Wo.à	1.280,00 =	32.512,00	
(9) Produktionspraktikant				
vom 06.04.2009 bis 22.09.2009	24,40 Wo.à	120,00 =	2.928,00	
(10) Motiv-AL				
vom 20.04.2009 bis 16.09.2009	21,60 Wo.à	1.000,00 =	21.600,00	
				200.630,00
2. Regie-/Redaktionsstab				
(1) Regisseur 1. Block				
4 Folgen	4,00 à	20.000,00 =	40.000,00	
zzgl. **Buy out:** 100,00 % / **40000,00**				
(2) Regisseur 2. Block				
4 Folgen	4,00 à	20.000,00 =	40.000,00	
zzgl. **Buy out:** 100,00 % / **40000,00**				
(3) Regie-Assistent 1. Block				
vom 06.04.2009 bis 29.06.2009	12,20 Wo.à	1.350,00 =	16.470,00	

(c) Copyright SESAM-Soft Lizenz: **Sony Pictures**

Text					EUR
(4) Regie-Assistent 2. Block					
vom 15.06.2009 bis 15.09.2009	13,40 Wo.à	1.350,00 =	18.090,00		
(5) Continuity 1. Block					
vom 28.04.2009 bis 29.06.2009	9,00 Wo.à	980,00 =	8.820,00		
(5) Continuity 2. Block					
vom 07.07.2009 bis 15.09.2009	10,20 Wo.à	980,00 =	9.996,00		
(6) Producer					
vom 04.05.2009 bis 15.09.2009	10,00 Mo.à	8.000,00 =	80.000,00		
					213.376,00
3. Kamera					
(1) Kameramann 1. Block					
vom 13.04.2009 bis 03.07.2009	12,00 Wo.à	3.250,00 =	39.000,00		
(2) Kameramann 2. Block					
vom 22.06.2009 bis 21.09.2009	13,20 Wo.à	3.250,00 =	42.900,00		
(3) Kamera Assistent 1. Block					
vom 29.04.2009 bis 30.06.2009	9,00 Wo.à	1.250,00 =	11.250,00		
(4) Kamera-Assistent 2. Block					
vom 07.07.2009 bis 16.09.2009	10,40 Wo.à	1.250,00 =	13.000,00		
(5) Steadycam Operator					
vom bis	16,00 Ta. à	1.400,00 =	22.400,00		
(8) Materialassistent 1. Block					
vom 01.05.2009 bis 30.06.2009	8,60 Wo.à	850,00 =	7.310,00		
(8) Materialassistent 2. Block					
vom 10.07.2009 bis 16.09.2009	9,80 Wo.à	850,00 =	8.330,00		
(9) Tonmeister 1. Block					
vom 01.05.2009 bis 30.06.2009	8,60 Wo.à	1.350,00 =	11.610,00		
(9) Tonmeister 2. Block					
vom 10.07.2009 bis 16.09.2009	9,80 Wo.à	1.350,00 =	13.230,00		
(10) Tonassistent 1. Block					
vom 04.05.2009 bis 29.06.2009	8,20 Wo.à	985,00 =	8.077,00		
(10) Tonassistent 2. Block					
vom 13.07.2009 bis 15.09.2009	9,40 Wo.à	985,00 =	9.259,00		
					186.366,00
5. Schnitt (on line / off line)					
(1) Cutter					
vom bis	24,00 Wo.à	1.550,00 =	37.200,00		
(2) Cutter-Assistent					
vom bis	24,00 Wo.à	500,00 =	12.000,00		
					49.200,00
6. Kostüm-Stab					
(1) Kostümbildner					
vom 23.03.2009 bis 22.09.2009	26,40 Wo.à	1.400,00 =	36.960,00		
(2) Kostümbildner-Assistent					
vom 23.03.2009 bis 22.09.2009	26,40 Wo.à	1.100,00 =	29.040,00		
(3) Garderobier					
vom 27.04.2009 bis 18.09.2009	21,00 Wo.à	950,00 =	19.950,00		
(3) Garderobier					
vom 27.04.2009 bis 18.09.2009	19,20 Wo.à	950,00 =	18.240,00		
(4) Garderobier Zusatz					
vom bis	24,00 Ta. à	190,00 =	4.560,00		
					108.750,00

Text	EUR
7. Bau- und Ausstattungsstab	
(1) Szenenbildner	
vom 09.03.2009 bis 29.09.2009 29,40 Wo.à 2.000,00 = 58.800,00	
(2) Szenenbildner-Assistent	
vom 09.03.2009 bis 22.09.2009 28,40 Wo.à 1.000,00 = 28.400,00	
(3) Außenrequisiteur	
vom 23.03.2009 bis 29.09.2009 27,40 Wo.à 1.250,00 = 34.250,00	
(4) Außenrequisite Assistenz	
vom 23.03.2009 bis 22.09.2009 26,40 Wo.à 750,00 = 19.800,00	
(5) Innenrequisite	
vom 27.04.2009 bis 17.09.2009 20,00 Wo.à 980,00 = 19.600,00	
(6) Innenrequisitenhilfe	
vom 29.04.2009 bis 17.09.2009 19,20 Wo.à 500,00 = 9.600,00	
(7) Requisiten-Hilfe/Fahrer	
vom 23.03.2009 bis 29.09.2009 27,40 Wo.à 720,00 = 19.728,00	
(8) Baubühnenmeister	
vom 27.04.2009 bis 18.09.2009 20,20 Wo.à 1.100,00 = 22.220,00	
(9) Baubühnenmann	
vom 28.04.2009 bis 18.09.2009 19,60 Wo.à 1.100,00 = 21.560,00	
(10) Location Scout	
pro Folge 8 Tage 64,00 à 350,00 = 22.400,00	
	256.358,00
8. Sonstiger Stab	
(1) Herren-Maskenbildner	
vom 30.04.2009 bis 16.09.2009 18,40 Wo.à 1.250,00 = 23.000,00	
(2) Damen-Maskenbildner	
vom 30.04.2009 bis 16.09.2009 18,40 Wo.à 1.250,00 = 23.000,00	
(3) Spezialmaskenbildner Wunden/Leichen	
vom bis 20,00 Ta. à 300,00 = 6.000,00	
(4) Standfotograf	
vom bis 24,00 Ta. à 250,00 = 6.000,00	
(5) Kraftfahrer	
vom 13.04.2009 bis 22.09.2009 23,40 Wo.à 620,00 = 14.508,00	
(6) Kraftfahrer	
vom 20.04.2009 bis 22.09.2009 22,40 Wo.à 620,00 = 13.888,00	
(8) Oberbeleuchter 1. Block	
vom 27.04.2009 bis 30.06.2009 9,40 Wo.à 1.400,00 = 13.160,00	
(8) Oberbeleuchter 2. Block	
vom 06.07.2009 bis 16.09.2009 10,60 Wo.à 1.400,00 = 14.840,00	
(9) Beleuchter 1. Block	
vom 01.05.2009 bis 30.06.2009 8,60 Wo.à 1.250,00 = 10.750,00	
(9) Beleuchter 2. Block	
vom 10.07.2009 bis 16.09.2009 9,80 Wo.à 1.250,00 = 12.250,00	
(10) Beleuchter 1. Block	
vom 01.05.2009 bis 30.06.2009 8,60 Wo.à 1.250,00 = 10.750,00	
(10) Beleuchter 2. Block	
vom 10.07.2009 bis 16.09.2009 9,80 Wo.à 1.250,00 = 12.250,00	
(12) Beleuchter Zusatz	
vom bis 24,00 Ta. à 250,00 = 6.000,00	
(13) Drehbühnenmeister 1. Block	
vom 01.05.2009 bis 30.06.2009 8,60 Wo.à 1.400,00 = 12.040,00	

141

Text					EUR
(13) Drehbühnenmeister 2. Block					
vom 10.07.2009 bis 16.09.2009	9,80 Wo.à		1.400,00 =	13.720,00	
(14) Drehbühnenmann 1. Block					
vom 01.05.2009 bis 30.06.2009	8,60 Wo.à		850,00 =	7.310,00	
(14) Drehbühnenmann 2. Block					
vom 10.07.2009 bis 16.09.2009	9,80 Wo.à		850,00 =	8.330,00	
(15) Fachberater					
vom bis	10,00 Ta. à		350,00 =	3.500,00	
(17) Medienpädagogische Fachkraft/Kind					
vom bis	10,00 Wo.à		150,00 =	1.500,00	
					212.796,00
9. Darsteller					
(1) Hauptdarsteller		(s. Anlage	)	666.666,67	
zzgl. Buy out:	133333,33				
(2) Nebendarsteller und Episodenrollen		(s. Anlage	)	470.333,33	
zzgl. Buy out:	94066,67				
(3) Komparsen		(s. Anlage	)	67.584,00	
(4) Casting Hauptcast/Umbesetzung				5.000,00	
(5) Casting Episodencast					
	8,00 à		3.000,00 =	24.000,00	
(6) Casting Komparsen					
880 Komparsen	880,00 à		8,50 =	7.480,00	
(7) Komparsenbetreuung am Set					
pro DT	88,00 à		100,00 =	8.800,00	
(8) Stunts					
pro Folge	8,00 à		8.000,00 =	64.000,00	
					1.313.864,00
12. Überstunden (Samstag, Sonntag, Feiertag, Nacht), Urlaubsabgeltung					
(1) Überstunden (Samstag, Sonntag, Feiertag, Nacht)		(s. Anlage	)	60.000,00	
(2) Urlaubsabgeltung		(s. Anlage	)	100.000,00	
					160.000,00
13. Sozialversicherung, KSK					
(1) Sozialversicherung Stab		(s. Anlage	)	190.000,00	
(2) Sozialversicherung Hauptdarsteller		(s. Anlage	)	17.000,00	
(3) Sozialversicherung Nebendarsteller		(s. Anlage	)	25.000,00	
(4) Sozialversicherung Komparsen		(s. Anlage	)	10.000,00	
(5) Künstlersozialkasse		(s. Anlage	)	16.000,00	
					258.000,00
				Summe KB 1	**2.959.340,00**
2. Atelier-Bau					
				Summe KB 2	**0,00**
3. Atelier-Dreh					
				Summe KB 3	**0,00**
4. Außenaufnahmen					
1. Mieten, Entschädigungen					

Kalkulation: **Fiktive Serienkalkulation 8x46** Alle Angaben in **EUR** 31.07.2009 13:43:10

Text			EUR
(1) Grundstücke und Gebäude	(s. Anlage)	188.000,00	
(3) Drehgenehmigungen			
88 DT x 2 Motive	176,00 à	180,00 =	31.680,00
(4) Absperrfirma			
88 DT x 2 Motive	176,00 à	225,00 =	39.600,00
(5) Mobile Toiletten			
88 DT	88,00 à	180,00 =	15.840,00
			275.120,00
2. Baumaterial - Kauf			
8 Folgen	8,00 à	1.500,00	12.000,00
3. Baumaterial - Miete			
8 Folgen	8,00 à	1.000,00	8.000,00
4. Bildtechnik			
(1) Filmkamera			
DT	88,00 à	450,00 =	39.600,00
(1) 2. Filmkamera/Slowmotion			
Einsatztage inkl. Cassetten	8,00 à	800,00 =	6.400,00
(2) Zubehör Filmkamera			
incl. Videoausspielung	88,00 à	150,00 =	13.200,00
(3) Steadicam			
2 Body	16,00 à	300,00 =	4.800,00
(4) Funkschärfe für Steadicam			
	16,00 à	275,00 =	4.400,00
			68.400,00
5. Tontechnik			
(1) Tonapparatur			
DAT incl. Batterien	88,00 à	210,00 =	18.480,00
(7) Sprechfunkgeräte			
Walkies incl. Headset	88,00 à	120,00 =	10.560,00
			29.040,00
6. Beleuchtungstechnik			
(1) Lampen und Kabel			
pro DT	88,00 à	750,00 =	66.000,00
(2) Zusatzlicht			
44 DT	44,00 à	200,00 =	8.800,00
(3) Verbrauch & Brennerstunden			
	88,00 à	80,00 =	7.040,00
(4) Steiger			
16 Tage	16,00 à	300,00 =	4.800,00
(5) Ladepauschale			
	4,00 à	320,00 =	1.280,00
(6) Lampenschäden			
	1,00 à	2.000,00 =	2.000,00
(8) Stromaggregate			
incl. Diesel	88,00 à	400,00 =	35.200,00
			125.120,00
7. Sonstige technische und produktionstechnische Geräte			
(2) Dolly			
	88,00 à	250,00 =	22.000,00
(4) Kran			
mit Remote Head	16,00 à	350,00 =	5.600,00
(5) Trailer für Cargrip			
	8,00 à	1.250,00 =	10.000,00
			37.600,00
		Summe KB 4	**555.280,00**

(c) Copyright SESAM-Soft Lizenz: **Sony Pictures**

| Kalkulation: **Fiktive Serienkalkulation 8x46** | Alle Angaben in **EUR** | 31.07.2009 13:43:10 |

Text			EUR

5. Ausstattung

1. Kostüme und Haarteile - Kauf
(1) Kostüme Hauptdarsteller   (s. Anlage)   60.150,00
(2) Kostüme Nebendarsteller/Episodenrollen
    30 Rollen x 8 Folgen   240,00 à   300,00 =   72.000,00
                                                                                        132.150,00

2. Kostüme und Haarteile - Miete
(1) Kostüme Miete Hauptdarsteller
    pro Folge   8,00 à   2.000,00 =   16.000,00
(2) Kostüm Miete Nebendarsteller/Episodenrollen
    pro Folge   8,00 à   2.000,00 =   16.000,00
(4) Kostümreinigung
    Folge   8,00 à   350,00 =   2.800,00
                                                                                        34.800,00

3. Möbel-, Requisiten-, Stoffe - Kauf
(1) Möbel & Requisiten komplett
    pro Folge   8,00 à   15.000,00 =   120.000,00
                                                                                       120.000,00

5. Schminkmaterial
(1) Maske 1
    pro DT, inkl. Maskenproben   91,00 à   55,00 =   5.005,00
(2) Maske 2
    pro DT, inkl. Maskenproben   91,00 à   55,00 =   5.005,00
(3) Spezialmaskenmaterial
    pro Folge   8,00 à   500,00 =   4.000,00
                                                                                       14.010,00

7. Backgrounds
(1) Schilder & Grafiken
    pro Folge   8,00 à   1.000,00 =   8.000,00
                                                                                       8.000,00

8. Gärtnerarbeiten
(1) Pflanzen und Blumen
    pro Folge   8,00 à   500,00 =   4.000,00
                                                                                       4.000,00

9. Pyrotechnik
(1) Rauch, Wasser, Feuer
    pro Folge   8,00 à   2.500,00 =   20.000,00
                                                                                       20.000,00

10. Fahrzeuge im Bild
(1) Spielfahrzeuge, inkl. Polizei etc.
    pro Folge   8,00 à   3.000,00 =   24.000,00
                                                                                       24.000,00

Summe KB 5   **356.960,00**

6. Synchronisation, Musikaufnahme, Mischung

1. Tonapparatur (inkl. Raummiete)
(1) Vertonung & Mischung
    pro Folge   8,00 à   5.000,00 =   40.000,00
(2) Synchron & Voice-Over
    1 Tag pro Folge   8,00 à   1.500,00 =   12.000,00
                                                                                       52.000,00

3. Sonstiges

(c) Copyright SESAM-Soft   Lizenz: **Sony Pictures**

Text				EUR
(1) Tonrückspielung von DAT auf Digi Beta				
4 pro Folge	32,00 à	180,00 =	5.760,00	
(2) Überspielung Senkel - DAT				
1 STd. pro DT	88,00 à	80,00 =	7.040,00	
(3) Ausspielung Promo Band				
pro Folge	8,00 à	120,00 =	960,00	
				13.760,00
			Summe KB 6	65.760,00

7. Bild- und Tonmaterial und Bearbeitung

1. Filmmaterial

(2) Negativ (Farbe)	50508,00 à	0,70 =	35.355,60	
(4) Digi Beta 64 für Online Master	16,00 à	22,00 =	352,00	
(5) Digi Beta 64 Online & Colorgarde Originale	16,00 à	22,00 =	352,00	
(6) VHS 120 Muster (2 pro DT)	176,00 à	2,50 =	440,00	
(7) Betacam SP 60 Avidausspielung (2 pro Folge)	16,00 à	14,50 =	232,00	
(8) VHS 60 für Avidausspielung (2 pro Folge)	16,00 à	1,50 =	24,00	
(9) Digi Beta 64 Masterbänder (3 pro Folge)	24,00 à	22,00 =	528,00	
(11) Betacam SP Sicherheitskopie	8,00 à	14,50 =	116,00	
				37.399,60

2. Magnettonmaterial

(1) Senkel Material Drehort 2/DT	176,00 à	15,00 =	2.640,00	
(3) DAT Bänder /dt. Mix	16,00 à	12,00 =	192,00	
(6) DA 88 Bänder für DT-Mix	8,00 à	13,00 =	104,00	
(8) CD-R	8,00 à	2,50 =	20,00	
				2.956,00

3. Entwicklung

(1) Negativ/Umkehrentwicklung	50508,00 à	0,49 =	24.748,92	
(2) Negativ einrichten für Muster	50508,00 à	0,11 =	5.555,88	
(3) Waschen	30305,00 à	0,23 =	6.970,15	
(4) Abtastung auf Digi Beta in Minuten	1843,00 à	17,00 =	31.331,00	
(5) Verbrauchsmaterial (Weissfilm & Filmkerne)	8,00 à	1.500,00 =	12.000,00	
				80.605,95

4. Sonstige Filmbearbeitung

(6) Titelanfertigung	8,00 à	250,00 =	2.000,00	
				2.000,00

Text				EUR
5. Videokopienanfertigung				
(1) Kopienanfertigung		(s. Anlage)	3.060,00	
				3.060,00
7. Sonstiges				
(1) Fotomaterial und Bearbeitung	24,00 à	100,00 =	2.400,00	
(2) Digitalfotografie Kostüm	8,00 à	100,00 =	800,00	
(3) Digitalfotografie Maske	8,00 à	100,00 =	800,00	
(4) Digitalfotografie Continuity	8,00 à	100,00 =	800,00	
(5) Fotos Ausstattung / Motive	8,00 à	100,00 =	800,00	
(6) Fotos Innenrequisite	8,00 à	100,00 =	800,00	
(10) Datenträger OMF-Export	8,00 à	8,00 =	64,00	
(11) Datenträger EDL-Export	8,00 à	3,00 =	24,00	
				6.488,00
8. Nachbearbeitung Video				
(1) Off Line	120,00 à	345,00 =	41.400,00	
(4) On-Line Schnitt	8,00 à	1.100,00 =	8.800,00	
(5) On-Line, Beta SP	8,00 à	250,00 =	2.000,00	
(6) Farbkorrektur Tape to Tape	384,00 à	31,50 =	12.096,00	
(15) Indikativ	0,00 à	0,00 =	Beistellung	
				64.296,00
			Summe KB 7	**196.805,55**

8. Versicherungen

1. Gesamtversicherungspaket				Beistellung
10. Prämien Zusatzversicherungen (Spielfahrzeuge, Requisiten etc.)				Beistellung
			Summe KB 8	**0,00**

9. Allgemeine Kosten

2. Büromiete		(s. Anlage)		21.840,00
3. Büromaterial				
(1) Büromaterial pro Monat	7,00 à	500,00 =	3.500,00	
(2) Gerätemiete Fotokopierer und Fax pro Monat	7,00 à	550,00 =	3.850,00	
(3) Gerätemiete Computer 8 PC's für 7 Monate	7,00 à	1.050,00 =	7.350,00	
(4) PCs anschließen und einrichten 8 PC's	8,00 à	250,00 =	2.000,00	
				16.700,00

Text	EUR
4. Porti	
pro Monat 7,00 à 1.000,00	7.000,00
5. Telefon- und Telegrammkosten	
(1) Telefon, Fax, Internet Produktion	
pro Monat 7,00 à 2.000,00 = 14.000,00	
(2) Mobiltelefone	
Handykosten Team pro DT 88,00 à 150,00 = 13.200,00	
	27.200,00
6. Beförderungs- und Transportkosten, Frachten, Rollgelder, Taxi	
(1) Personentransporte (s. Anlage) 117.492,70	
(2) Lastentransporte (s. Anlage) 30.227,20	
(4) Kurierdienste Postproduktion	
pro Folge 8,00 à 300,00 = 2.400,00	
(4) Kurierdienste Produktion	
pro Monat 7,00 à 200,00 = 1.400,00	
(5) Taxi	
pro Folge 8,00 à 500,00 = 4.000,00	
	155.519,90
7. Schreibarbeiten, Vervielfältigungen, Fotokopien	
(1) Kopien Drehbuch und Dispos	
pro Folge 8,00 à 300,00 = 2.400,00	
	2.400,00
9. Reisekosten	
(1) Fahrtkosten (s. Anlage) 38.690,00	
(2) Hotelkosten (s. Anlage) 52.630,00	
(3) Spesen (s. Anlage) 5.628,00	
(4) Auslösung für Stab (s. Anlage) 46.440,00	
	143.388,00
11. Berufsgenossenschaft (s. Anlage)	30.000,00
12. Sonstiges	
(1) Bewirtung 2.000,00	
(2) Arztkosten für Versicherungsleistung	
6 Personen 6,00 à 125,00 = 750,00	
(3) Produktionsfeste 5.000,00	
(4) Parktickets Team	
pro Folge 8,00 à 500,00 = 4.000,00	
(5) Büroreinigung	
monatlich 7,00 à 600,00 = 4.200,00	
	15.950,00
Summe KB 9	**419.997,90**

| Kalkulation: **Fiktive Serienkalkulation 8x46** | Alle Angaben in **EUR** | 31.07.2009 13:43:45 |

Stab ausführlich

Text	EUR

1. Produktionsstab

30. Produktionsleiter

V1 vom 09.03.2009	bis 03.05.2009	9,80 Wo.à	1.850,00 =	18.130,00	
V2 vom 30.06.2009	bis 12.07.2009				
D1 vom 04.05.2009	bis 29.06.2009	17,60 Wo.à	1.850,00 =	32.560,00	
D2 vom 13.07.2009	bis 15.09.2009				
A1 vom	bis	2,00 Wo.à	1.850,00 =	3.700,00	
A2 vom 16.09.2009	bis 29.09.2009				
					54.390,00

31. Produktionsassistent

V1 vom 09.03.2009	bis 03.05.2009	9,80 Wo.à	850,00 =	8.330,00	
V2 vom 30.06.2009	bis 12.07.2009				
D1 vom 04.05.2009	bis 29.06.2009	17,60 Wo.à	850,00 =	14.960,00	
D2 vom 13.07.2009	bis 15.09.2009				
A1 vom	bis	1,00 Wo.à	850,00 =	850,00	
A2 vom 16.09.2009	bis 22.09.2009				
					24.140,00

32. 1. Aufnahmeleiter

V1 vom 06.04.2009	bis 03.05.2009	5,80 Wo.à	1.250,00 =	7.250,00	
V2 vom 30.06.2009	bis 12.07.2009				
D1 vom 04.05.2009	bis 29.06.2009	17,60 Wo.à	1.250,00 =	22.000,00	
D2 vom 13.07.2009	bis 15.09.2009				
A1 vom	bis	1,00 Wo.à	1.250,00 =	1.250,00	
A2 vom 16.09.2009	bis 22.09.2009				
					30.500,00

33. 2. Aufnahmeleiter 1. Block

V1 vom 29.04.2009	bis 03.05.2009	0,60 Wo.à	975,00 =	585,00	
D1 vom 04.05.2009	bis 29.06.2009	8,20 Wo.à	975,00 =	7.995,00	
A1 vom 30.06.2009	bis 30.06.2009	0,20 Wo.à	975,00 =	195,00	
					8.775,00

33. 2. Aufnahmeleiter 2 Block

V1 vom	bis	0,60 Wo.à	975,00 =	585,00	
V2 vom 08.07.2009	bis 12.07.2009				
D1 vom	bis	9,40 Wo.à	975,00 =	9.165,00	
D2 vom 13.07.2009	bis 15.09.2009				
A1 vom	bis	0,20 Wo.à	975,00 =	195,00	
A2 vom 16.09.2009	bis 16.09.2009				
					9.945,00

34. Set-Runner 1. Block

D1 vom 04.05.2009	bis 29.06.2009	17,60 Wo.à	450,00 =	7.920,00	
D2 vom 13.07.2009	bis 15.09.2009				
					7.920,00

34. Set-Runner 2. Block

D1 vom 04.05.2009	bis 29.06.2009	17,60 Wo.à	450,00 =	7.920,00	
D2 vom 13.07.2009	bis 15.09.2009				
					7.920,00

(c) Copyright SESAM-Soft   Lizenz: **Sony Pictures**

Kalkulation: Fiktive Serienkalkulation 8x46   Alle Angaben in EUR   31.07.2009 13:43:45

Stab ausführlich

Text						EUR
37. Filmgeschäftsführung mit Kasse						
V1 vom	06.04.2009	bis 03.05.2009	5,80 Wo.à	1.280,00 =	7.424,00	
V2 vom	30.06.2009	bis 12.07.2009				
D1 vom	04.05.2009	bis 29.06.2009	17,60 Wo.à	1.280,00 =	22.528,00	
D2 vom	13.07.2009	bis 15.09.2009				
A1 vom		bis	2,00 Wo.à	1.280,00 =	2.560,00	
A2 vom	16.09.2009	bis 29.09.2009				
						32.512,00
38. Produktionspraktikant						
V1 vom	06.04.2009	bis 03.05.2009	5,80 Wo.à	120,00 =	696,00	
V2 vom	30.06.2009	bis 12.07.2009				
D1 vom	04.05.2009	bis 29.06.2009	17,60 Wo.à	120,00 =	2.112,00	
D2 vom	13.07.2009	bis 15.09.2009				
A1 vom		bis	1,00 Wo.à	120,00 =	120,00	
A2 vom	16.09.2009	bis 22.09.2009				
						2.928,00
39. Motiv-AL						
V1 vom	20.04.2009	bis 03.05.2009	3,80 Wo.à	1.000,00 =	3.800,00	
V2 vom	30.06.2009	bis 12.07.2009				
D1 vom	04.05.2009	bis 29.06.2009	17,60 Wo.à	1.000,00 =	17.600,00	
D2 vom	13.07.2009	bis 15.09.2009				
A1 vom		bis	0,20 Wo.à	1.000,00 =	200,00	
A2 vom	16.09.2009	bis 16.09.2009				
						21.600,00

2. Regie-/Redaktionsstab

42. Regisseur 1. Block					
4 Folgen			4,00 à	20.000,00	
					40.000,00
zzgl. Buy out: 100,00 % / **40.000,00**					
43. Regisseur 2. Block					
4 Folgen			4,00 à	20.000,00	
					40.000,00
zzgl. Buy out: 100,00 % / **40.000,00**					
44. Regie-Assistent 1. Block					
V1 vom	06.04.2009	bis 03.05.2009	4,00 Wo.à	1.350,00 =	5.400,00
D1 vom	04.05.2009	bis 29.06.2009	8,20 Wo.à	1.350,00 =	11.070,00
					16.470,00
45. Regie-Assistent 2. Block					
V1 vom		bis	4,00 Wo.à	1.350,00 =	5.400,00
V2 vom	15.06.2009	bis 12.07.2009			
D1 vom		bis	9,40 Wo.à	1.350,00 =	12.690,00
D2 vom	13.07.2009	bis 15.09.2009			
					18.090,00
46. Continuity 1. Block					
V1 vom	28.04.2009	bis 03.05.2009	0,80 Wo.à	980,00 =	784,00
D1 vom	04.05.2009	bis 29.06.2009	8,20 Wo.à	980,00 =	8.036,00
					8.820,00

(c) Copyright SESAM-Soft   Lizenz: **Sony Pictures**

Stab ausführlich

Text						EUR
46. Continuity 2. Block						
V1 vom	bis		0,80 Wo. à	980,00 =	784,00	
V2 vom 07.07.2009	bis 12.07.2009					
D1 vom	bis		9,40 Wo. à	980,00 =	9.212,00	
D2 vom 13.07.2009	bis 15.09.2009					
						9.996,00
47. Producer						
V1 vom	bis		4,00 Mo. à	8.000,00 =	32.000,00	
D1 vom 04.05.2009	bis 29.06.2009		4,00 Mo. à	8.000,00 =	32.000,00	
D2 vom 13.07.2009	bis 15.09.2009					
A1 vom	bis		2,00 Mo. à	8.000,00 =	16.000,00	
						80.000,00
3. Kamera						
54. Kameramann 1. Block						
V1 vom 13.04.2009	bis 03.05.2009		3,00 Wo. à	3.250,00 =	9.750,00	
D1 vom 04.05.2009	bis 29.06.2009		8,20 Wo. à	3.250,00 =	26.650,00	
A1 vom 30.06.2009	bis 03.07.2009		0,80 Wo. à	3.250,00 =	2.600,00	
						39.000,00
55. Kameramann 2. Block						
V1 vom	bis		3,00 Wo. à	3.250,00 =	9.750,00	
V2 vom 22.06.2009	bis 12.07.2009					
D1 vom	bis		9,40 Wo. à	3.250,00 =	30.550,00	
D2 vom 13.07.2009	bis 15.09.2009					
A1 vom	bis		0,80 Wo. à	3.250,00 =	2.600,00	
A2 vom 16.09.2009	bis 21.09.2009					
						42.900,00
56. Kamera Assistent 1. Block						
V1 vom 29.04.2009	bis 03.05.2009		0,60 Wo. à	1.250,00 =	750,00	
D1 vom 04.05.2009	bis 29.06.2009		8,20 Wo. à	1.250,00 =	10.250,00	
A1 vom 30.06.2009	bis 30.06.2009		0,20 Wo. à	1.250,00 =	250,00	
						11.250,00
57. Kamera-Assistent 2. Block						
V1 vom	bis		0,80 Wo. à	1.250,00 =	1.000,00	
V2 vom 07.07.2009	bis 12.07.2009					
D1 vom	bis		9,40 Wo. à	1.250,00 =	11.750,00	
D2 vom 13.07.2009	bis 15.09.2009					
A1 vom	bis		0,20 Wo. à	1.250,00 =	250,00	
A2 vom 16.09.2009	bis 16.09.2009					
						13.000,00
58. Steadycam Operator						
D1 vom	bis		16,00 Ta. à	1.400,00 =	22.400,00	
						22.400,00
61. Materialassistent 1. Block						
V1 vom 01.05.2009	bis 03.05.2009		0,20 Wo. à	850,00 =	170,00	
D1 vom 04.05.2009	bis 29.06.2009		8,20 Wo. à	850,00 =	6.970,00	
A1 vom 30.06.2009	bis 30.06.2009		0,20 Wo. à	850,00 =	170,00	
						7.310,00

Kalkulation: **Fiktive Serienkalkulation 8x46** Alle Angaben in **EUR** 31.07.2009 13:43:45

Stab ausführlich

Text					EUR
61. Materialassistent 2. Block					
V1 vom	bis	0,20 Wo.à	850,00 =	170,00	
V2 vom 10.07.2009	bis 12.07.2009				
D1 vom	bis	9,40 Wo.à	850,00 =	7.990,00	
D2 vom 13.07.2009	bis 15.09.2009				
A1 vom	bis	0,20 Wo.à	850,00 =	170,00	
A2 vom 16.09.2009	bis 16.09.2009				
					8.330,00
62. Tonmeister 1. Block					
V1 vom 01.05.2009	bis 03.05.2009	0,20 Wo.à	1.350,00 =	270,00	
D1 vom 04.05.2009	bis 29.06.2009	8,20 Wo.à	1.350,00 =	11.070,00	
A1 vom 30.06.2009	bis 30.06.2009	0,20 Wo.à	1.350,00 =	270,00	
					11.610,00
62. Tonmeister 2. Block					
V1 vom	bis	0,20 Wo.à	1.350,00 =	270,00	
V2 vom 10.07.2009	bis 12.07.2009				
D1 vom	bis	9,40 Wo.à	1.350,00 =	12.690,00	
D2 vom 13.07.2009	bis 15.09.2009				
A1 vom	bis	0,20 Wo.à	1.350,00 =	270,00	
A2 vom 16.09.2009	bis 16.09.2009				
					13.230,00
63. Tonassistent 1. Block					
D1 vom 04.05.2009	bis 29.06.2009	8,20 Wo.à	985,00 =	8.077,00	
					8.077,00
63. Tonassistent 2. Block					
D1 vom	bis	9,40 Wo.à	985,00 =	9.259,00	
D2 vom 13.07.2009	bis 15.09.2009				
					9.259,00
5. Schnitt (on line / off line)					
73. Cutter					
D1 vom	bis	24,00 Wo.à	1.550,00 =	37.200,00	
					37.200,00
74. Cutter-Assistent					
D1 vom	bis	24,00 Wo.à	500,00 =	12.000,00	
					12.000,00
6. Kostüm-Stab					
78. Kostümbildner					
V1 vom 23.03.2009	bis 03.05.2009	7,80 Wo.à	1.400,00 =	10.920,00	
V2 vom 30.06.2009	bis 12.07.2009				
D1 vom 04.05.2009	bis 29.06.2009	17,60 Wo.à	1.400,00 =	24.640,00	
D2 vom 13.07.2009	bis 15.09.2009				
A1 vom	bis	1,00 Wo.à	1.400,00 =	1.400,00	
A2 vom 16.09.2009	bis 22.09.2009				
					36.960,00

Kalkulation: **Fiktive Serienkalkulation 8x46**   Alle Angaben in **EUR**   31.07.2009   13:43:45

Stab ausführlich

Text						EUR
79. Kostümbildner-Assistent						
V1 vom 23.03.2009	bis 03.05.2009	7,80 Wo.à	1.100,00 =	8.580,00		
V2 vom 30.06.2009	bis 12.07.2009					
D1 vom 04.05.2009	bis 29.06.2009	17,60 Wo.à	1.100,00 =	19.360,00		
D2 vom 13.07.2009	bis 15.09.2009					
A1 vom	bis	1,00 Wo.à	1.100,00 =	1.100,00		
A2 vom 16.09.2009	bis 22.09.2009					
						29.040,00
80. Garderobier						
V1 vom 27.04.2009	bis 03.05.2009	2,80 Wo.à	950,00 =	2.660,00		
V2 vom 30.06.2009	bis 12.07.2009					
D1 vom 04.05.2009	bis 29.06.2009	17,60 Wo.à	950,00 =	16.720,00		
D2 vom 13.07.2009	bis 15.09.2009					
A1 vom	bis	0,60 Wo.à	950,00 =	570,00		
A2 vom 16.09.2009	bis 18.09.2009					
						19.950,00
80. Garderobier						
V1 vom 27.04.2009	bis 03.05.2009	1,00 Wo.à	950,00 =	950,00		
D1 vom 04.05.2009	bis 29.06.2009	17,60 Wo.à	950,00 =	16.720,00		
D2 vom 13.07.2009	bis 15.09.2009					
A1 vom	bis	0,60 Wo.à	950,00 =	570,00		
A2 vom 16.09.2009	bis 18.09.2009					
						18.240,00
81. Garderobier Zusatz						
D1 vom	bis	24,00 Ta.à	190,00 =	4.560,00		
						4.560,00
7. Bau- und Ausstattungsstab						
86. Szenenbildner						
V1 vom 09.03.2009	bis 03.05.2009	9,80 Wo.à	2.000,00 =	19.600,00		
V2 vom 30.06.2009	bis 12.07.2009					
D1 vom 04.05.2009	bis 29.06.2009	17,60 Wo.à	2.000,00 =	35.200,00		
D2 vom 13.07.2009	bis 15.09.2009					
A1 vom	bis	2,00 Wo.à	2.000,00 =	4.000,00		
A2 vom 16.09.2009	bis 29.09.2009					
						58.800,00
87. Szenenbildner-Assistent						
V1 vom 09.03.2009	bis 03.05.2009	9,80 Wo.à	1.000,00 =	9.800,00		
V2 vom 30.06.2009	bis 12.07.2009					
D1 vom 04.05.2009	bis 29.06.2009	17,60 Wo.à	1.000,00 =	17.600,00		
D2 vom 13.07.2009	bis 15.09.2009					
A1 vom	bis	1,00 Wo.à	1.000,00 =	1.000,00		
A2 vom 16.09.2009	bis 22.09.2009					
						28.400,00

(c) Copyright SESAM-Soft   Lizenz: **Sony Pictures**

Kalkulation: **Fiktive Serienkalkulation 8x46** Alle Angaben in **EUR** 31.07.2009 13:43:45

Stab ausführlich

Text						EUR
88. Außenrequisiteur						
V1 vom 23.03.2009	bis 03.05.2009	7,80 Wo.à	1.250,00 =	9.750,00		
V2 vom 30.06.2009	bis 12.07.2009					
D1 vom 04.05.2009	bis 29.06.2009	17,60 Wo.à	1.250,00 =	22.000,00		
D2 vom 13.07.2009	bis 15.09.2009					
A1 vom	bis	2,00 Wo.à	1.250,00 =	2.500,00		
A2 vom 16.09.2009	bis 29.09.2009					
						34.250,00
89. Außenrequisite Assistenz						
V1 vom 23.03.2009	bis 03.05.2009	7,80 Wo.à	750,00 =	5.850,00		
V2 vom 30.06.2009	bis 12.07.2009					
D1 vom 04.05.2009	bis 29.06.2009	17,60 Wo.à	750,00 =	13.200,00		
D2 vom 13.07.2009	bis 15.09.2009					
A1 vom	bis	1,00 Wo.à	750,00 =	750,00		
A2 vom 16.09.2009	bis 22.09.2009					
						19.800,00
90. Innenrequisite						
V1 vom 27.04.2009	bis 03.05.2009	2,00 Wo.à	980,00 =	1.960,00		
V2 vom 06.07.2009	bis 12.07.2009					
D1 vom 04.05.2009	bis 29.06.2009	17,60 Wo.à	980,00 =	17.248,00		
D2 vom 13.07.2009	bis 15.09.2009					
A1 vom	bis	0,40 Wo.à	980,00 =	392,00		
A2 vom 16.09.2009	bis 17.09.2009					
						19.600,00
91. Innenrequisitenhilfe						
V1 vom 29.04.2009	bis 03.05.2009	1,20 Wo.à	500,00 =	600,00		
V2 vom 08.07.2009	bis 12.07.2009					
D1 vom 04.05.2009	bis 29.06.2009	17,60 Wo.à	500,00 =	8.800,00		
D2 vom 13.07.2009	bis 15.09.2009					
A1 vom	bis	0,40 Wo.à	500,00 =	200,00		
A2 vom 16.09.2009	bis 17.09.2009					
						9.600,00
92. Requisiten-Hilfe/Fahrer						
V1 vom 23.03.2009	bis 03.05.2009	7,80 Wo.à	720,00 =	5.616,00		
V2 vom 30.06.2009	bis 12.07.2009					
D1 vom 04.05.2009	bis 29.06.2009	17,60 Wo.à	720,00 =	12.672,00		
D2 vom 13.07.2009	bis 15.09.2009					
A1 vom	bis	2,00 Wo.à	720,00 =	1.440,00		
A2 vom 16.09.2009	bis 29.09.2009					
						19.728,00
93. Baubühnenmeister						
V1 vom 27.04.2009	bis 03.05.2009	2,00 Wo.à	1.100,00 =	2.200,00		
V2 vom 06.07.2009	bis 12.07.2009					
D1 vom 04.05.2009	bis 29.06.2009	17,60 Wo.à	1.100,00 =	19.360,00		
D2 vom 13.07.2009	bis 15.09.2009					
A1 vom	bis	0,60 Wo.à	1.100,00 =	660,00		
A2 vom 16.09.2009	bis 18.09.2009					
						22.220,00

(c) Copyright SESAM-Soft   Lizenz: **Sony Pictures**

| Kalkulation: **Fiktive Serienkalkulation 8x46** | Alle Angaben in **EUR** | 31.07.2009 13:43:45 |

Stab ausführlich

Text							EUR
94. Baubühnenmann							
V1 vom 28.04.2009	bis 03.05.2009	1,40 Wo.à	1.100,00 =	1.540,00			
V2 vom 08.07.2009	bis 12.07.2009						
D1 vom 04.05.2009	bis 29.06.2009	17,60 Wo.à	1.100,00 =	19.360,00			
D2 vom 13.07.2009	bis 15.09.2009						
A1 vom	bis	0,60 Wo.à	1.100,00 =	660,00			
A2 vom 16.09.2009	bis 18.09.2009						
							21.560,00
95. Location Scout							
pro Folge 8 Tage		64,00 à	350,00				
							22.400,00
8. Sonstiger Stab							
98. Herren-Maskenbildner							
V1 vom 30.04.2009	bis 03.05.2009	0,60 Wo.à	1.250,00 =	750,00			
V2 vom 10.07.2009	bis 12.07.2009						
D1 vom 04.05.2009	bis 29.06.2009	17,60 Wo.à	1.250,00 =	22.000,00			
D2 vom 13.07.2009	bis 15.09.2009						
A1 vom	bis	0,20 Wo.à	1.250,00 =	250,00			
A2 vom 16.09.2009	bis 16.09.2009						
							23.000,00
99. Damen-Maskenbildner							
V1 vom 30.04.2009	bis 03.05.2009	0,60 Wo.à	1.250,00 =	750,00			
V2 vom 10.07.2009	bis 12.07.2009						
D1 vom 04.05.2009	bis 29.06.2009	17,60 Wo.à	1.250,00 =	22.000,00			
D2 vom 13.07.2009	bis 15.09.2009						
A1 vom	bis	0,20 Wo.à	1.250,00 =	250,00			
A2 vom 16.09.2009	bis 16.09.2009						
							23.000,00
100. Spezialmaskenbildner Wunden/Leichen							
D1 vom	bis	20,00 Ta. à	300,00 =	6.000,00			
							6.000,00
101. Standfotograf							
D1 vom	bis	24,00 Ta. à	250,00 =	6.000,00			
							6.000,00
102. Kraftfahrer							
V1 vom 13.04.2009	bis 03.05.2009	4,80 Wo.à	620,00 =	2.976,00			
V2 vom 30.06.2009	bis 12.07.2009						
D1 vom 04.05.2009	bis 29.06.2009	17,60 Wo.à	620,00 =	10.912,00			
D2 vom 13.07.2009	bis 15.09.2009						
A1 vom	bis	1,00 Wo.à	620,00 =	620,00			
A2 vom 16.09.2009	bis 22.09.2009						
							14.508,00

(c) Copyright SESAM-Soft   Lizenz: **Sony Pictures**

Kalkulation: **Fiktive Serienkalkulation 8x46**   Alle Angaben in **EUR**   31.07.2009 13:43:45

Stab ausführlich

Text	EUR

103. Kraftfahrer
V1 vom 20.04.2009 bis 03.05.2009   3,80 Wo.à   620,00 =   2.356,00
V2 vom 30.06.2009 bis 12.07.2009
D1 vom 04.05.2009 bis 29.06.2009   17,60 Wo.à   620,00 =   10.912,00
D2 vom 13.07.2009 bis 15.09.2009
A1 vom bis   1,00 Wo.à   620,00 =   620,00
A2 vom 16.09.2009 bis 22.09.2009
                                                                           13.888,00

105. Oberbeleuchter 1. Block
V1 vom 27.04.2009 bis 03.05.2009   1,00 Wo.à   1.400,00 =   1.400,00
D1 vom 04.05.2009 bis 29.06.2009   8,20 Wo.à   1.400,00 =   11.480,00
A1 vom 30.06.2009 bis 30.06.2009   0,20 Wo.à   1.400,00 =   280,00
                                                                           13.160,00

105. Oberbeleuchter 2. Block
V1 vom bis   1,00 Wo.à   1.400,00 =   1.400,00
V2 vom 06.07.2009 bis 12.07.2009
D1 vom bis   9,40 Wo.à   1.400,00 =   13.160,00
D2 vom 13.07.2009 bis 15.09.2009
A1 vom bis   0,20 Wo.à   1.400,00 =   280,00
A2 vom 16.09.2009 bis 16.09.2009
                                                                           14.840,00

106. Beleuchter 1. Block
V1 vom 01.05.2009 bis 03.05.2009   0,20 Wo.à   1.250,00 =   250,00
D1 vom 04.05.2009 bis 29.06.2009   8,20 Wo.à   1.250,00 =   10.250,00
A1 vom 30.06.2009 bis 30.06.2009   0,20 Wo.à   1.250,00 =   250,00
                                                                           10.750,00

106. Beleuchter 2. Block
V1 vom bis   0,20 Wo.à   1.250,00 =   250,00
V2 vom 10.07.2009 bis 12.07.2009
D1 vom bis   9,40 Wo.à   1.250,00 =   11.750,00
D2 vom 13.07.2009 bis 15.09.2009
A1 vom bis   0,20 Wo.à   1.250,00 =   250,00
A2 vom 16.09.2009 bis 16.09.2009
                                                                           12.250,00

107. Beleuchter 1. Block
V1 vom 01.05.2009 bis 03.05.2009   0,20 Wo.à   1.250,00 =   250,00
D1 vom 04.05.2009 bis 29.06.2009   8,20 Wo.à   1.250,00 =   10.250,00
A1 vom 30.06.2009 bis 30.06.2009   0,20 Wo.à   1.250,00 =   250,00
                                                                           10.750,00

107. Beleuchter 2. Block
V1 vom bis   0,20 Wo.à   1.250,00 =   250,00
V2 vom 10.07.2009 bis 12.07.2009
D1 vom bis   9,40 Wo.à   1.250,00 =   11.750,00
D2 vom 13.07.2009 bis 15.09.2009
A1 vom bis   0,20 Wo.à   1.250,00 =   250,00
A2 vom 16.09.2009 bis 16.09.2009
                                                                           12.250,00

(c) Copyright SESAM-Soft   Lizenz: **Sony Pictures**

Kalkulation: **Fiktive Serienkalkulation 8x46**　　　Alle Angaben in **EUR**　　　31.07.2009　13:43:45

Stab ausführlich

Text						EUR

109. Beleuchter Zusatz

D1 vom	bis		24,00 Ta. à	250,00 =	6.000,00	
						6.000,00

110. Drehbühnenmeister 1. Block

V1 vom 01.05.2009	bis 03.05.2009	0,20 Wo.à	1.400,00 =	280,00	
D1 vom 04.05.2009	bis 29.06.2009	8,20 Wo.à	1.400,00 =	11.480,00	
A1 vom 30.06.2009	bis 30.06.2009	0,20 Wo.à	1.400,00 =	280,00	
					12.040,00

110. Drehbühnenmeister 2. Block

V1 vom	bis	0,20 Wo.à	1.400,00 =	280,00	
V2 vom 10.07.2009	bis 12.07.2009				
D1 vom	bis	9,40 Wo.à	1.400,00 =	13.160,00	
D2 vom 13.07.2009	bis 15.09.2009				
A1 vom	bis	0,20 Wo.à	1.400,00 =	280,00	
A2 vom 16.09.2009	bis 16.09.2009				
					13.720,00

111. Drehbühnenmann 1. Block

V1 vom 01.05.2009	bis 03.05.2009	0,20 Wo.à	850,00 =	170,00	
D1 vom 04.05.2009	bis 29.06.2009	8,20 Wo.à	850,00 =	6.970,00	
A1 vom 30.06.2009	bis 30.06.2009	0,20 Wo.à	850,00 =	170,00	
					7.310,00

111. Drehbühnenmann 2. Block

V1 vom	bis	0,20 Wo.à	850,00 =	170,00	
V2 vom 10.07.2009	bis 12.07.2009				
D1 vom	bis	9,40 Wo.à	850,00 =	7.990,00	
D2 vom 13.07.2009	bis 15.09.2009				
A1 vom	bis	0,20 Wo.à	850,00 =	170,00	
A2 vom 16.09.2009	bis 16.09.2009				
					8.330,00

112. Fachberater

D1 vom	bis	10,00 Ta. à	350,00 =	3.500,00	
					3.500,00

114. Medienpädagogische Fachkraft/Kind

D1 vom	bis	10,00 Wo.à	150,00 =	1.500,00	
					1.500,00

(c) Copyright SESAM-Soft　　　Lizenz: **Sony Pictures**

Kalkulation: **Fiktive Serienkalkulation 8x46** Alle Angaben in **EUR** 31.07.2009 13:44:15

Anlage zu Position 1/9/1

Hauptdarsteller

Rolle Besetzung (Name und Wohnort)	Drehtage	Tagesgage	Gage		Gesamt / Pauschal

01. Momme
   nn Berlin
   zzgl. Buy out: 20,00 % / **43.333,33**
	72	4000,00	288.000,00	'P'	216.666,67

02. Lea
   nn München
   zzgl. Buy out: 20,00 % / **42.000,00**
	64	3500,00	224.000,00	'P'	210.000,00

03. Zoltan
   Köln
   zzgl. Buy out: 20,00 % / **21.000,00**
	40	3500,00	140.000,00	'P'	105.000,00

04. Bruckner
   nn Hamburg
   zzgl. Buy out: 20,00 % / **27.000,00**
	56	3200,00	179.200,00	'P'	135.000,00

Summe: **666.666,67**

zzgl. Buy out: **133.333,33**

Summe inkl. Buy out: **800.000,00**

(c) Copyright SESAM-Soft   Lizenz: **Sony Pictures**

Anlage zu Position 1/9/2

Nebendarsteller und Episodenrollen

Rolle Besetzung (Name und Wohnort)	Drehtage	Tagesgage	Gage	Gesamt / Pauschal
110.Inga Stumpf nn Köln zzgl. Buy out: 20,00 % / **7.200,00**	24	1800,00	43.200,00	36.000,00
111.Stelzmeier nn Hamburg zzgl. Buy out: 20,00 % / **8.000,00**	24	2000,00	48.000,00	40.000,00
112.Gerry nn Berlin zzgl. Buy out: 20,00 % / **10.000,00**	24	2500,00	60.000,00	50.000,00
113.Enzo nn Köln zzgl. Buy out: 20,00 % / **5.333,33**	16	2000,00	32.000,00	26.666,67
114.nn nn Dortmund zzgl. Buy out: 20,00 % / **6.666,67**	16	2500,00	40.000,00	33.333,33
115.nn nn München zzgl. Buy out: 20,00 % / **5.866,67**	16	2200,00	35.200,00	29.333,33
116.nn nn Köln zzgl. Buy out: 20,00 % / **2.666,67**	16	1000,00	16.000,00	13.333,33
117.nn nn Hamburg zzgl. Buy out: 20,00 % / **6.666,67**	16	2500,00	40.000,00	33.333,33
118.nn nn Dortmund zzgl. Buy out: 20,00 % / **3.200,00**	16	1200,00	19.200,00	16.000,00
119.nn nn Frankfurt zzgl. Buy out: 20,00 % / **2.666,67**	16	1000,00	16.000,00	13.333,33
120. nn nn Köln zzgl. Buy out: 20,00 % / **1.333,33**	16	500,00	8.000,00	6.666,67
121.nn nn München zzgl. Buy out: 20,00 % / **5.333,33**	16	2000,00	32.000,00	26.666,67

Kalkulation: **Fiktive Serienkalkulation 8x46**   Alle Angaben in **EUR**   31.07.2009 13:44:41

Anlage zu Position 1/9/2

Nebendarsteller und Episodenrollen

Rolle Besetzung (Name und Wohnort)	Drehtage	Tagesgage	Gage	Gesamt / Pauschal
122.nn nn Berlin zzgl. Buy out: 20,00 % / **4.800,00**	16	1800,00	28.800,00	24.000,00
124.nn nn Dortmund zzgl. Buy out: 20,00 % / **3.200,00**	16	1200,00	19.200,00	16.000,00
125.nn nn Köln zzgl. Buy out: 20,00 % / **1.600,00**	16	600,00	9.600,00	8.000,00
126.nn nn Köln zzgl. Buy out: 20,00 % / **800,00**	8	600,00	4.800,00	4.000,00
127.nn nn Köln zzgl. Buy out: 20,00 % / **800,00**	8	600,00	4.800,00	4.000,00
128.nn nn Köln zzgl. Buy out: 20,00 % / **666,67**	8	500,00	4.000,00	3.333,33
129.nn nn Berlin zzgl. Buy out: 20,00 % / **3.333,33**	8	2500,00	20.000,00	16.666,67
130.nn nn Düsseldorf zzgl. Buy out: 20,00 % / **1.000,00**	8	750,00	6.000,00	5.000,00
131.nn nn Berlin zzgl. Buy out: 20,00 % / **2.666,67**	8	2000,00	16.000,00	13.333,33
132.nn nn Köln zzgl. Buy out: 20,00 % / **1.000,00**	8	750,00	6.000,00	5.000,00
135.nn nn Dortmund zzgl. Buy out: 20,00 % / **1.600,00**	8	1200,00	9.600,00	8.000,00
136.nn nn Berlin zzgl. Buy out: 20,00 % / **3.333,33**	8	2500,00	20.000,00	16.666,67

(c) Copyright SESAM-Soft   Lizenz: **Sony Pictures**

Anlage zu Position 1/9/2

Nebendarsteller und Episodenrollen

Rolle Besetzung (Name und Wohnort)	Drehtage	Tagesgage	Gage	Gesamt / Pauschal
137.nn nn Köln **zzgl. Buy out:** 20,00 % / **1.333,33**	8	1000,00	8.000,00	6.666,67
138.nn nn Köln **zzgl. Buy out:** 20,00 % / **1.000,00**	8	750,00	6.000,00	5.000,00
139.nn nn Dortmund **zzgl. Buy out:** 20,00 % / **1.000,00**	8	750,00	6.000,00	5.000,00
140.nn nn Düsseldorf **zzgl. Buy out:** 20,00 % / **1.000,00**	8	750,00	6.000,00	5.000,00

Summe:	**470.333,33**
zzgl. Buy out:	**94.066,67**
Summe inkl. Buy out:	**564.400,00**

Anlage zu Position 1/9/3

Komparsen

Dekoration / Motiv / Bild	Anzahl der Mitwirkenden	Anzahl der Drehtage	Gage pro Tag	Gesamt
Komparsen gesamt	10	88	60,00	52.800,00
Komparsen gesamt 25% Pausch.steuer	1	1	13.200,00	13.200,00
Komparsen gesamt 5,5% Soli.	1	1	660,00	660,00
Komparsen gesamt 7% Kirchensteuer	1	1	924,00	924,00
			Summe:	**67.584,00**

Kalkulation: **Fiktive Serienkalkulation 8x46** Alle Angaben in **EUR** 31.07.2009 13:45:37

Anlage zu Positionen 9/9/1 9/9/2 9/9/3

Fahrtkosten
Hotelkosten
Spesen

Name Reise von - nach Fahrtkosten			Zeitraum Hotelkosten			Begründung Diäten		
1/2/1 Regisseur 1. Block								
München - Köln - München			-			Bespr./Masken/Kostüm/Lesung		Inl.
						8 x	12,00 +	
4 x	350,00 =	1.400,00	2 x	85,00 =	170,00	0 x	24,00 =	96,00
München - Köln - München						Anreise Dreh		Inl.
						1 x	12,00 +	
1 x	350,00 =	350,00	0 x	0,00 =	0,00	0 x	24,00 =	12,00
Wohnung			-					Inl.
0 x	0,00 =	0,00	4 x	1.500,00 =	6.000,00	4 x	24,00 =	96,00
		1.750,00			**6.170,00**			**204,00**
1/3/1 Kameramann 1. Block								
Berlin - Köln - Berlin			-			Bespr./Maske/Kostüm/Lesung		Inl.
						8 x	12,00 +	
4 x	300,00 =	1.200,00	2 x	85,00 =	170,00	0 x	24,00 =	96,00
Berlin - Köln - Berlin						Anreise Dreh		Inl.
						1 x	12,00 +	
1 x	300,00 =	300,00	0 x	0,00 =	0,00	0 x	24,00 =	12,00
Wohnung			-					Inl.
0 x	0,00 =	0,00	3 x	1.500,00 =	4.500,00	0 x	24,00 =	0,00
		1.500,00			**4.670,00**			**108,00**
1/9/1 01. Momme / nn Berlin								
Berlin - Köln - Berlin						Kostüm/Maskenprobe/Lesung		Inl.
						6 x	12,00 +	
3 x	300,00 =	900,00	2 x	85,00 =	170,00	0 x	24,00 =	72,00
Berlin - Köln - Berlin						Anreise Dreh		Inl.
						1 x	12,00 +	
4 x	300,00 =	1.200,00	0 x	0,00 =	0,00	0 x	24,00 =	12,00
Wohnung								Inl.
0 x	0,00 =	0,00	6 x	1.500,00 =	9.000,00	6 x	24,00 =	144,00
		2.100,00			**9.170,00**			**228,00**
1/9/1 02. Lea / nn München								
München - Köln - München			-			Kostüm/Maskenprobe/Lesung		Inl.
						6 x	12,00 +	
3 x	350,00 =	1.050,00	2 x	85,00 =	170,00	0 x	24,00 =	72,00
München - Köln - München			-			Anreise Dreh		Inl.
						4 x	12,00 +	
4 x	350,00 =	1.400,00	0 x	0,00 =	0,00	0 x	24,00 =	48,00
Wohnung			-					Inl.
0 x	0,00 =	0,00	6 x	1.500,00 =	9.000,00	0 x	24,00 =	0,00
		2.450,00			**9.170,00**			**120,00**
1/9/1 04. Bruckner / nn Hamburg								
Hamburg - Köln - Hamburg						Kostüm/Maskenprobe/Lesung		Inl.
						6 x	12,00 +	
3 x	350,00 =	1.050,00	2 x	85,00 =	170,00	0 x	24,00 =	72,00

(c) Copyright SESAM-Soft Lizenz: **Sony Pictures**

Kalkulation: **Fiktive Serienkalkulation 8x46** Alle Angaben in **EUR**   31.07.2009 13:45:37

Anlage zu Positionen 9/9/1 9/9/2 9/9/3

Fahrtkosten
Hotelkosten
Spesen

Name Reise von - nach Fahrtkosten			Zeitraum Hotelkosten			Begründung Diäten		
Hamburg - Köln - Hamburg			-			Anreise Dreh		Inl.
						4 x	12,00 +	
4 x	350,00 =	1.400,00	0 x	0,00 =	0,00	0 x	24,00 =	48,00
Wohnung			-					Inl.
0 x	0,00 =	0,00	6 x	1.500,00 =	9.000,00	0 x	24,00 =	0,00
		2.450,00			**9.170,00**			**120,00**
1/9/2 111.Stelzmeier / nn Hamburg								
Hamburg - Köln - Hamburg			-					Inl.
						24 x	12,00 +	
12 x	350,00 =	4.200,00	24 x	85,00 =	2.040,00	12 x	24,00 =	576,00
		4.200,00			**2.040,00**			**576,00**
1/9/2 112.Gerry / nn Berlin								
Berlin - Köln - Berlin			-					Inl.
						24 x	12,00 +	
12 x	300,00 =	3.600,00	24 x	85,00 =	2.040,00	12 x	24,00 =	576,00
		3.600,00			**2.040,00**			**576,00**
1/9/2 114.nn / nn Dortmund								
Dortmund - Köln - Dortmund			-					Inl.
						32 x	12,00 +	
16 x	60,00 =	960,00	8 x	85,00 =	680,00	0 x	24,00 =	384,00
		960,00			**680,00**			**384,00**
1/9/2 115.nn / nn München								
München - Köln - München								Inl.
						16 x	12,00 +	
8 x	350,00 =	2.800,00	16 x	85,00 =	1.360,00	8 x	24,00 =	384,00
		2.800,00			**1.360,00**			**384,00**
1/9/2 117.nn / nn Hamburg								
Hamburg - Köln - Hamburg			-					Inl.
						16 x	12,00 +	
8 x	350,00 =	2.800,00	16 x	85,00 =	1.360,00	8 x	24,00 =	384,00
		2.800,00			**1.360,00**			**384,00**
1/9/2 118.nn / nn Dortmund								
Dortmund - Köln - Dortmund			-					Inl.
						32 x	12,00 +	
16 x	60,00 =	960,00	8 x	85,00 =	680,00	0 x	24,00 =	384,00
		960,00			**680,00**			**384,00**
1/9/2 119.nn / nn Frankfurt								
Frankfurt - Köln - Frankfurt			-					Inl.
						32 x	12,00 +	
16 x	120,00 =	1.920,00	8 x	85,00 =	680,00	0 x	24,00 =	384,00
		1.920,00			**680,00**			**384,00**
1/9/2 121.nn / nn München								
München - Köln - München			-					Inl.
						16 x	12,00 +	
8 x	350,00 =	2.800,00	16 x	85,00 =	1.360,00	8 x	24,00 =	384,00

(c) Copyright SESAM-Soft   Lizenz: **Sony Pictures**

Anlage zu Positionen 9/9/1 9/9/2 9/9/3

Fahrtkosten
Hotelkosten
Spesen

Name Reise von - nach Fahrtkosten	Zeitraum Hotelkosten	Begründung Diäten	
2.800,00	1.360,00		384,00
1/9/2 122.nn / nn Berlin			
Berlin - Köln - Berlin	-		Inl.
		16 x 12,00 +	
8 x 300,00 = 2.400,00	16 x 85,00 = 1.360,00	8 x 24,00 =	384,00
2.400,00	1.360,00		384,00
1/9/2 124.nn / nn Dortmund			
Dortmund - Köln - Dortmund	-		Inl.
		32 x 12,00 +	
16 x 60,00 = 960,00	8 x 85,00 = 680,00	0 x 24,00 =	384,00
960,00	680,00		384,00
1/9/2 129.nn / nn Berlin			
Berlin - Köln - Berlin	-		Inl.
		8 x 12,00 +	
4 x 300,00 = 1.200,00	8 x 85,00 = 680,00	4 x 24,00 =	192,00
1.200,00	680,00		192,00
1/9/2 130.nn / nn Düsseldorf			
Düsseldorf - Köln - Düsseldorf	-		Inl.
		1 x 12,00 +	
8 x 30,00 = 240,00	0 x 0,00 = 0,00	0 x 24,00 =	12,00
240,00	0,00		12,00
1/9/2 131.nn / nn Berlin			
Berlin - Köln - Berlin	-		Inl.
		8 x 12,00 +	
4 x 300,00 = 1.200,00	8 x 85,00 = 680,00	4 x 24,00 =	192,00
1.200,00	680,00		192,00
1/9/2 135.nn / nn Dortmund			
Dortmund - Köln - Dortmund	-		Inl.
		1 x 12,00 +	
8 x 60,00 = 480,00	0 x 0,00 = 0,00	0 x 24,00 =	12,00
480,00	0,00		12,00
1/9/2 136.nn / nn Berlin			
Berlin - Köln - Berlin	-	Anreise Dreh	Inl.
		8 x 12,00 +	
4 x 300,00 = 1.200,00	8 x 85,00 = 680,00	4 x 24,00 =	192,00
1.200,00	680,00		192,00
1/9/2 139.nn / nn Dortmund			
Dortmund - Köln - Dortmund	-	Anreise Dreh	Inl.
		1 x 12,00 +	
8 x 60,00 = 480,00	0 x 0,00 = 0,00	0 x 24,00 =	12,00
480,00	0,00		12,00

Kalkulation: **Fiktive Serienkalkulation 8x46** Alle Angaben in **EUR** 31.07.2009 13:45:37

Anlage zu Positionen 9/9/1 9/9/2 9/9/3

Fahrtkosten
Hotelkosten
Spesen

Name Reise von - nach Fahrtkosten	Zeitraum Hotelkosten	Begründung Diäten	
1/9/2 140.nn / nn Düsseldorf			
Düsseldorf - Köln - Düsseldorf	-		Inl.
		1 x 12,00 +	
8 x 30,00 = 240,00	0 x 0,00 = 0,00	0 x 24,00 =	12,00
240,00	0,00		12,00
Gesamtsummen: 38.690,00	52.630,00		5.628,00

Stab Summe: **14.402,00**
Hauptdarsteller Summe: **34.978,00**
Nebendarsteller und Episodenrollen Summe: **47.568,00**

Anlage zu Position 4/1/1

Grundstücke und Gebäude

<u>10000. Leas Loft</u>

	Monate		Satz	
	4,00	*	3.000,00 =	12.000,00
				12.000,00
			=	**12.000,00**

<u>10001. alle anderen Motive</u>

	Anzahl DT	Anzahl		Satz	
Miete	88,00 *	2,00	*	1.000,00 =	176.000,00
					176.000,00
				=	**176.000,00**

<u>**188.000,00**</u>

Kalkulation: **Fiktive Serienkalkulation 8x46**   Alle Angaben in **EUR**   31.07.2009 13:46:06

Anlage zu Position 5/1/1

Kostüme Hauptdarsteller

01. Lea

Folgen		Satz	
8,00	*	2.500,00 =	20.000,00
			20.000,00
		=	**20.000,00**

02. Momme

Folgen	Anzahl		Satz	
8,00 *	1,00	*	2.000,00 =	16.000,00
				16.000,00
			=	**16.000,00**

03. Zoltan

Folgen	Anzahl		Satz	
8,00 *	1,00	*	1.500,00 =	12.000,00
				12.000,00
			=	**12.000,00**

04. Bruckner

Folgen	Anzahl		Satz	
8,00 *	1,00	*	1.500,00 =	12.000,00
			150,00 =	150,00
				12.150,00
			=	**12.150,00**

                                                                             60.150,00

(c) Copyright SESAM-Soft   Lizenz: **Sony Pictures**

Anlage zu Position 7/5/1

Kopienanfertigung

Kopienanfertigung

	Anzahl		Satz		
Digi-Digi	24,00	*	90,00 =	2.160,00	
Digi-SP	8,00	*	50,00 =	400,00	
div. pausc			500,00 =	500,00	
				3.060,00	
			=		**3.060,00**
					3.060,00

Kalkulation: **Fiktive Serienkalkulation 8x46**   Alle Angaben in **EUR**   31.07.2009 13:46:06

Anlage zu Position 9/2

Büromiete

Büro / Lagerräume Kostüm, Ausstattung, Requisiten

	Monate	QM		Satz		
Miete	7,00 *	200,00	*	7,50 =	10.500,00	
NK	7,00 *	200,00	*	3,85 =	5.390,00	
Strom/Heiz	7,00		*	250,00 =	1.750,00	
					17.640,00	
					=	**17.640,00**

Parkplätze Büroräume

	Monate	Anzahl		Satz		
	7,00 *	15,00	*	40,00 =	4.200,00	
					4.200,00	
					=	**4.200,00**
						21.840,00

Anlage zu Position 9/6/1

Personentransporte

01. PKW Produktionsleitung

Tage	km / Tag	Liter / 100 km	Literpreis		
150,00 *	80,00 *	8,00 *	1,10 =	1.056,00	
				1.056,00	
				=	**1.056,00**

01. PKW Produktionsleitung

Monate		Monatspreis		
7,00	*	700,00 =	4.900,00	
			4.900,00	
			=	**4.900,00**

02. PKW Aufnahmeleitung

Tage	km / Tag	Liter / 100 km	Literpreis		
123,00 *	80,00 *	8,00 *	1,10 =	865,92	
				865,92	
				=	**865,92**

02. PKW Aufnahmeleitung

Monate		Monatspreis		
6,00	*	500,00 =	3.000,00	
			3.000,00	
			=	**3.000,00**

04. PKW 2. Aufnahmeleitung

Tage	km / Tag	Liter / 100 km	Literpreis		
95,00 *	50,00 *	8,00 *	1,10 =	418,00	
				418,00	
				=	**418,00**

04. PKW 2. Aufnahmeleitung

Monate		Monatspreis		
5,00	*	800,00 =	4.000,00	
			4.000,00	
			=	**4.000,00**

05. PKW Regie

Tage	km / Tag	Liter / 100 km	Literpreis		
126,00 *	80,00 *	8,00 *	1,10 =	887,04	
				887,04	
				=	**887,04**

05. PKW Regie

Monate		Monatspreis		
6,00	*	500,00 =	3.000,00	
			3.000,00	
			=	**3.000,00**

06. PKW Kamera
Tage	km / Tag	Liter / 100 km	Literpreis		
126,00 *	60,00 *	8,00 *	1,10 =	665,28	
				665,28	
				=	**665,28**

06. PKW Kamera
Monate		Monatspreis		
6,00	*	500,00 =	3.000,00	
			3.000,00	
			=	**3.000,00**

08. Ton
Tage	km / Tag	Liter / 100 km	Literpreis		
40,00 *	50,00 *	8,00 *	1,10 =	176,00	
				176,00	
				=	**176,00**

08. Ton
Tage		Tagespreis		
40,00	*	60,00 =	2.400,00	
			2.400,00	
			=	**2.400,00**

09. Szenenbildner
Tage	km / Tag	Liter / 100 km	Literpreis		
157,00 *	100,00 *	8,00 *	1,10 =	1.381,60	
				1.381,60	
				=	**1.381,60**

09. Szenenbildner
Monate	Tage	Monatspreis		
7,00 +	10,00 *	500,00 =	3.666,67	
			3.666,67	
			=	**3.666,70**

10. Außenrequisite
Tage	km / Tag	Liter / 100 km	Literpreis		
140,00 *	100,00 *	8,00 *	1,10 =	1.232,00	
				1.232,00	
				=	**1.232,00**

10. Außenrequisite
Monate		Monatspreis		
7,00	*	800,00 =	5.600,00	
			5.600,00	
			=	**5.600,00**

11. Außenrequisite Assistenz
Tage	km / Tag	Liter / 100 km	Literpreis		
140,00 *	100,00 *	8,00 *	1,10 =	1.232,00	
				1.232,00	
				=	**1.232,00**

11. Außenrequisite Assistenz

Monate		Monatspreis		
7,00	*	800,00 =	5.600,00	
			5.600,00	
			=	**5.600,00**

12. Requisitenfahrer

Tage	km / Tag	Liter / 100 km	Literpreis		
140,00 *	100,00 *	10,00 *	1,10 =	1.540,00	
				1.540,00	
				=	**1.540,00**

12. Requisitenfahrer

Monate		Monatspreis		
7,00	*	950,00 =	6.650,00	
			6.650,00	
			=	**6.650,00**

13. Kostümbildner

Tage	km / Tag	Liter / 100 km	Literpreis		
139,00 *	80,00 *	8,00 *	1,10 =	978,56	
				978,56	
				=	**978,56**

13. Kostümbildner

Monate		Monatspreis		
7,00	*	800,00 =	5.600,00	
			5.600,00	
			=	**5.600,00**

14. Personenbus 1

Tage	km / Tag	Liter / 100 km	Literpreis		
135,00 *	200,00 *	8,00 *	1,10 =	2.376,00	
				2.376,00	
				=	**2.376,00**

14. Personenbus 1

Monate		Monatspreis		
7,00	*	1.000,00 =	7.000,00	
			7.000,00	
			=	**7.000,00**

15. Personenbus 2

Tage	km / Tag	Liter / 100 km	Literpreis		
93,00 *	150,00 *	8,00 *	1,10 =	1.227,60	
				1.227,60	
				=	**1.227,60**

15. Personenbus 2

Monate		Monatspreis		
5,00	*	1.000,00 =	5.000,00	
			5.000,00	
			=	**5.000,00**

16. Teamaufenthalt incl. Benzin, Reinigung

Tage		Tagespreis		
40,00	*	320,00 =	12.800,00	
			12.800,00	
			=	**12.800,00**

17. Masken- / Garderobenmobil

Tage	km / Tag	Liter / 100 km	Literpreis		
40,00 *	50,00 *	12,00 *	1,00 =	240,00	
				240,00	
				=	**240,00**

17. Masken- / Garderobenmobil

Tage		Tagespreis		
40,00	*	275,00 =	11.000,00	
			11.000,00	
			=	**11.000,00**

18. Wohnmobil Hauptcast incl. Benzin, Reinigung

Tage		Tagespreis		
40,00	*	250,00 =	10.000,00	
			10.000,00	
			=	**10.000,00**

19. Wohnmobil Darsteller incl. Benzin, Reinigung

Tage		Tagespreis		
40,00	*	250,00 =	10.000,00	
			10.000,00	
			=	**10.000,00**

117.492,70

Anlage zu Position 9/6/2

Lastentransporte

<u>010. Licht LKW</u>

Tage	km / Tag	Liter / 100 km	Literpreis		
44,00 *	80,00 *	10,00 *	1,00 =	352,00	
				352,00	
			=		**352,00**

<u>010. Licht LKW</u>

Tage		Tagespreis		
44,00	*	100,00 =	4.400,00	
			4.400,00	
		=		**4.400,00**

<u>020. Bühnen LKW</u>

Tage	km / Tag	Liter / 100 km	Literpreis		
44,00 *	80,00 *	10,00 *	1,00 =	352,00	
				352,00	
			=		**352,00**

<u>020. Bühnen LKW</u>

Tage		Tagespreis		
44,00	*	100,00 =	4.400,00	
			4.400,00	
		=		**4.400,00**

<u>030. Kamerabus</u>

Tage	km / Tag	Liter / 100 km	Literpreis		
44,00 *	80,00 *	8,00 *	1,00 =	281,60	
				281,60	
			=		**281,60**

<u>030. Kamerabus</u>

Tage		Tagespreis		
44,00	*	60,00 =	2.640,00	
			2.640,00	
		=		**2.640,00**

<u>040. Kostümbus</u>

Tage	km / Tag	Liter / 100 km	Literpreis		
44,00 *	80,00 *	8,00 *	1,00 =	281,60	
				281,60	
			=		**281,60**

<u>040. Kostümbus</u>

Tage		Tagespreis		
44,00	*	60,00 =	2.640,00	
			2.640,00	
		=		**2.640,00**

Kalkulation: **Fiktive Serienkalkulation 8x46**　　　Alle Angaben in **EUR**　　　31.07.2009　13:46:06

050. Requisitentransporter
Tage	km / Tag	Liter / 100 km	Literpreis		
140,00 *	100,00 *	10,00 *	1,00 =	1.400,00	
				1.400,00	
				=	**1.400,00**

050. Requisitentransporter
Monate		Monatspreis		
7,00	*	950,00 =	6.650,00	
			6.650,00	
			=	**6.650,00**

060. Transporter Innenrequisite
Tage	km / Tag	Liter / 100 km	Literpreis		
113,00 *	100,00 *	10,00 *	1,00 =	1.130,00	
				1.130,00	
				=	**1.130,00**

060. Transporter Innenrequisite
Monate		Monatspreis		
6,00	*	950,00 =	5.700,00	
			5.700,00	
			=	**5.700,00**

30.227,20

Kapitel 13: Nachwort

In diesem Buch sollte deutlich geworden sein, welche Anstrengungen und welchen Aufwand es bedeutet, ein Drehbuch umzusetzen, aber auch welch immens wichtige Rolle die Vorbereitung bei einem Dreh spielt. Der Regisseur Sam Mendes (*American Beauty*) sagt zum Unterschied zwischen Theater und Film:

> »Ein wunderbarer Theatertag kann damit beginnen, dass der Regisseur sagt: »Ich weiß nicht, was wir jetzt tun sollen.« Wenn du am Morgen eines Filmdrehtags »Ich weiß nicht recht« sagst, schauen dich alle an wie einen Irren.«[48]

Wir hoffen sehr, dass wir diese Haltung des Teams zumindest nachvollziehbar gemacht haben. Gleichsam hoffen wir allerdings auch, dass wir niemanden verschreckt haben, und dass keiner der Drehbuchautoren, die dieses Buch gelesen haben, nun mit Scheuklappen vor den Augen herumlaufen und jedes ihrer Worte auf die Goldwaage legen – zumindest nicht unter finanziellen Aspekten.

Stattdessen würden wir uns freuen, wenn wir den Blick für die Arbeit des Gegenübers geschärft und einige Themen angestoßen haben, die für Ihre weitere Arbeit wichtig und vor allem nützlich sind.

Die fiktive Geschichte, die wir in den Szenenausschnitten erzählt haben, ist eine richtige Räuberpistole geworden, die ganz offensichtlich mit Krimi- und Action-Versatzstücken spielt. Nur so konnten wir die Special Effects und Stunt-Elemente bebildern – bei einem stillen Drama wäre uns das nicht möglich gewesen. Insofern entschuldigen Sie die flachen und stereotypen Figuren und die konfuse Handlung. Für eine zusammenhängende, sinnmachende Geschichte war kein Platz.

---

48 Sam Mendes in: Die Zeit, Nr. 20 vom 07.05.09

Kapitel 14: Literatur

Clevé, Bastian: Von der Idee zum Film. 4. Auflage. Konstanz 2004.
Coppola, Francis Ford in:
  http://www.spiegel.de/kultur/kino/0,1518,564551,00.html am 08.07.2008
Crowe, Cameron: Hat es Spaß gemacht, Mr. Wilder? München 1999.
Dörrie, Doris: »Jeder Satz, den ich in ein Drehbuch schreibe, kostet Geld.« In: Süddeutsche Zeitung Nr. 193, S. 18 vom 20.08.2008.
Dress, Peter: Vor Drehbeginn. Effektive Planung von Film- und Fernsehproduktionen. Bergisch Gladbach 2002.
Eick, Dennis: Noch mehr Exposees, Treatments und Konzepte. Konstanz 2008.
Gartner, Bettina: Der Boss der Wölfe. In: Die Zeit, Nr. 14 vom 26.03.2009, S. 41.
Goldberg, Lee /Rabkin, William: Successful Television Writing. Hoboken 2003.
Hanus, John / Maack, Benjamin: Mist, ich habe die Kulisse gesprengt. Unter:
  http://einestages.spiegel.de/external/ShowTopicAlbumBackground/
  a2592/l2/l0/F.html#featuredEntry
Holland, Kai / Kuntz, Françoise: Bildrecherche für Film und Fotografie, Konstanz, 2007.
Kammertöns, Hanns-Bruno: Schöner als Amerika. In Die Zeit Nr. 12 vom 12.03.2009.
Littleton, Cynthia: Networks look for low budgets. In: Variety vom 10.04.2009. Unter: http://www.variety.com/article/VR1118002339.html?categoryid=14&cs=1&nid=2562
Rohrbeck, Martin: Wie wird man was beim Film. Berufsbilder, Abläufe, Praxisbeispiele. Leipzig 2008.
Sandler, Ellen: The TV-Writer's Workbook. New York 2007.
Seebaum, Christian: Billig, billiger, Kino. Der deutsche Film in der Weltwirtschaftskrise. In: Newsletter 2/2009, S. 15.
Sorge, Helmut: Die tierische Welt des Karl Lewis Miller. Spiegel Online. Unter:
  http://www.spiegel.de/kultur/gesellschaft/0,1518,234112,00.html
Sternberg, Claudia: Written for the Screen. Das amerikanische Spielfilmdrehbuch als Text. Inaugural. Diss. Köln 1996.
Sturm, Rüdiger: Die Schlappe der Klonkrieger. Spiegel Online. Unter:
  http://www.spiegel.de/kultur/kino/0,1518,260043,00.html
Wendling, Eckhard: Filmproduktion. Eine Einführung in die Produktionsleitung. Konstanz 2008.
Yagapen, Markus: Filmgeschäftsführung. 2., überarbeitete Auflage. Konstanz 2007.
Junge Talente müssen lernen. In: FAZ vom 28.01.2009, Nr. 23, S. 37.

Weiterlesen

Béatrice Ottersbach, Thomas Schadt (Hg.)
Drehbuchautoren-Bekenntnisse
2007, 182 Seiten, broschiert
ISBN 978-3-89669-649-6

Katharina Bildhauer
Drehbuch reloaded
Erzählen im Kino des 21. Jahrhunderts
Mit einem Vorwort von Thomas Schäffer
2007, 288 Seiten, broschiert
ISBN 978-3-89669-648-9

Dennis Eick
Drehbuchtheorien
Eine vergleichende Analyse
Mit einem Vorwort von Thomas Schäffer
2006, 370 Seiten, broschiert
ISBN 978-3-89669-553-6

Dennis Eick
Exposee, Treatment und Konzept
2005, 182 Seiten, broschiert
ISBN 978-3-89669-527-7

Dennis Eick
Noch mehr Exposees, Treatments und Konzepte
Erfolgreiche Beispiele aus Film und Fernsehen
2008, 182 Seiten, broschiert
ISBN 978-3-86764-090-9

Michael Schneider
Vor dem Dreh kommt das Buch
Die hohe Schule des filmischen Erzählens
2., vollst. überarb. Auflage
2007, 376 Seiten, broschiert
ISBN 978-3-89669-680-9

Christina Kallas
Kreatives Drehbuchschreiben
2007, 208 Seiten, broschiert
ISBN 978-3-89669-678-6

Heidrun Huber
Filmrecht für Drehbuchautoren
2004, 118 Seiten, broschiert
ISBN 978-3-89669-436-2

Philip Parker
Die Kreative Matrix
Kunst und Handwerk des Drehbuchschreibens
Aus dem Englischen von Rüdiger Hillmer
2005, 350 Seiten, broschiert
ISBN 978-3-89669-516-1

Dagmar Benke, Christian Routh
Script Development
Im Team zum guten Drehbuch
2006, 294 Seiten, broschiert
ISBN 978-3-89669-670-0

Georg Feil
Fortsetzung folgt
Schreiben für die Serie
2006, 264 Seiten, broschiert
ISBN 978-3-89669-668-7

Eugene Vale
Die Technik des Drehbuchschreibens
für Film und Fernsehen
Herausgegeben von Jürgen Bretzinger
Aus dem Englischen von Gabi Galster
6. Auflage, 2004, 288 Seiten, broschiert
ISBN 978-3-89669-688-5

Klicken + Blättern
Leseprobe und Inhaltsverzeichnis unter

Erhältlich auch in Ihrer Buchhandlung.

UVK Verlagsgesellschaft mbH

Weiterlesen

»Wie wir wurden, was wir sind«
Bekannte Filmschaffende geben persönliche
Einblicke in ihr Werden und Schaffen

Béatrice Ottersbach, Thomas Schadt (Hg.)
Regiebekenntnisse
2006, 342 Seiten
52 s/w Abb., broschiert
ISBN 978-3-89669-673-1
Praxis Film Band 31

Béatrice Ottersbach, Thomas Schadt,
Nina Haun (Hg.)
Schauspieler-Bekenntnisse
2007, 350 Seiten
74 s/w Abb., broschiert
ISBN 978-3-89669-685-4
Praxis Film Band 34

Béatrice Ottersbach, Thomas Schadt (Hg.)
Drehbuchautoren-Bekenntnisse
2007, 182 Seiten
15 s/w Abb., broschiert
ISBN 978-3-89669-649-6
Praxis Film Band 39

Béatrice Ottersbach, Thomas Schadt (Hg.)
Kamerabekenntnisse
2008, 332 Seiten
24 s/w Abb., broschiert
ISBN 978-3-86764-055-8
Praxis Film Band 41

Béatrice Ottersbach, Thomas Schadt (Hg.)
Filmschnitt-Bekenntnisse
2009, 296 Seiten
24 s/w Abb., broschiert
ISBN 978-3-86764-138-8
Praxis Film Band 49

Klicken + Blättern
Leseprobe und Inhaltsverzeichnis unter

Erhältlich auch in Ihrer Buchhandlung.

UVK Verlagsgesellschaft mbH